JN164379

“日本泳法”のススメ

伝承文化としての“オヨギ”が伝えるもの

中森一郎
日本水泳史研究家

BAB JAPAN

まえがき

いま巷間では、２０２０年オリンピック・パラリンピック東京大会のことが話題に入ってきています。その中で、皆さんはご存知でしょうか？

いまから半世紀ほど前の１９６４年（昭和三十九年）に東京で開催された第18回オリンピック東京大会では開催期間中に、「オリンピック東京大会記念　日本泳法演示会」（オリンピック組織委員会ほか後援）が東京芝公園内芝ゴルフプール（屋外）にて催され、全国の日本泳法関係者の多くが集い泳技を披露しました。

この時、各種競技が行なわれていましたが、諸外国スポーツ専門家など二十数人も参観しています。今でも日本泳法関係者の間では、忘れられない行事として語られています。

来る東京でのオリンピック・パラリンピックでも、「見せたい」「見てほしい」ですね。

さて、〝日本泳法〟って何だと思っていますか？？？

「泳法」とあるとおり、〝オヨギ〟の世界の話です。

〝日本泳法〟を全く知らない人も知っている人であっても、全ての人が絶対に知らなくてはならないとは言えませんが、知っておいても損のない話をしたいと思います。

大げさな話に聞こえるかも知れませんが、人間にとってオヨギができないと死に直面する事があります。

すべての競技スポーツの中で、その身体能力がないと日常において死に直結する可能性が高いのは、オヨギの能力だけではないでしょうか？

このオヨギの能力は、人の成長過程で、その技術を学習することがないと身に付かない能力でありながら、一方では一度完全に身に付けると自転車に乗ることと同じようにいつでも再現できる能力でもあります。また、多くの人々の日常生活においては、通常あえて目的がない限り、発揮されることのない非日常的な能力とも言えます。

その中で、非日常性に変わりはありませんが、本文で詳しく後述する〝日本泳法〟とその根幹にある伝承文化としてのオヨギには、特別の能力の発揮が期待できると考えています。その特別の能力とは、本質的に地域環境で培われた経験的知識と対応技術を持つオヨギの文化で、命を守るためのオヨギとして伝承されてきた能力のことです。

つまり、その実用性は、現在あまり表現されなくなりましたが、かつては多くの人々に認識され、水泳関係者も主張してきた文化でした。それは、今日的に見てもその有用性は疎かにできない質を伝承の中に持ち続けています。同時に、そのオヨギの文化は、本来であれば「地域生活にも有用な役割を持つ伝承文化」とわたしは考えています。

このようなオヨギの伝承文化の在り方は、全世界でも、わが国のみと言えます。

下世話ですが、**「知らなきゃ損ですよ!、知って損はないですよ!」**

本書は、多くの方々に伝承文化としてのオヨギの世界に対して、興味を持って体験をしてくれる人や理解を深めてくださる人の出現を願って著したものです。

本文の構成においては、このオヨギの世界を知らない人、知っている人、実践したい人、修練を重ねている人、技術だけでなく思考として捉えたい人、より広く深く考求したい人などに向けて、その人の立場で読んでいただけるようにしたつもりです。

著者である私の中の日本泳法ですが、今日までに実技として複数流派の修練経験を持ち、史的論述において複数の流派と深く関わり、海・川・湖・池など自然環境の中での体験や指導も経験し、現在も何らかの形で自ら指導と実践もしてきています。そして、日本泳法の周りをうろうろしながら、基本としてわが国におけるオヨギの歴史に関する探究を継続中です。

ここに語ろうとする現時点のわたしの日本泳法は、未だ技術も知識も進化形中の道半ばの状況ですが、人様に伝えられる知識と私見を少しは得るに至ったと感じております。ここまでの著者の経歴は、日本泳法の世界では余り見られないようです。しかし、逆説的に見れば、客観的立場から語れるところもあるのではと自負しています。

〝日本泳法〟の世界は、「競技泳法」の世界とは異なった本質と面白さを持つ〝オヨギ〟の世界。「噛めば噛むほど…」ではありませんが、味わい深い世界です。味わいついでにと所々に、趣味の日本酒の話を勝手ながら対比の例示としてあげています。興味のない方は、ほんの肴とお笑いください。著者の好き勝手な観点や経験論などもありますが、ぜひ、多くの方々に味わい、引き継いでもらいたいという願いが伝われば幸いです。

取り敢えず、目星をつけた頁から開いてみませんか。

なお、本文中の表記の複雑さに戸惑いを感じたときのためにとお節介を覚悟で、以下の註釈を付記しました。記憶の片隅において確認していただけたらと思います。

①「オヨギ」の表記は、「泳ぐ」「游（およ）ぐ」「泅（およ）ぐ」などの漢字で表される意味の範囲から水辺及び水中での行動までを含めた言葉として用いています。
②〝日本泳法〟の表記は、日本水泳連盟が審査の上、承認したオヨギの流派の総称として用いています。
③「日本泳法」は、②以前に日本独自の泳法を意味して使用された記述表記に対して用いています。
④〝水術〟の表記は、武士の嗜みとして、流儀を持った武術として扱った表現として用いました。
⑤「競技泳法」の表記は、競技水泳で行われているクロールストローク（自由型）、バックストローク（背泳）、ブレストストローク（平泳）、バタフライストローク（蝶泳）の四泳法に対して用いています。
⑥「伝承泳法」の表記は、〝日本泳法〟の根幹にある地域文化として伝承されてきた〝オヨギ〟で、流派としての流儀を継承しているものに対して用いています。
⑦「競技水泳」の表記は、競泳・飛込競技・水球・シンクロナイズドスイミングの四競技の種目に対して用いています。

以上

※補追、文中に登場した人物名では、失礼ながら敬称を略しました。

2018年7月

中森　一郎

もくじ

第3章 実用性が重視される〝日本泳法〟のオヨギとは何か? 63

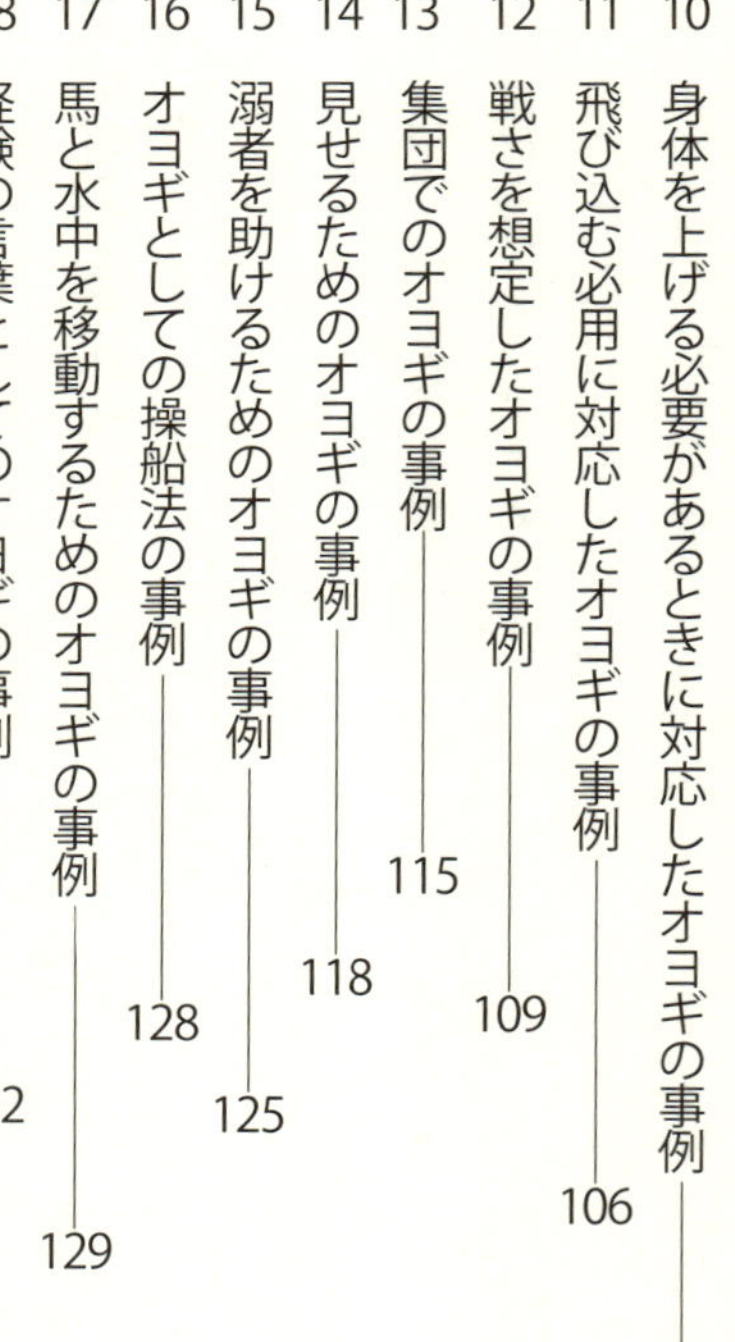

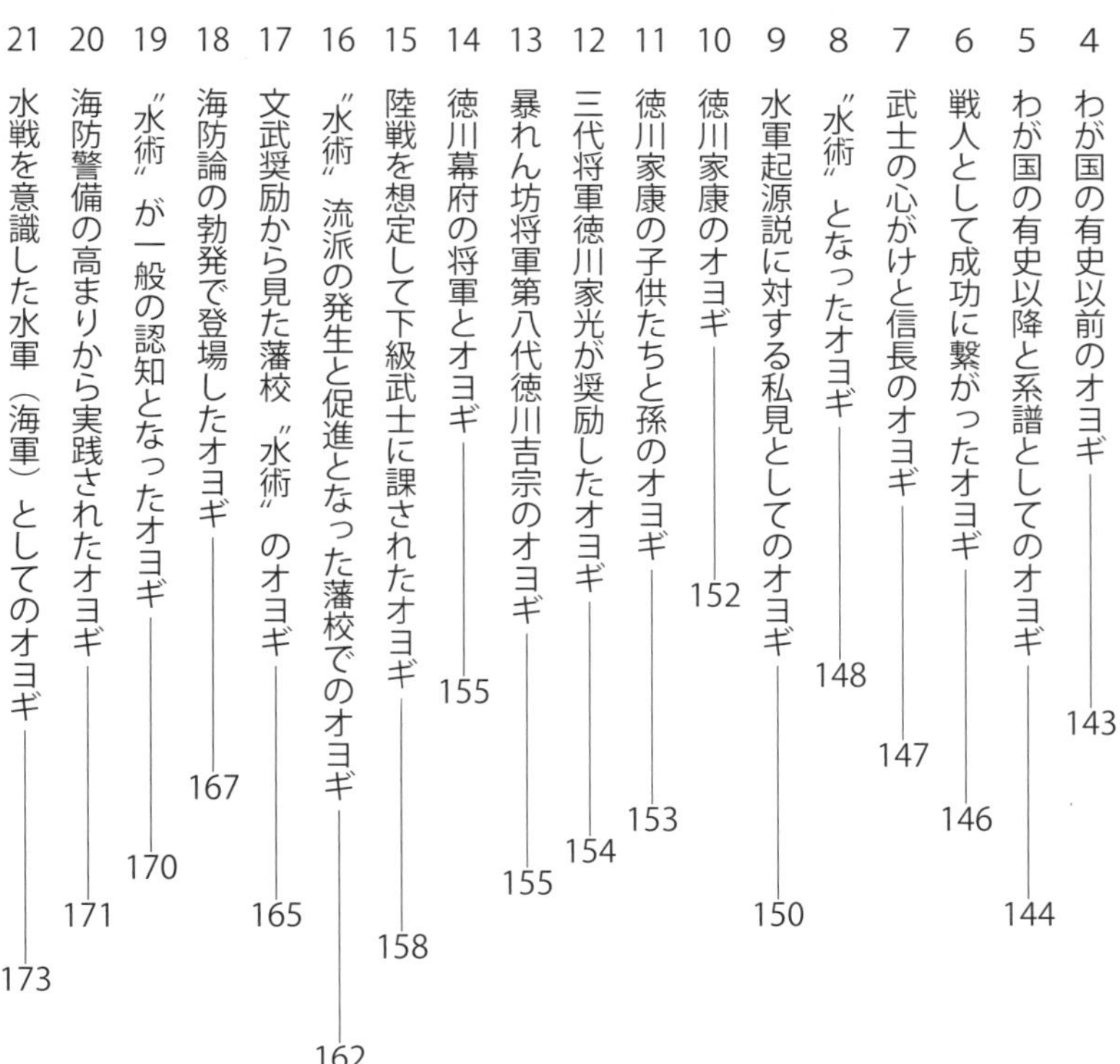

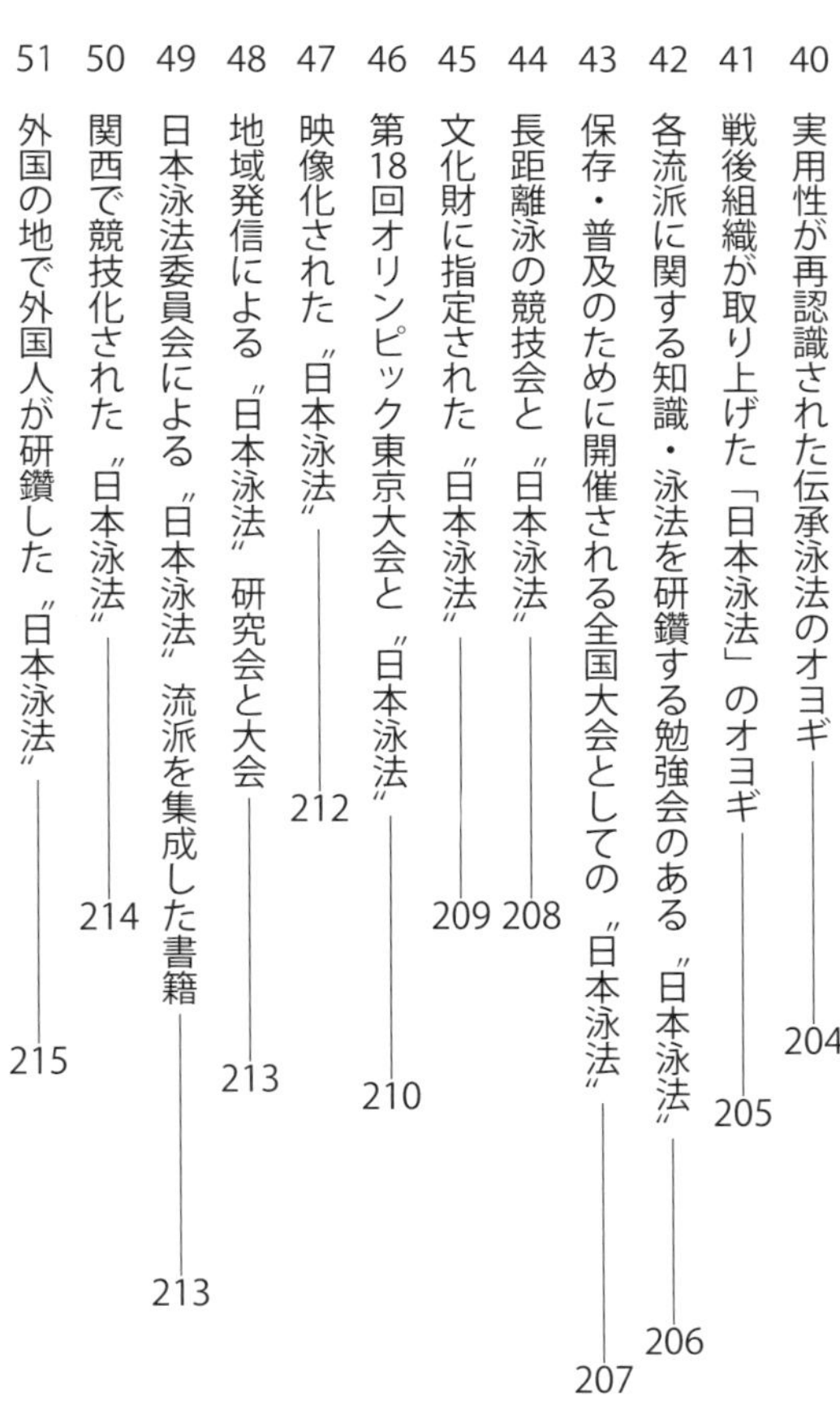

第1章

誰が“日本泳法”って呼んだのでしょうか？

（小堀流“休み游”）

1 〝日本泳法〟って何？

世間は〝日本泳法〟を知っているのだろうか？

この呼び名は、いつから出現したのだろうか？

なぜ、この呼び名が出現し、用語となっていったのだろうか？

呼び名の歴史が、今日の状況を表していないだろうか？

呼び名はどうでも良い話かもしれません。

しかし、「名は体を表す」ものならばと、分っていそうで知られていないこの前座のような話から始めたいと思います。

〝日本泳法〟って知っていますか？

現代の日本は情報化社会となって、常に情報が満ち溢れていますが、殊〝日本泳法〟について関係者以外に「日本泳法って知ってる？」と問いかけると、「何それ？」「聞いたことない。」「そんなのあるの？」などと未知であるとの返答が、多々聞かれました。

あなたの回答はどうでしょうか？

・テレビや新聞で〝古式泳法〟の表現を聞いたことや見たことはありませんか？

・おじいさんやおばあさんが昔泳ぎを習っていて巻物があるとか聞いていませんか？

・近くの川で水泳の道場があったなどと聞いたことありませんか？
・プールで変わった泳ぎをしている人を見たことはありませんか？
・図書館などで〝日本泳法〟というタイトルが付いた本を見たことありますか？
・水中で大きな旗を振り回したり、甲冑を着て泳いでいるのを見たことありませんか？
・市の無形文化財に水泳の流派が指定されていませんか？
・水泳の流派で全国大会をしていることを知っていますか？
・近くの水泳教室で日本泳法コースなどがあることを知っていますか？
・日本水泳連盟の組織に日本泳法委員会があることを知っていますか？
・〝日本泳法〟が、地域の伝承文化であることを知っていますか？
・〝日本泳法〟となぜ呼ぶのか知っていますか？

改めてお尋ねします。〝日本泳法〟について何を知っていますか？

残念ながら、現在の日本社会において、〝日本泳法〟という存在と状況を知っている人はさほど多くないことが推測されます。しかも、文化財などに指定されている地域の住人だけではなく、水泳関係者の中には「聞いたことがある」に留まる回答の人がいたり、中には実際に自身が〝日本泳法〟を学んでいてもそうであることや流派名も知らない人もいます。つまり、一般的には、関心がなかったり、深く知るに至らないことなどが考えられます。

この本を手にとって下さった方々には、興味を持ち深く知ろうとして下さる人とありがたく思っています。が…

実は、私も大学生時代に〝日本泳法〟の泳技を見るまでは、「知らない」人間でしたが、たまたま知人が見せてくれたことで初めてその存在を知り、なぜこのような泳技をするのか興味を持ちました。この時の「なぜ？」から書籍などを調べてみると、その歴史の深さや多種の技術に驚きました。それが、今の私の出発点でした。この自己体験から、今の状況の中でまずは、多くの方々に「〝日本泳法〟知ってますか」と問い掛けることから、「〝日本泳法〟とは何か」を知ってもらうことが必要であると考えています。

2 〝日本泳法〟って呼称の知名度は、半端ではないほど低い？

現在、社会的に〝日本泳法〟が知られていないことは、呼称においても現れていると考えられます。

〝日本泳法〟が、寒中水泳として紹介されたり、プール開きや海開きの行事や競技水泳の中でデモンストレーションとして演じられたりなどで、公開の機会や情報とし発信されることがあります。しかし、その泳法がメディアで報道されたり行事で紹介される際に、「**古式**泳法」とか「**古代**泳法」であったり、時には「古流泳法」「流派泳法」などと呼称され、古い、あるいは古くから伝わるオヨギの意味での表現が多く、むしろ〝日本泳法〟と呼称されることの方が少ないように感じます。

かつて使われてきた呼称では、「水練」「水泳術」「水術」「游泳術」「日本游泳」「日本游法」などもありま

Samurai Styles of Swimming

By Baron Masao Matsunaga

Japan's way of swimming has been, from ancient times, a part of the military arts training and a means for developing the body and soul. Of course, among the Samurai[1)] class; it was a part of their training. Even among the peoples, swimming was respected and studied.

As the result of the encouragement given to the study of swimming by the various feudal clans during the Tokugawa Shogunate (1603-1867) swimming as a military art developed. The development of the various schools of

英訳された“Samurai Styles of Swimming"の記述
（『SWIMMING IN JAPAN』国際子女親善協会、1935、41頁より）

した。

ついでにですが、これまでに英語に訳されての表現では、「Art of Swimming」「Japanese Swimming」「Classical Swimming」「Japanese Traditional Swimming」「Samurai Styles of Swimming」などの記述を見ることがありました。

これらの呼称や訳語は、時代や社会の状況及びイメージなどが反映されて用いられたと思われます。

現在の水泳界で〝日本泳法〟の呼称を用いている主な行事では、1952年（昭和二十七年）より始まった〈日本泳法研究会〉と、1956年（昭和三十一年）から開始された〈日本泳法大会〉です。ともに日本水泳連盟主催の行事で、今日も継続されています。

捉え方によっては、〈日本泳法研究会〉は範囲が特定される可能性がある呼称使用ですが、〈日本泳法大会〉は明らかに公に対する用語としての呼称と考えられます。しかしながら、半端でなく知名度は低いのが現実で、極端な言葉で言えば、社会的不在に近い状況なのです。

そうなると、私は、なぜこのように〝日本泳法〟という呼称の知名度が低いのか、その要因を探ってみたくなります。

単純に現象として受け止めるならば、人気がない、メディアでの露出度が低い、ということに尽きるのかも知れませんが、気が納まらないので、もう少し深堀をしてみたいと思います。

一つの想定として、この呼称が出現してから現在に至るまでの過程に、その要因が隠れているのではと考えてみました。

深堀するために、いくつかの資料に当たった範囲では、この呼称に関わる過程について深く言及した論述は見当たらないだけではなく、おそらく断定の難しい話でもあると推測されました。そこで、手持ち資料などの年次を遡って、呼称「日本泳法」が登場した時期を探ることから始めてみました。

3 戦前からあった呼称〝日本泳法〟?

呼称「日本泳法」は、いつ頃に登場したのでしょうか?

まず、1945年以前（戦前）から探り始めました。

その中で初出は新聞記事でした。

日本泳法競技

日本游泳聯盟主催第一回純日本遊泳競技大會は五日午前十時から芝公園プールにおいて擧行、来朝中のハワイ選手一行も来場して日本在来の諸流古式の型を始め向井流、水府流、小堀流など珍しい泳法を熱心に見物して行った

戦前の新聞に見られる「日本泳法競技」の見出し。大会の正式名称は〈日本遊泳競技大会〉であるにもかかわらず「日本泳法」とされているのは？（1926年（大正15年）9月6日『東京朝日新聞』より）

１９２６年（大正十五年）の『東京朝日新聞』（9月6日付　朝刊3面）に「日本泳法競技」の見出しがありました。誤植の可能性がゼロではありません。が、その記事を読むと、大会名称は「日本游泳競技大会」でありながら、記者独自の判断に基づいて、日本の伝統として行なわれてきた泳法の流派による競技会の意味を指し示して表題見出しとしただけで、当時の一般的な社会的用語として使用されたものではないと推測されます。

また、１９３０年（昭和五年）5月に東京で開催された〈第九回極東選手権競技大会〉の水上競技の中において公開演技された泳法に対する『東京朝日新聞』の競技会の順次の報道記事には、「日本泳法」の呼称が使用されていました。当該大会プログラムでの記載及び大会報告書では、この公開された泳法を「日本游法」としています。

さらに、１９３７年（昭和十二年）の日本游泳連盟主催の〈第11回日本游泳大会〉の競技結果を

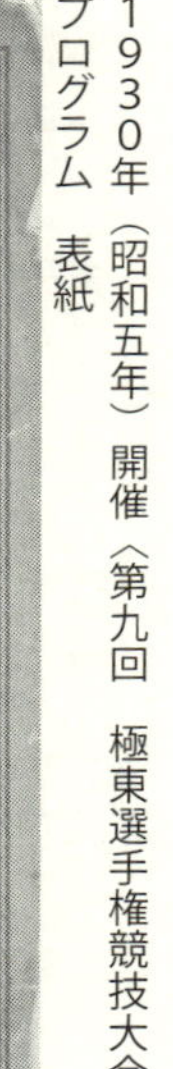
1930年（昭和五年）開催〈第九回　極東選手権競技大会〉プログラム　表紙

報道した『東京朝日新聞』の同年9月4日付8面「大旗水を行く　＝日本游泳大会＝」の記事文中で「各種日本泳法」との表現が見られます。しかし、このいずれもが、記者個人による判断であったことが考えられます。

次に、戦前の日本水上競技連盟（現、日本水泳連盟の前身）の機関誌『水泳』の中から文面に登場した表記「日本泳法」を確認してみました。

次に示すいくつかが見出せました。（記号以下、号数、表記、掲載頁、記述者、発表年）

①第3号「日本泳法統一団体の誕生」、15頁、白山源三郎記述、1930年

②第22号「日本泳法を研究に…」、25頁、金子魁一記述、1934年

③第24号「日本泳法」、3頁、飯田光太郎記述、1934年

④第29号「日本泳法の名士…」、26頁、白山

戦前の日本水上競技連盟機関誌『水泳』創刊号表紙

源三郎記述、１９３５年
⑤第46‐47号「日本泳法」、61頁、議事録、１９３７年
⑥第48‐49号「日本泳法」、34・36頁、座談会記事、１９３７年
⑦第63号「日本泳法演技」、33頁、議事録、１９３９年
⑧第72号「日本泳法」、7・8・19頁、松澤一鶴・上野徳太郎記述、１９４０年
⑨第76号「奉納日本泳法演技記録」、目次・7頁、白山源三郎他記述、１９４１年
以上です。

見落としがあるかもしれませんが、①④⑨の表記は、日本で伝承されてきた流派としての泳法を示すための記述で、②は日本独自の「競技泳法」を示し、③⑤⑥⑦⑧は日本水上競技連盟が従来の流派における泳法を整理したものも含めて設定した「標準泳法」を示すた

めに使用された表記と推察します。

書籍中の記述で「日本泳法」の表記では、6件見られました。（記号以下、書名、表記、掲載頁、著者、出版社、発行年）

ⓐ『日本体育会游泳術』、「旧来の日本泳法」、65頁、齋藤六衛、日本体育会游泳学校、1930年

ⓑ『水泳の新研究』、「第三章　日本泳法基準形游泳法　…　、第四章　日本泳法競技規定　…　」、目次5頁、京田武男、駿南社、1932年

ⓒ『文学と大学』、「水泳王国の建設と日本泳法」、144-151頁、末弘厳太郎、帝国大学新聞社出版部、1935年

ⓓ『水泳指導基準―正しい日本の泳―』、「新日本泳法」、4頁、飯田光太郎、日本水上競技連盟編・成美堂書店、1939年

ⓔ『先生頑張れ！』、「日本泳法とサーカス」、241-262頁、益田甫、東成社、1943年

ⓕ『水軍の伝統』、「日本泳法の根本精神」、117-123頁、松波治郎、彰文館、1944年

以上ですが、ⓐは速さを競う過去の泳法の意味で、ⓑは「日本游法」の誤植、ⓒは日本特有の競泳技術の背景としての「伝承泳法」を指し、ⓓは右記で示した「標準泳法」を指した表現で、ⓔは個人が外国で日本のオヨギを見せる日本式泳法を指す表現で、ⓕは「伝承泳法」が持つ精神性を示すために「海国日本」「日本精神」の言葉などの比例として表現された呼称と推察します。

以上戦前の知りえた表記の範囲では、社会的用語でも日本水上競技連盟内で共有認知された呼称ではなく、どうも個人的な範囲を超えない呼称の使用であったと考えられます。

戦後では、どうでしょうか？

１９４９年（昭和二十四年）、戦前の日本水上競技連盟機関誌『水泳』を号数継続のまま日本水泳連盟が復刊（復刊第1号は通号84号、現在は『月刊　水泳』に改名）していますが、第86号に「各流派の日本泳法」（18頁、高石勝男記述、１９５０年）の呼称が見られ、第90号では、「日本泳法研究会」（107頁、議事録、昭和25年度事業概要、１９５１年）が見られました。前者は個人的かと思われますが、後者は社会的用語を意識しての呼称使用と推測されます。

〈日本泳法研究会〉が開催される以前の戦後書籍の文中記述では、１９４９年に戦前の日本水上競技連盟で機関誌『水泳』の「編集兼発行人」、「標準泳法委員」の経歴を持つ鶴岡英吉が著した『学校水泳の指導』（中和書院）の「はしがき」に「競泳々法と在来の日本泳法の両方面から、すぐれたものを選んで「標準泳法」の名の下に奨励し…」（2頁）を見ることができました。

また、同年に出版された白山源三郎著『教え方水泳』（文川堂書店）にも、「明治時代には各流派の研究、その総合的研究が続き、殊に各流を総合して日本泳法を編成せんとする努力が行われた。」（18頁）の記述がありました。

さらに、一般書籍ではありませんが、翌年の１９５０年発刊の『体育大辞典』（不昧堂）では、「日本泳法」の見出しは見られませんでしたが、「すいえい」の項目解説文に「明治時代は各流派の研究が盛んに行われ、独特の日本泳法を編もうとの努力が続けられた。」（418頁）と「日本泳法」の表記がありました。この記述表現からは、明らかに右記の白山源三郎記述文を例としているように思われます。

〈日本泳法研究会〉が開始された１９５１年の直後の水泳書籍では、１９５４年に名取正也が著した『図

解　誰にもわかる泳ぎ方』（加島書店）には、「10．日本泳法」の章（87-106頁）があり、外来泳法に対して用いたと思われる表記が見られました。

〈日本泳法大会〉が開催された1956年後では、翌1957年に高桑市郎が著した『図解　水泳人命救助教本』（日本体育社）に、右と同様外国泳法に対して「第二編　日本泳法」（51―101頁）の表記が見られました。

一方、戦前戦後の水泳関係書や図書目録においての題名を探索しましたが、〝日本泳法〟の文字が見られたのは、1975年（昭和五十年）出版の『図説　日本泳法―12流派の秘法―』（日本水泳連盟監修、白山源三郎編著、日貿出版社、以下『図説　日本泳法』と略す）が初出でした。

恐らく、呼称「日本泳法」の表記は他にも散見できる可能性があると考えられますが、ここまでの範囲で整理してみます。

基本的には、「日本独自の泳法」との認識の上で、大正末に登場した新聞記者による表記に始まり、昭和初期ごろから競技水泳の組織関係者（〝日本水上競技連盟〟）及び周辺の人物が個人的見解として使用した語句となっていったようです。その見解において、時には日本で流派として伝承されてきた泳法に対して、その泳法の中から選択された「標準泳法」に対して、これらの泳法を根幹に形成されてきた日本独自の泳法感覚に対して用いられてきたと受け取れます。

4 なぜ、呼称「日本泳法」が生まれたのでしょう？

呼称の登場から経過状況は大凡分って来ましたが、「日本」「泳法」との語句をわざわざ用いなければならなかった理由を考えてみたいと思います。

一般論として呼称を用いる場合には、何らかの意識や意図が作用することが、当然ながら考えられます。

私の場合、好きな〝日本酒〟という言葉に、少し似ているように思ってしまいます。

自身の経験において、関西や関東の居酒屋で「酒」と言うと〝日本酒〟（「清酒」）の注文と受け止めてもらえますが、日本の中で焼酎文化の地域に行った時「酒」と言うと〝焼酎〟のことで、強いて〝日本酒〟と言わないと注文を受け止めてもらえません。

この話は、わが国の中での「清酒」にまつわる話ですが、外国の酒類と区分する上で〝日本酒〟の呼称が使用されたことが想像され、同時に〝日本酒〟は、「コウジカビ」を使用した「並行複醗酵」という世界で唯一の醸造法を用いていることも、わざわざ「日本」という語句を付させた由来ではないかと推測しています。

さて、表記「日本泳法」に戻して考えてみます。

まず、大正末期に表記としてなぜ「日本泳法」が登場したのでしょうか？

史的に見てみると、大正中期までは速さを競う泳法において、在来の「煽足（あおり）」（片側は足の甲で片側は足

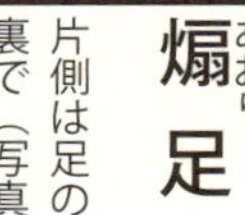

煽(あおり)足

片側は足の甲で（写真では左足）、片側は足の裏で（写真では右足）、水を同時に挟み込むように蹴る。

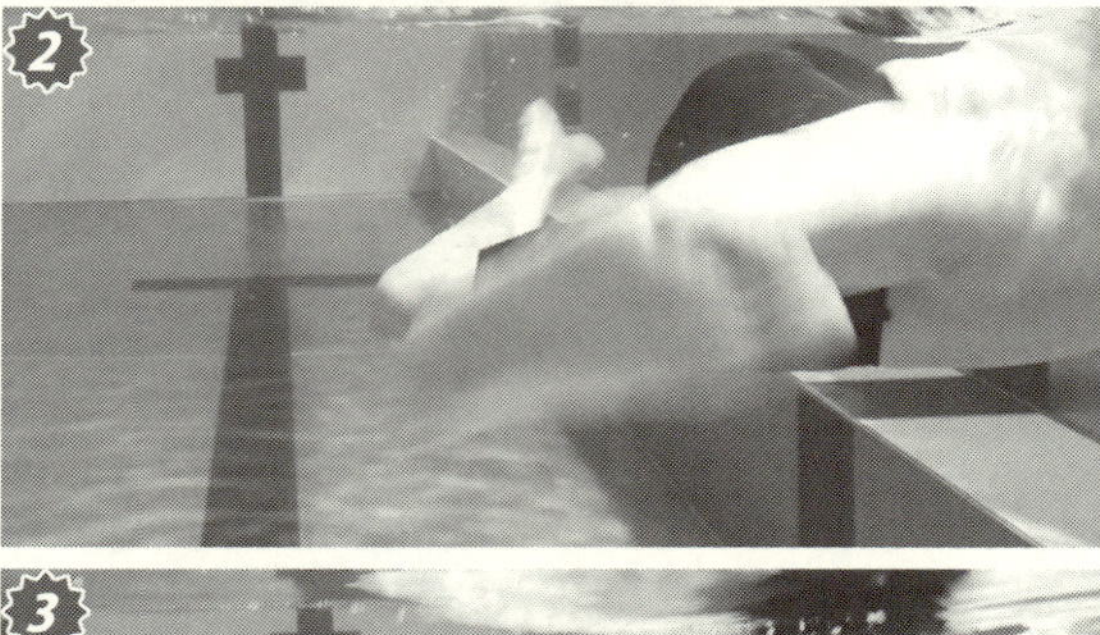

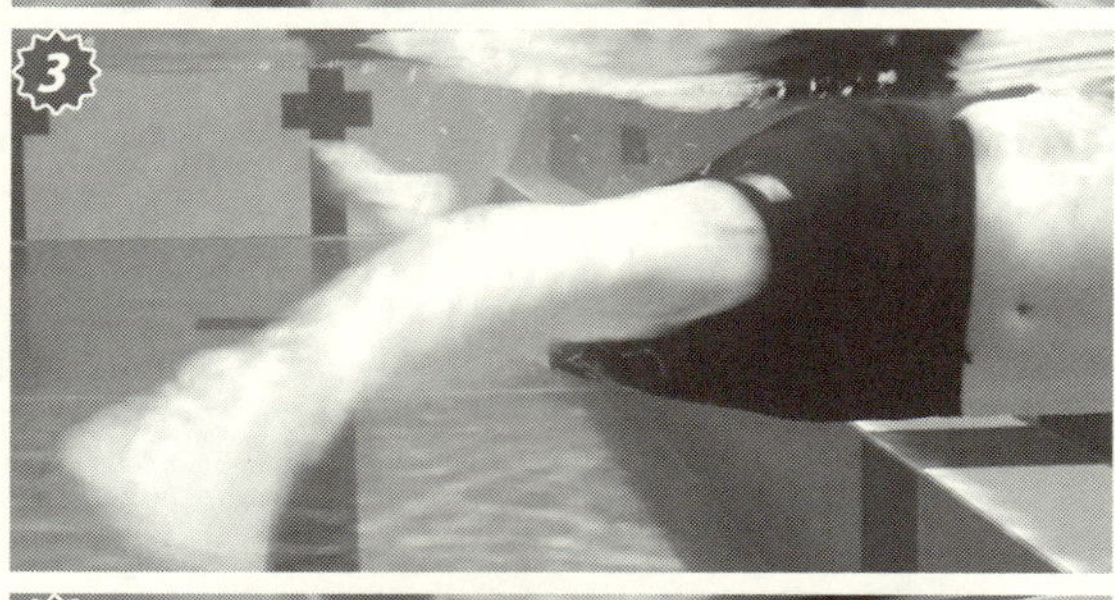

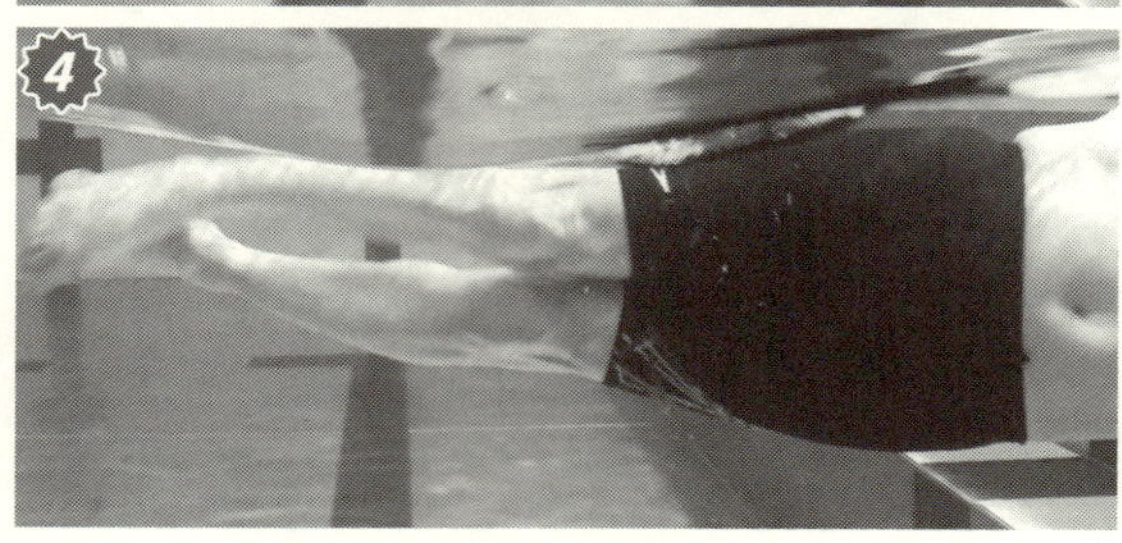

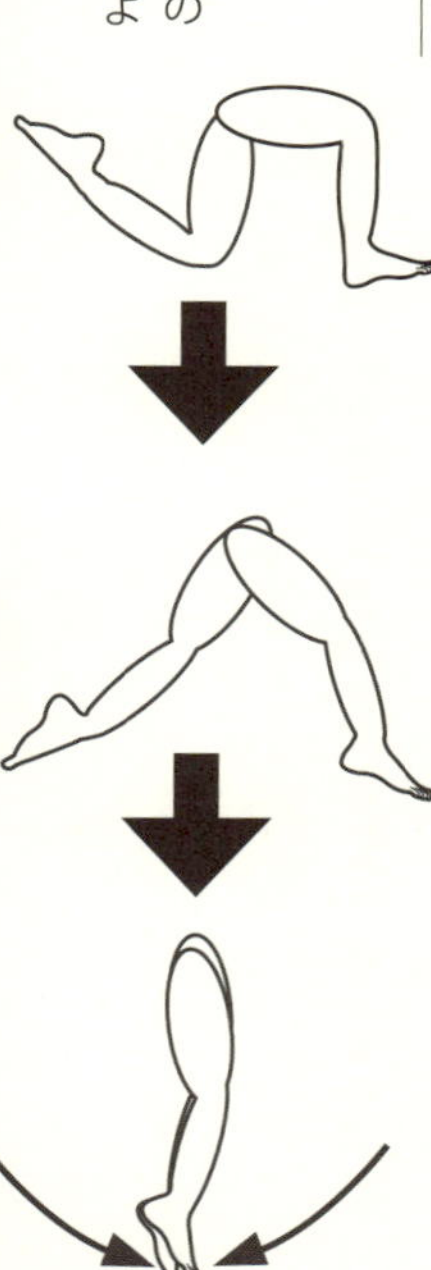

の裏で水を同時に蹴る足捌き）を用いての泳法でも活躍が見られましたが、大正末期に至ると外国泳法であるクロールが「煽足」泳法を飲み込み、速さを競う泳法としての座が奪われた時代でした。同時に、日本の競泳界が対外国との競技会において活躍し始めた時期でもありました。

さらに昭和期に入って国際水泳大会での日本選手の活躍は目覚しく在来の「伝承泳法（流派泳法）」は、わが国の水泳界において凋落の陰りをはっきりと見せていきました。

この様子を、わが国の水泳に関する詳細で総括的な研究の先駆者石川芳雄は、その著書『日本水泳史』（米山弘編・発行、1960年）の自叙伝において、競技としての水泳が盛況となり流派の権威が失墜したことに触れた文中で「国民の水泳に対する視線は悉く（ことごと）オリンピック競技に向けられ日本泳法などに興味を抱く者などは暁天（ぎょうてん）の星よりも少なくなってしまった。」（6頁）とまで述べています。

つまり、「競技泳法」の世界において外国泳法が、在来の「伝承泳法」と一線がはっきり分離していった時期であったと考えられます。

それでいて、この時期に「日本」「泳法」の表記を用いたのは、なぜなのでしょうか？

単純には、「外国（西洋）」・「泳法」に対して「日本」・「泳法」の図式が考えられます。

しかし、このことを「競技水泳」の組織"日本水上競技連盟"（1924年創立）と「伝承泳法」の組織"日本游泳連盟"（1925年創立）の組織間の対抗意識の視点から考えてみると複雑な認識が必要なように感じます。なお、この対抗意識等については、後述の第4章で触れています。

二つの組織では、泳ぎの方法を示す表記が異なっていました。"日本水上競技連盟"は「泳法」とし、"日本游泳連盟"は「游泳」「游法」としています。このことが明確に分かる記述としては、両組織が自分たち側で基本とする泳ぎ方を、前者は「標準泳法」（1931年選定）、後者は「日本游法基準形游泳法及跳込法」（1932年発表）と呼称の表記に見ることができます。

当時の〝日本水上競技連盟〟の主たる人物は、「伝承泳法」を修得した後に速さを競う水泳競技に関わってきた経歴者で、「伝承泳法」の存在を否定するのではなく、むしろその価値を認識してきたことは機関誌『水泳』の記事などからもうかがえます。その認識は、当時の日本水泳界の活躍に対して、「伝承泳法」があったがゆえに成し得たとする表現から明らかです。

つまり、日本の競技水泳の泳法の能力の高さは、「伝承泳法」の下地が活かされているとの認識を持っていたと考えられます。

だからこそ、「伝承泳法」の優れた一面を認めつつ、疎かにできないとの考えがあったのでしょう。

中には、この認識から単なる外国の泳法「クロール」の導入ではなく「伝承泳法」を基礎に持つ「日本式クロール」のような感覚としての受け止めがあったり、さらには日本の活躍は日本独特の感覚を持った泳法の集成との見解が生まれたりしたことから、この感覚に基づいての日本の競技泳法に対しても「日本泳法」と表現された例も見られました。

お気づきになられた方があると思いますが、戦前戦後で「日本泳法」の表記を用いた人物として白山源三郎（しろやまげんざぶろう）※の氏名が目立ちます。

ただ、彼の場合、一貫して「伝承泳法」を指して「日本泳法」の表記を用いていることが特徴的です。

※補足　白山源三郎＝1898年（明治三十一年）生まれ、京都武徳会（現、京都踏水会）出身、第3回極東大会（現、アジア大会）出場→100㍍自由形3位、日本水泳連盟顧問、関東学院大学学長など来歴

推論としてですが、白山源三郎という人物は、京都踏水会（小堀流）で「伝承泳法」を学び、極東選手権大会（現、アジア大会）に出場したり、（１９１７年）機関誌『水泳』編輯主任、同誌第3号「アメリカンクロール」校閲者、１９３１年から２ヵ年米国留学などの経歴があり、海外についての知見も深く西洋（外国）の泳法に対する認識として「伝承泳法」即ち「日本泳法」を呼称として使用し、個人的の中で普遍の呼称対象として捉えてきたと考えます。

また、前述した１９５１年（昭和二十六年）の〈日本泳法研究会〉発足について当時の日本水泳連盟専務理事であった藤田明は、「昭和二十六年に松沢（普及）部会長の提唱と、白山（源三郎）・小林・上野らの協力で、日本泳法研究会が発足した。」（傍線・括弧内筆者加筆）と自身の回顧録『水とともに』（朝日新聞出版、２０００年、211頁）で述べています。

その上、〈日本泳法大会〉が企画された当初の事情に詳しい山口和夫（元日本水泳連盟日本泳法委員会委員長）によると、１９５５年（昭和三十年）に同大会の企画が上がってその計画責任者として白山源三郎がその任を負ったことを回想しています。（「日本泳法大会の誕生と変遷」、『五十周年記念誌』、東京都水泳協会、１９９７年、44頁）さらに、白山源三郎は、１９５６年から開催された〈第一回日本泳法大会〉から第三回まで大会委員長を務めています。

これらのことから考えると、次に述べる今日の用語となった〝日本泳法〟の呼称は、白山源三郎との関わりが濃厚に思えるとともに、日本水泳連盟普及部会が名付け親ではないかと考えます。

5 〃日本泳法〃は社会的用語なのだけど…

個人の認識の範囲で表記・呼称されてきた「日本泳法」が、用語〃日本泳法〃として使用され始めたのはいつからなのでしょう。

使用された表現だけを捉えると日本水泳連盟によって開催された〈日本泳法研究会〉・〈日本泳法大会〉の標題となった時からであると考えられます。

しかし、対社会に向かって実質として使用された用語〃日本泳法〃は、〈日本泳法大会〉から始まったのではないかと推測しています。なぜなら、〈日本泳法大会〉は、競技会という性格から社会的関心を得る可能性が高く、意識された使用であったと考えられるからです。

では、一般社会において、用語として認識を得られたのはいつ頃からだと考えられるのでしょうか？社会的に用語として認識が得られたことを示すと思われる辞書類で、〃日本泳法〃という呼称が名辞として取り上げられたのはいつ頃からであったのかを考えてみたいと思います。手許や近くの図書館の範囲で、調べてみました。

その結果、小型の国語辞典の類では見ることができず、中型や大型で詳細な辞書類に見られました。手始めとして、版を重ねる毎に一般に知れわたった言葉や時事用語を収録してきた中型辞書の『広辞苑』（新村　出編・岩波書店）から引いてみました。

同書は、１９５５年（昭和三十年）に第一版を発行しています。が、１９８３年（昭和五十八年）に発行された第三版までは、見出し語に〝日本泳法〟の記載はありませんでした。同書において、はじめて日本泳法〟の名辞が引けたのが、1991年（平成三年）発行の第四版からで、現在に至る2008年（平成二十年）発行の第六版にも引き継がれています。

大型辞書の『日本国語大辞典』（日本大辞典刊行会編、・小学館）で1975年（昭和五十年）発行の同書第一版第15巻（とふーのかん）には、「日本泳法」の記載がありませんでした。が、2001年（平成十三年）発行の同書第二版第10巻（なーはわん）には、見出し語としての記載が見られました。

その他の中・大型辞書において、〝日本泳法〟の見出し語が見られたものを発行年に従って列記します。

・『日本大百科全書17』（相賀徹夫編著・小学館、1987年、初版）
・『世界大百科事典』（下中弘編・平凡社、1988年、初版）
・『講談社カラー版　日本語大辞典』（梅棹忠夫他監修・講談社、1989年、初版）
・『大辞林』（松村明他編・三省堂、1995年、第二版）
・『大事典　NAVI-X』（猪口邦子他監修・講談社、1997年、初版）
・『新世紀ビジュアル大辞典』（北宗平編・学習研究社、1998年、初版）

以上6件の辞書類に、用語としての見出し語が見られました。

なお、『日本大百科全書』の「日本泳法」の解説文は日本泳法関係者によって執筆されたもの、『世界大百科事典』は体育関係の研究者による執筆でした。

また、専門的で一般的とは言い切れない体育、スポーツ、遊戯という分野の辞書類でも確認してみました。見出し語と解説のあったものとして、『新修体育大辞典』（宮畑虎彦他編、不昧堂、1976年、初版）がありました。なお、執筆者は、日本泳法関係者と推察されます。

また、用語として使用したものには、『遊びの大事典』（増田靖弘編、東京書籍、１９８９年、初版）があり、「戦国時代には「ぬき手」「片ぬき手」「平泳」「立泳」「横泳」などの日本泳法が成立し、…」（307頁）との記述に使用されていました。

以上ですが、辞書類においては、概ね武術としてのオヨギに端を発したもので、日本独自に発達した流派形態を持つことが記述されていました。もちろん、辞書類に項目として取り上げられたからといって、その解説が執筆者の見識に基づくもので必ず正解と判断することは危険ですが、取り上げられることが社会的な一般化に通じたと考えています。

これらから辞書に掲載されてきた経過を整理すると、日本泳法関係者の記載から、スポーツ・体育の関係者へと徐々に認知され、ようやく１９９０年前後から社会的用語として扱われ、名詞あるいは名辞としての〝日本泳法〟が広がっていったことが見て取れます。

しかし、今日なおも報道や社会的行事において〝日本泳法〟の呼称が用いられないのはなぜなのでしょうか？　同時に、〈日本泳法大会〉の継続が、用語〝日本泳法〟の流布に一役を買ったことは推測として否定できませんが、競技会から期待できる知名度の向上には結びつかなかったことも現況から受け取れます。

ここまで述べてきたことから考えると、まず「日本泳法」という呼称・表記が、「流派泳法」が盛んな時代に生まれてきたのではなく、競技としての水泳が盛んとなった中で、その存在は衰退しても日本独自の水泳文化であり価値ある存在との認識から、保存・普及する必要を意識して使用され始めたことが上げられます。

つまり、社会の受け入れが小さくなってから、個人的見解や少数の人たちの間のみで、しかも呼称表記が持つ意味合いにもずれがあるまま使用されたことが一因に挙げられます。

個人的見解を経て用語〝日本泳法〟となり、辞書などでも取り上げられる社会的用語となるも、一般的な用語と認知されていないのが現実です。

もちろん、その現状に対してただ手を拱（こまね）いていたわけではなく、日本水泳連盟をはじめ多くの関係者によって認知度を高めるための対策を多々実施してきました。

しかしながら、実質的な成果を得るには至っていないのも、その一因に考えられます。

ここで、〈日本泳法大会〉をスポーツとしての水泳競技と考えて他の「競技水泳」の人口数の比較から述べてみます。現在では、「競技水泳」として、競泳の他「水球」「飛込」「アーティスティック（シンクロナイズド）スイミング」「オープンウォータースイミング」「マスターズ水泳」などがあります。その中で、「飛込」も「日本泳法」も競技人口から見ると少数派です。「飛込」には、施設数や危険度などの条件の影響があるかもしれませんが、当たり前のように「飛込」競技の存在は知られています。とすれば、その違いには、人口数だけでは測れない、競技として見るだけでも感じる魅力やスポーツ競技としての規則の確立性に加えて国際競技であることなど、成熟した競技への発展が関与していると考えられます。

一方、〝日本泳法〟には、家元制度など日本の伝統文化の特徴が色濃くある上に、流派間で比較論だけでは成り立たない目的を持ち、環境に適応するための泳法という本来の姿があります。その状況は、日本の伝統的な文化にも見られるように、時代や社会の変化から大きな影響を受けて価値観や方法論までもが変革を余儀なくされて存続し、それでいて少数派と化している姿とどことなく重なって見えてきます。

また、〝日本酒〟を社会の少数派と言うには、まだ一般的な範囲に居るかと思いますが、戦前に７０００軒ほどの醸造元があったものが、現在は約１６００軒（内３００軒は単独醸造していない）にまで減じています。酒造りや販売方法など創意工夫など変革を受け入れながら存続している意味では、似たところのある伝統文化に思えます。

〝日本泳法〟の現在は、本当に社会での少数派であって、〝知る人ぞ知る〟存在となっていることは間違いありません。その上、現時点ではっきりと言えるのは、〈日本泳法大会〉への関心も高まらず、〝日本泳法〟自身に関心を抱く人が残念ながら少なくなりつつあるのが実情です。

それに伴うかのように現在では、〝日本泳法〟を修練する者であっても自分自身の流派の歴史や泳法の意味などを語れない人も増えつつあるように思います。

「伝承泳法」の文化性は、〝日本泳法〟の中に息づいているはずなのに残念なことです。

加えて、この情報化且つグローバル化していく日本社会の中で、発信しても用語でありながら話題としての広がりに繋がらないのも現実です。

少し開き直って考えると、実在し伝承が継続されている今、希少性は形を変えると独創性になり注目の的となれるような逆利用法があると思えます。それと同時に、時代を経ても色褪せない普遍の本質を見直すチャンスでもあるのかもしれません。

現在〝日本泳法〟を修練されている人に、わが国の水泳史研究家として個人的に師と仰ぐ瀬尾謙一（せのおけんいち）※の言葉を伝えておきたいと思います。

「日本傳統泳法は決して、自ら古式泳法、古代泳法などと、卑下してとなえるべきでは、ありません。しかし、流派泳法につながる人の口からも、これを聞かないではありませんことを、私は淋しく、また悲しくおもいます。」（『日本泳法流派史話』、瀬尾謙一、翔雲会、1974年、269頁）

この前後の文脈から、呼称としての、〝日本泳法〟を用いることは、日本独自の泳法の在り方であって、他と比べようのない伝統を持った流派の泳法として誇りを持って接するべきであることの箴言と受け取れます。

※補足　瀬尾謙一＝1901年（明治三十四年）生まれ、大日本武徳会游泳術教士、京都武徳会（現、京都踏水会）出身、京都踏水会水泳学園名誉教授、小野派一刀流相伝、入木道持明（有栖川）流相伝（有栖川流書道）、著書『向井流水法私議』『日本泳法流派史話』『撓いのひびき』『有栖川書道』ほか

第2章
改めて、“日本泳法”って何？

前章では、表記「日本泳法」が大正期末に登場し、速さを競う水泳が日本で盛んとなるに連れて登場頻度が高くなるとともに使用される意味・対象にも変化が生じてきたこと、戦後も再び個人的使用が継続されたこと、戦前同様に「競技水泳」が勢いづく中「伝承泳法」の存在を尊重しつつ守る意識を持って日本水泳連盟が公的名称として用語〝日本泳法〟を出現させたこと、を述べました。回りくどい説明でややこしく感じられたかもしれませんが、ご理解いただけたでしょうか？

ここから本題として、「〝日本泳法〟とは何か？」、その実像についての話を始めたいと思います。

まず、用語〝日本泳法〟としての名付け親は、日本水泳連盟普及部会であると前述しましたが、その後の１９９０年前後の辞書類で取り上げられた名詞・名辞としての解説文の表現に従えば、過去のオヨギの流派の全てがその対象のように感じられます。

また、用語化の際にオヨギの流派の保存や普及発展を目的に掲げていることから、その文化的価値を尊重した流派側の主体・主動の考えがあっての展開であったと受け止められます。

1 関係者記述に見る〝日本泳法〟

ここで改めて、日本水泳連盟の日本泳法関係者による記述から改めて「〝日本泳法〟とは何か？」を探ってみたいと思います。

最初に、白山源三郎によって、１９７５年に編纂・発行され、初めて書籍の標題に〝日本泳法〟が用いられた『図説　日本泳法』を見てみましょう。

「『武芸流派辞典』※によれば、そのような泳法流名の数は、およそ90にも達するとされているが、日本水泳連盟は、日本泳法委員会を設け、そのうち上記の12流だけを大同集結して、その保存と発展とに務めて今日に至っている。これらを総括して、「流派泳法」あるいは「古流泳法」「古式泳法」等と呼ばれていたが、今は「日本泳法」と呼んでいる。」（21頁、※は加筆）と記述されています。

※補足　『武芸流派大事典』綿谷雪・山田忠文編、新人物往来社、1969年と思われる。

白山源三郎については前述しましたが、用語〝日本泳法〟の命名にも関与した人物でもあり、「伝承泳法」を一貫して「日本泳法」と表現しています。この文面においても「日本泳法」への認識は変わることなく、武術として形成してきたオヨギの流派で、現在ではその中の一部の流派を集結して、その呼称として「日本泳法」を用いていると受け取れます。

次に、1975年（昭和五十年）頃から、長期間〈日本泳法研究会〉及び〈日本泳法大会〉の運営を中心的に支えてこられた人物、岩下聆（さとる）の記述を見てみたいと思います。

彼は、1983年『大塚薬報』368号掲載「知ってもらいたい（第222回）日本泳法（上）」（3回の連載、㈱大塚製薬工場発行）を執筆していますが、その中で次のように記述しています。

「かくして、日本泳法はいろいろな泳法を持つさまざまな流派が存立したのである。日本泳法はこれら流派泳法の総称といえるのである。日本泳法の流派は、数多く存在したであろうと想像できるが、現在までに由緒正しく伝承されている流派はわずかに12流派を数えるのみで、財団法人日本水泳連盟は、昭和31年、

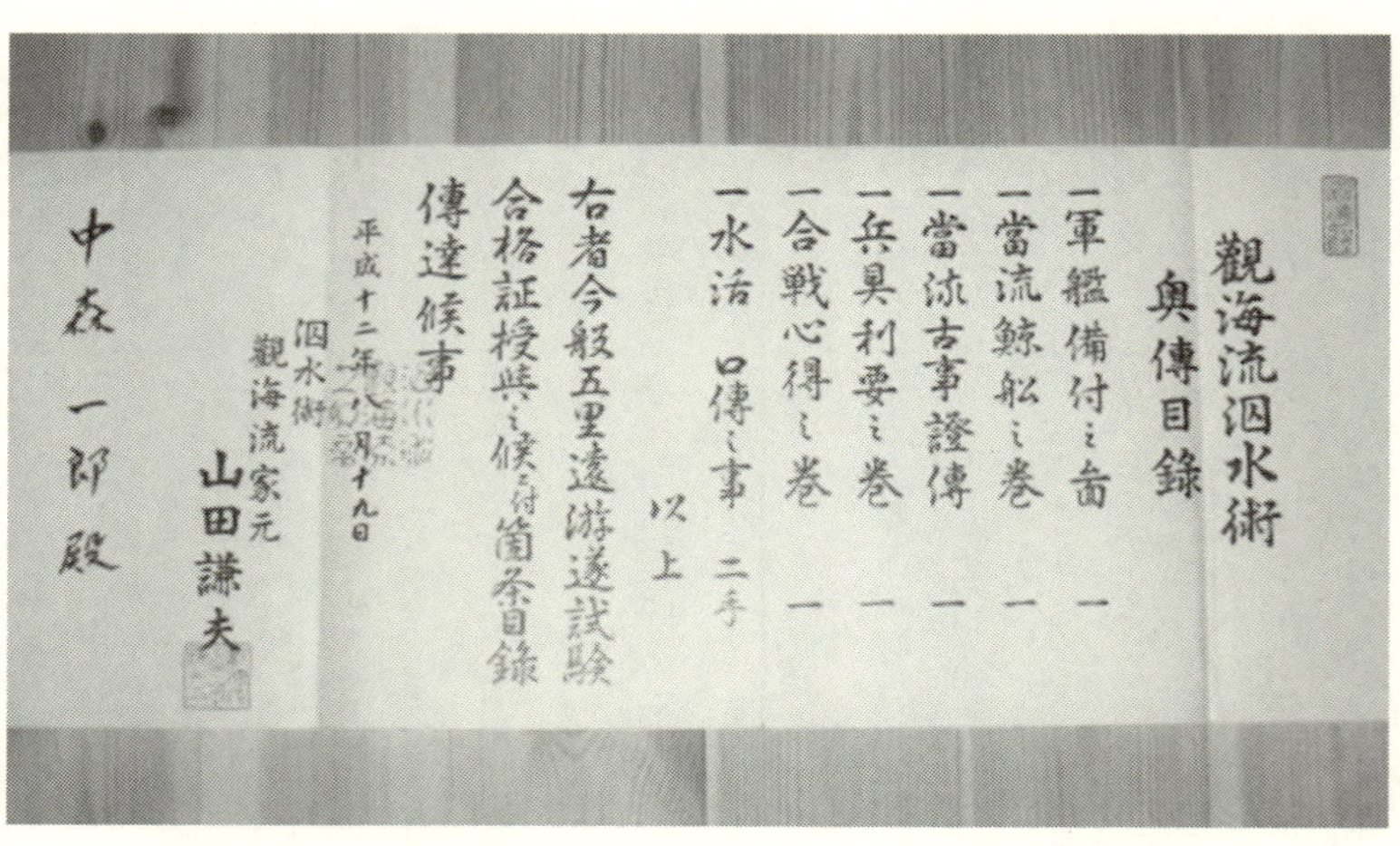

観海流泅水術
奥傳目録

一軍艦備付之畄　一
一當流鯨船之巻　一
一當流古事證傳　一
一兵具利要之巻　一
一合戦心得之巻　一
一水活　口傳之事　二手

以上

右者今般五里遠游遂試験
合格証授與之候ニ付箇条目録
傳達候事

平成十二年八月十九日
泅水術
観海流家元
山田謙夫

中森一郎殿

第四代観海流家元 山田謙夫より筆者に与えられた奥伝目録

この12流派を正統の日本泳法と認め、この保存、発展に当たっている。」（5頁）と述べています。

先の白山源三郎の記述では、「12流派の存在以外もある」ことを包含した表現に対して、この記述からは少し異なったニュアンスが伝わってきます。それは、日本水泳連盟側主導で認めた流派のみを正統とし〝日本泳法〟と呼ぶという考え方を明確に述べていることです。

もちろん、流派の存在を世に公言する上で、正しき由緒を立証する必要性があると白山源三郎にあっても考えとして持ち合わせていたと思います。

最後に、近年の記述として、２０１６年当時、日本水泳連盟日本泳法委員長の任にあった日野明徳による表現を取り上げておきたいと思います。

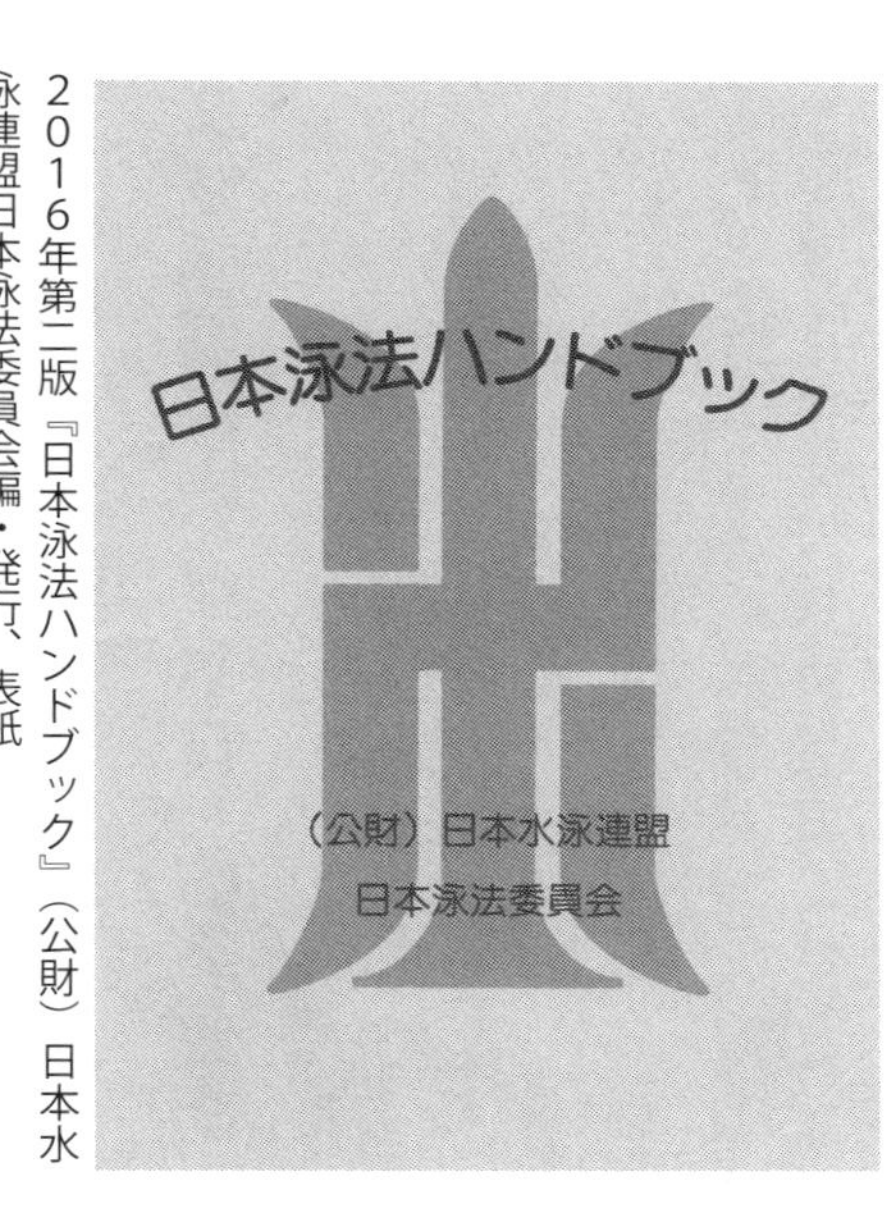

2016年第二版『日本泳法ハンドブック』（公財）日本水泳連盟日本泳法委員会編・発行、表紙

日本泳法を紹介するために作成された『日本泳法ハンドブック』（公財）日本水泳連盟日本泳法委員会編・発行、2008年初版、2016年第二版）の「前書き」において、日野明徳は、「「日本泳法」を「古式泳法」と呼ぶ向きもあるが、「古式」には「実用性と離れた」という見方もあり正解とは言い難い。そのこともあって、公財・日本水泳連盟では日本泳法をあえて古式泳法とは呼ばず、生涯スポーツの一翼を担う「現代に生きる水術・日本泳法」と位置づけている。」（3頁）と述べています。

この表現からは、〝日本泳法〟を、日本のオヨギの文化が必要と実用の中で精神性も加えて伝承・発展してきたことや現在においてもこの伝承が息づき社会に役立つものであると強く強調して述べています。

以上、三者に見る〝日本泳法〟の呼称に対する認識です。

一部分的な記述だけを切り取ったのみでは言い難いことですが、三者共通して凡そ我が国の「伝承泳法」の流派を対象と見定めていると捉えられます。そして、その伝承は、現在に役立てることができるものとも捉えられます。

しかし、現実的には、「伝承泳法」の流派を岩下聆が明確に述べているところの、組織が公認した流派に対してのみ使用されているようです。

2 組織が公認した「伝承泳法」の流派の総称が〝日本泳法〟！

実際において日本泳法関係者に「〝日本泳法〟とは何か？」と問い掛けたとき、ある人は「伝統的な古くから行われてきたすべての流派のオヨギ」と答えますが、「日本水泳連盟が公認している流派のことでしょう。」と返答される人もあります。

この点について、具体的に触れてみたいと思います。

１９５６年（昭和三十一年）に開催された〈第一回日本泳法大会〉の大会要項では、大会の目的として、「日本古来の各流各派泳法の正しい保存並びに進歩に資せんとす。」とあります。

その大会のプログラムには、「水府流（上市、下市）・向井流・水府流（太田派）・観海流・能島流・岩倉流・小池流・神伝流・水任流・山内流・踏水術（小堀流）・八幡流・神統流」が記載されていました。なお、八幡流のみは「現在伝わらず」との付記があるので、実質12流派名が見られました。

つまり、この12流派が「正しい保存並びに進歩」の対象ということです。

日本水泳連盟が公認する日本泳法13流派

水府流（上市、下市）
向井流
水府流太田派
観海流
能島流
岩倉流
小池流
神伝流
水任流
山内流
小堀流踏水術
神統流
主馬神伝流

その後、２０１３年（平成二十五年）に「主馬神伝流」を新たに公認したことで、13流派が公認となり、現在もその総称として〝日本泳法〟と呼んでいます。

しかし、大会の目的に掲げられていた「正しい保存」と言う表現が気になります。この「正しい保存」にあたっては、岩下聆記述の「由緒正しく伝承されている流派のみ」を対象とすることを前提としていたことが推測されます。

当然、正しい由緒を持っていることは、流派の存立の立証の上で必要な条件であることは否めません。それでいて、伝承文化で難しいことの一つは、この由緒の捉え方であると思います。また、「流」と「派」、あるいは伝承の変化をどのように扱うかが問題でもあると考えます。

さらに深く考えるとすれば、伝承とは何か、流の成立と派の成立とは何か、と言うことも視野に入れて述べなければならないことでしょう。

後述で詳しく触れますが、「伝承泳法」の歴史の中では、流と派の発生や泳法の変化など、その捉え方を検討する余地を残していると考えます。

それは、２０１３年に至って、それまでにその存立が問われてきた一流内からの分離を検討した結果、12流派から13流派目の公認をしたことも一例ではないでしょうか？

この公認のあり方を見ても、現在の〝日本泳法〟の呼称は、日本水泳連盟（正確には同連盟日本泳法委員会、以下「日水連」と略す）が公認した13流派のみが対象ということを示していると言えることで、実情としては日水連側が主導となって正統な流派を公認するや否やの判断を下していると言えます。

一方、〈日本泳法大会〉プログラムの参加者所属の標記の中において、白山源三郎が大会委員長を務めた時代に、「清記流矢野派」（第一回～第四回、山内流系）や「小池流外城田派」（第三回、小池流系）の記載が公認されていない流派名でありながら明記されています。

ある種の寛容とも流派側の主動とも受け取れるこの取り扱いは、〝日本泳法〟という呼称に「日本独自に伝承してきたオヨギの流派」の分派との意味合いが深く込められているとも推測します。

できれば、本来の流派主体・主動の認識に立ち戻って、自称との取り扱いを受けつつも命脈を保っている流派の受け入れを、今後の検討課題とすることも文化的な判断に思えます。

ちなみに、日水連は前述『日本泳法ハンドブック』の中で、２０２０年開催の東京オリンピック・パラリンピックに向けて、〝日本泳法〟の公式英語名として「Japan Classical Swimming Arts」を採用したと述べています。

日本の伝統や伝承という文化的な側面を直接的に用いず、見た目や印象を基調とした「Arts」（芸術・技術）という表現に加えた芸能的な受け止めは、いかにも現代的なのかもしれません。

しかし、個人的な見解では、"Japan Classical Swimming"の「日本の古典的な水泳」を意味する英文よりも"Japanese Traditional Swimming"と「日本の伝統的な（伝承の）水泳（泳法）」であってもらいたかった。

つまり、古い新しいではなく現在に有用として息づいているといった認識こそが本質と考えたいからです。〝日本泳法〟は、「競技泳法」や「競技水泳」のように人と力を競うことに焦点をおいていません。水辺における総合文化として地域文化に馴染み各地で独自の色合いを持って発展してきた経緯を有しています。同時に、自然環境に対するオヨギの技術と知恵をもった実用的なオヨギの世界を今に伝えています。この実用性は、人の命を守ることにも繋がる時代を経ても失われることのないものとして、誇るべき日本の伝承文化なのです。

できうるならば極論として、「柔道」や「空手」がそのまま〝Judo〟や〝Karate〟が英語名とされているように、用語〝日本泳法〟も、〝**Nihon Eiho**〟で良いのではと思っています。

まぁ、個人的見解はともかく、公式英語名が表明されたことで、情報化とグローバル化した社会の中で、〝日本泳法〟の拡がりへと繋がることを期待したいものです。

3　日本泳法の流派はどこで生まれどこで伝えられているのか？

ここで、呼称や用語についての話から離れて、総称〝日本泳法〟の各流派について、基本となる情報について話をしたいと思います。

日水連が公認する13流派は、どこでいつから誰によって伝承が始まり、現在どこで伝承されているのでしょうか？

この発祥地・発祥年・流祖・現在の伝承地（地域、都市）について、前出『日本泳法ハンドブック』に掲載された記述を主情報として、発祥地の南から北への順で以下に列記します。

（流派名）	（発祥都県）	（発祥年）	（流祖）	（現在の伝承地）
神統流	鹿児島	１５３３年	黒田頼定	鹿児島
小堀流踏水術	熊本	１７００年頃	村岡伊太夫政文	熊本・東京・京都・長崎・青森
山内流	大分	１８２２年	山内久馬勝重	臼杵・別府・金沢・富山
主馬神伝流	愛媛	１６１７年	加藤主馬光尚	大洲
神伝流	愛媛	１５９２年	貴田孫兵衛	東京・市川・習志野・新潟・広島・青森・岡山・兵庫
水任流	香川	１６４３年	今泉八郎左衛門盛行	高松
岩倉流	和歌山	１７１０年	岩倉郷助重昌	和歌山
能島流	和歌山	１６６９年	名井仙兵衛重勝	大阪
小池流	和歌山	１６１９年	小池久兵衛成行	大阪・芦屋・御影・名古屋
観海流	三重	１８５２年	宮発太郎信徳	津・名古屋・四日市
向井流	東京	１８０７年	向井将監正直	東京・北海道・会津・川口
水府流太田派	東京	１８７８年	太田捨蔵	東京・館山・横浜・湘南・浦和・新潟・北海道
水府流	茨城	１６１９年頃	伊勢如雲	水戸・東京

日本泳法各流派の都道府県分布図（順不同）

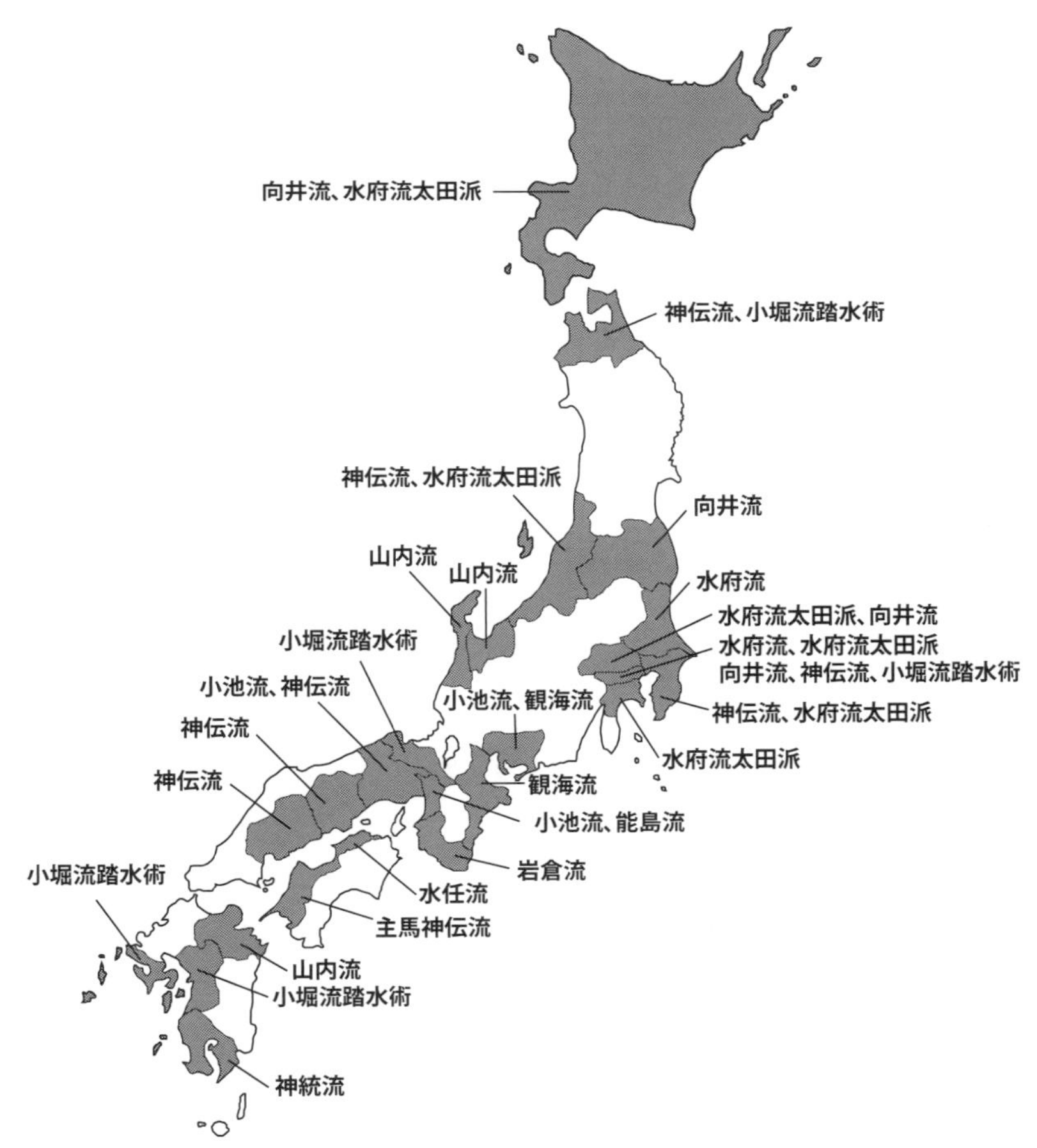

右の基本情報から13流派の存在に対して、現在、その伝承が北は北海道から南は九州まで見られます。おおらかな表現が許されるのでしたら、伝承は全国的な分布に見えます。序での過去の話として紹介します。明治以降戦前の観海流では一都一道二府三十五県にその伝播がみられました。水府流太田派では、戦前に東京高等師範学校（現、筑波大学）で同流指導者が同校の泳法（別称、高師流）に含まれた同流の泳法も指導したことから、同校の免状を受けた学生が教員となって赴任地で指導した中において同流の全国的な伝播がみられた時代がありました。いずれもが、教育機関との関わりを背景とするものですが、一流派だけでも全国的な広がりが見られる時代があったのです。

一方、流派の発祥地だけで見るならば、関東以南で地域の偏りが歴然としています。

また、発祥時代では室町時代後期から明治時代初期で、流祖は武士の範疇に入る人物が列挙されています。

つまり、〝日本泳法〟は、武士の時代に端を発しています。そして、武術として培われたものに芸道が示すような文化的な側面を取り入れながら発展・醸成され「伝承泳法」として地域のオヨギの文化となったのでした。従って、「伝承泳法」は、日本独自の文化的特徴を持ち合わせています。それが、伝承の継承においては有意な一因を果したと考えます。伝播・継承の観点から見ると、水泳関係は勿論のこと、教育機関や武道組織の団体で伝承され、盛況な時期を経て今日までも継承が続いている例も少なくありません。

また、流派として形成されたのは、江戸時代以降であると見ています。

なお、基本情報に加えて、それぞれの流派の史的な詳細などを個々に述べることは紙面の都合もあって省略します。

ただ、各流派の部分的な側面については、後述に絡めて取り上げています。ご諒解ください。

4 地域に伝承されるオヨギの文化

現在、〝日本泳法〟に関わっている人でも、その伝承において根本に地域の文化として発展してきたことを知らない人がいます。

わたしには、非常に残念なことに思えます。なぜなら〝日本泳法〟の各流派は、本来、各地域で伝承されてきたオヨギを継承し、その中で意味のある実用性や経験的知識及び思考などを維持して来ました。

しかし、社会情勢や時代、環境の変化やプールのみを修練場所とするなどの事情で、その意味を感じ取りがたくなっていることは理解できますが、大切なものを喪失していくことへの抵抗感がなくなりつつあるのは淋しいことです。

地域で伝承されたオヨギが持つ意味を、多くの人に理解してもらいたいとの想いで、以下に概略ながら述べます。（詳しくは、後述第４章・第５章参照）

武士の時代に武術としていわゆる〝水術〟（水練・水芸）から発展してきた「伝承泳法」は、江戸時代に武士の嗜みとして、幕府並びに藩が課したり奨励した武術であったことから、武士のみが修練の対象として実践してきた歴史を持っています。

同時に、武士の時代では、藩及び幕府という枠組みを基本として習練や伝承がなされてきたのです。幕府及び藩で〝水術〟を課す及び奨励した数では、可能性も含めると１００藩を越えるほどあったと考えられます。

それは、例外がないわけではありませんが、維新までは概ね修練をした対象者の身分だけではなく限られた地域や場所でのみで伝承されてきたのでした。

限られた範囲での修練では、自然の河川・湖・池・海に加えて人工池（藩校に設置）で実施されています。それらの場所（地域）で研鑽・練磨されたのは、武術として必要な〝水術〟の技術と修練場所に対応できる経験的なオヨギの能力だったことが想像されます。

この修練場所での対応から適応は、ある意味で地域特性とも受け取れる要素があったことでしょう。例えば、水府流では、同じ泳法でも川の上流では強い流れに対応して勢いがあるもの、下流では緩やかな流れに浮きを取り伸びやかなもの、という2系統に分かれての伝承があった時代があります。水府流から派生した水任流では、川から海に対処する泳法に変じて、足捌きや手の動きなどが元の水府流の泳法とはずいぶん変化して一流として存立しています。これは、自然環境が変われば、泳者の個体差ではなく泳法が変化すること、その結果、時として分派があるいは新流派が生まれることを示していると思います。経験的な知恵では、観海流が海で発展したことから、伝書に「潮水にて飯を炊くこと」などという教えも伝えられています。これも地域や自然環境によって、経験として伝えるべき知恵の特色となることを示していると思います。地域特性との関係をもう少し踏み入って考えた場合、この時代の指導者が創意工夫の上独自に編み出した優れた技術や蓄積された経験的な知恵が、指導者も血脈世襲で藩外に公開する事の少ない閉鎖性のある社会状況によって特有性のある発展を成し遂げたことで、今日から見ればこれも地域特性に貢献したことが想像されます。

ただ、この時代にあって地域特性を持ったオヨギであったとして、武士という人々の間に留まるものであり、オヨグことの目的も武士の心掛けが意識されたもので、地域文化としてのオヨギとは言い難いものでした。

それが、武士の時代の終焉とともに、その地域で流派を名乗って身分に関係なく修練できる「伝承泳法」となったのみでなく、廃藩置県（1871年）以降は、その指導者が旧藩の地域とは限らない場所へも武士時代以来の伝承を引き継ぎ広げてきました。一方、幕府及び藩で行なわれてきた〝水術〟の多くは、このときに伝承が途絶えたのでした。

現在の〝日本泳法〟は、その中から〝水術〟の指導的立場にあった人物たちが社会教育的な教場を開き伝承を継承したことを基点としていると捉えています。

社会教育的な教場での伝承は、明治の半ばごろから盛況な状況となる中、徐々にその地域での認知度が高まるとともに、その実用的で優れた技術や経験的な知恵の価値が注目されていきました。それは、「伝承泳法」の活躍場所や目的が拡大されることにも結びつき、今日へと命脈を繋いだとも言えるのかもしれません。

詳細は後述しますが、旧武士の生業として、社会教育の場として、軍事的能力の一つとして、尚武の対象として、教育の手段として、運動の文化（競技スポーツ）として、個人の心身鍛錬として、地域の水辺文化としてなど、多彩な活用となっていったのでした。

同時に、地域の中では、子供の成長過程で身につける習いごとに見做されたり、夏の風物詩に加えられたり、コミュニケーションの対象となったり、地元の誇るべき文化と認識されたり、何よりも水辺及び水中における有用な安全策と意識されたりなど、地域での価値観をともなって発展してきたことが考えられます。

地域での認知と価値観の向上は、地域社会に溶け込んで行く上で相乗効果となって、修練者が増加し、修練場の催し（試験、演武会、寒中水泳など）を地域住民が見物したり、巷の話題となり、報道の対象となり、地域行事への参加（海開きなどでの模範演技）があったり、地域の環境整備や水辺及び水中の事故への協力を行なったり、公官庁や組織・団体などとの関係が深まったり、時には天覧・台覧演技が実施されるなど多々の好循環へと結びつき、その存在は時として地域の誇りにまで昇華されるなど、不動の地位を築いた時代をもたらしました。

そのような地域での「伝承泳法」の歴史では、地域との共存共栄的とも言える、お互い時として一方を支え合うような関係にまで発展し、ある意味で地域とともに歩んできた時もあったようです。

これらの状況を鑑みるならば、地域文化としての伝承に値すると考えます。

また、栄枯盛衰を経た現在でも〝日本泳法〟流派の多くは、地域と何らかの関係を保っています。中には、日水連との関係を持たず、独自に地域の支援を得ながら現在も「伝承泳法」を保存継承している団体も存在しています。

地域の支援が、〝日本泳法〟流派の地域の文化として受け止めていることを示す一つの指標に、文化財（無形文化財など）の指定があります。

現在、県や市による指定が、12件あり、10の流派がその対象となっています。（後述第4章209頁参照）

確かに、現在では、流派発祥地ではない地域での伝承、地域特性が再現できない修練場所、地域性の意識とは離れた環境、指導者の認識の変化、伝承の目的の変化、修練者側の目的意識の変化など、その伝承に関する認識の条件や目的の変化は止む得なく起きていることも推測されます。

余談ですが、〝日本酒〟は、かつてはその地域の食文化を基本として地域社会と結びついたお酒の文化であったと捉えています。経験的には、例えば「味の濃い食文化では、飲み口のはっきりした味の酒」が「淡白な味で匂いがはっきりとしている食文化では、あっさりとした味で香りのある酒」がありました。それと同時に、地元の米・水・気候風土を利用して醸造され、地域社会が好む特性を持った地域文化でもありました。わたしの住む近くの甲賀市にある「日本酒」の醸造元では、地域で好まれる造りの酒とそれ以外の地域で販売することを目的とした酒造りが区別されていて、蔵元では地域好みの酒しか買うことができません。現在、多くの場合、どこまでその認識を持って飲まれているでしょうか？　食文化の変化や酒類の趣向の変化などもあり、地元優先の酒造りの必要も減少した昨今、地元民でも口にする人が減少傾向にあったり、必ずしも地元の銘柄が選ばれないなど「地酒」であっても地域文化としての感覚はかなり薄れていると思われます。

話を戻します。

しかし、前述したように、現在の〝日本泳法〟の各々流派の泳法は、環境・意識・目的・認識が変化したとしても。その伝承の根幹に地域特性を持つ「伝承泳法」の延長線上にいることに変わりはなく、その歴史的経過に含まれた実像から、見出せる真理や意味が多々あるのではないかと考えます。

5 地域で認められたオヨギの文化の価値とは？

地域で「伝承泳法」が受け入れられてきた価値は、どこにあったのでしょうか？

地域社会に溶け込み受け入れられる過程において、価値の評価と容認が必然としてあったことでしょう。

では具体的に、評価を受けた価値とは何だったのでしょうか？

価値があるとは、役立つとか必要であることと深く関わっていることが、必然的に考えられます。

地域に伝承されたオヨギの文化の場合、必ずしも必要であったこととは言い切れませんが、有用で役立つことの範囲から受容されたと言えることで、拡大解釈の範囲では意味（趣向）が見出せることも含まれるとしておきます。

地域でオヨギが「役に立つ」・「意味がある」とその価値が認められたことを考えたとき、人と環境との関わりは切り離せないことであったと考えます。

人間は、学習することなしにオヨギ（泳法）ができず、オヨギができないと溺れる可能性が高く命に関わる問題であることは前書きで触れました。人にとって、オヨギができることは、「溺れる」から「溺れない」に通じるという、大きな意味があります。

地域でオヨギの文化が伝承されることは、オヨギを修得する上で段階的に学習できる、優れた技術を身につけることができる、運動として心身の鍛錬となる、礼儀や集団的行動が身に付く、評価が受けられる、人前で披露することができる、指導者としての技量が身に付く、人とのコミュニケーションに役立つなど多面的な価値をもたらすと考えられます。

地域の環境とオヨギの関わりでは、地域の水辺の自然や状況を知り「危険がある」から「危険を避ける」に通じることが考えられます。自然の水辺では、変化は勿論のこと危険につながることが結構存在します。自然環境の中でオヨギを実践することは、直接肌で水の状況や変化などが身体に与える感覚を知ることであり、オヨギの修得が進むにつれて場所の状況や変化が及ぼす影響に対処することも経験できることであり、危険の察知と楽しみ方の発見も身に付けながら環境自体を熟知することでもありました。

地域でのオヨギの経験が地域環境の状況把握であることを示す一例として、明治二十年代に隅田川（大川端）で神伝流を学んだ小説家永井荷風（かふう）の回想による話を上げておきたいと思います。「私は毎年の暑中休暇を東京に送り馴れた其の頃の事を回想して今に愉快でならぬのは七月八月の両月（ふたつき）を大川端の水練場に送った事である。自分は今日になっても大川の流の何（ど）の辺（へん）が最も浅く何の辺が最も深く、そして上汐下汐（あげしおひきしお）の潮流が何の辺に於て最も急激であるかを、若し質問する人でもあったら一々明細に説明する事が出来るのは皆当時の経験の賜物である。」（「夏の町」『荷風全集』第五巻、岩波書店、1971年第二刷、287頁、初校1910年発表の『紅茶の後（三）』の改題）と部分的な話ですが、経験による知恵を表現しています。

環境を熟知することの中には、水温、透明度、深浅、凹凸、砂地、岩場、海水、流水、静水、波浪、濁流の状況や変化などに加えて、気候、地形、動植物に至るまでの地理的条件も含まれたことでしょう。この環境との直接的な向き合いは、自然に対する観察姿勢が身に付き、監視的な眼で地域の自然を意識することに一役を買ったと推測します。

また、自然環境に合わせて、必然的な対応としてオヨギに変化が生じます。それが、伝承されてきたオヨギの独自性に加えて環境条件に適応した泳法の特性として反映され、地域特性をもったオヨギの文化となったといえます。その点では、「競技泳法」を身に付けてオヨギができることとは、異なった性格を持っているものと見てもらいたいものです。

これらを考え合わせると、地域におけるオヨギの伝承は、地域の水辺に関する安全技術や知識の修得に一役を果たし、その自然環境に精通していたことから求められる期待と評価があったと考えられます。

この地域で伝承されてきたオヨギの文化は、今日でも役立つと言いたく思います。なぜなら、〝日本泳法〟の各流派の伝承地、殊に発祥地で伝承をしている多くの団体では、現在も自然環境の中でオヨギを実施するための機会を設けて継続しているからです。中には、個人や集団で実践している方々もいます。また、プールでの修練であっても、泳法が持つ意味を意識して実践されている団体もあります。

ただ、自然環境では「遊泳禁止」となったためにかつての修練場所が使用できない、プールしか修練場所がないなど、意識の薄れが生じていることは先に述べた通りです。が、地域で伝承されてきた意味を、地域環境の条件変化などを考慮する必要があったとしても、地域文化として再認識して継承していく価値を持っていると考えます。

その価値は、〝日本泳法〟の各流派が、実用性を持つ技術と経験的な知恵を長い年月に亘って蓄積してきた伝承の継承にあります。人は災害に限らずいつオヨギを必要とする場面に出合うかは分りません。その時に真価が発揮できるオヨギの文化として他に譲れない価値観を持っています。侮らず忘れないでもらいたいものです。

6 水辺の総合文化としてのオヨギの伝承技術

「伝承泳法」として地域で価値あるものとして認知されてきたことは、そのオヨギが単に水面を移動するだけの泳法だけではなく、〝水術〟としての武術的要素が伝承されてきた点も評価できることだと考えます。

例えば瀬尾謙一は、「常に敵前にある心がけを強調し、体勢にも構、目付、残心などの、武術的要素を必修とした。さらに武技としての必要上、立泳、水練※、飛込法に力をそゝぎ、また水馬・操舟も合わせて傳習された。」（前出『日本泳法流派史話』5頁）と述べています。

※補足　小堀流踏水術伝書『踏水訣』「水練の事」に見る「水練」で、潜行・潜泳のことを指す。

白山源三郎も「日本泳法というときは、いわゆる水泳のほか、潜水、飛込方や水馬術までも含み、特に武術として研究の結果、一定の主張のもとに、水泳技術ならびに精神的な指導方法までが組織体系化され、かつ教授、伝承の制度までに確立したものを意味する。従って、たまたま個人の水泳技術の練熟したものではなく、何らかの体系的な指導目標ないし格法※のあるもので、今日まで伝承されているものをいう。」（前出『図説　日本泳法』22頁）と述べています。

※補足　格法（かくほう）＝おきて、形式上のきまりや慣習（『日本国語大辞典』より）

この例に見られるように、〝日本泳法〟の多くの流派では、オヨギとして水馬や操船の方法や技術、立泳、潜行、飛込の技術、心構えとしての精神論、体系化された評価法、指導法まで含まれ、それを実用と考え実践し、伝書や口伝などとしても伝承してきています。これ以外でも、武具、武器などの水中での扱い、武士として必要な知識に及ぶ事柄を伝承してきています。

この武術的要素のすべてが、現在に必要なことと言えないだけでなく、特定の条件がないと実践が難しくなっていることもあります。例えば、水馬や操船などがそれに当てはまるかと思います。

しかし、〝水術〟や「伝承泳法」が、現在のように人工そのもののプールが出現する以前から行なわれてきたことで、たとえ藩制時代に人工の池で行われても必ず自然環境の中での実践が行なわれました。

それが、海や川などの環境や必要に応じた泳法の発達・進化となり、基本とする修練場に特化した泳法を持ちながら、地域に限らない実用的な泳法の技術や方法論も今日に多々伝えています。それは、武術としてオヨギがなされていた時代、既にはじまっています。武術として戦場や戦法の上にあって、あらゆる条件の想定は必要不可欠なことであって、そのための実践もなされてきたことの証と推察しています。

そして、その経験を基に自然環境がもたらす状況を想定した技術や方法論が、伝書の中で明確に示されてもいます。さらに、伝書では、水辺で起きたことに対処すべき術や指導者が学ぶ者への配慮、自然環境の観察法などに至るまで事細かに伝えているものもあります。

これらのことが、「競技水泳」全盛の社会となってもなおも継承され続けている〝日本泳法〟の要因であると、各流派を見守り続け実技・伝書にも精通しておられる岩下聆が取り上げています。

先例と重複部分もありますが、その記述を見てみたいと思います。

「武術として生まれた水術は、元来、総合的な水に処する術であったはずである。」（前出『大塚薬報』370号、3頁）、「日本泳法が単に泳ぐ技術だけを伝えているのではなく，広く水に対する心得、水からの護身法、修練上の注意等々，人と水にかかわるあらゆる日本人の知識や経験も合わせ教えているからでもある。その例の現代にも通ずるいくつかを紹介してみると、(水府流の伝書『水術伝習書』)「初心にて水に溺れたるものを助くる心得の事…（略）…「水に入る時心得の事」…（略）… このほか、人口呼吸法や救助法のこと、指導法に関すること、浮具の作り方や使用の方法、船に乗る時の注意事項、波の対処の仕方や川の渡り方等、その伝える内容は豊富で示唆に富んでいる。日本泳法は，泳ぎの初心者指導から指導者養成までの指導体形を完成させた，総合的水泳システムでもあるといえる。」(同、5頁―6頁、括弧内筆者加筆）と述べています。

この文面からもうかがえるように、〝日本泳法〟は水辺から水中までのあらゆる技術や理論を醸成させてきた過程の上にあるもので、〝水術〟を武術とするならば戦闘的で敵を攻めることにあるのかもしれませんが、見方によっては、水辺及び水中において自分をはじめ自他の命を守り、安全を心掛けることへの配慮が根本にあることを感じさせてくれます。それは、当然至極でありながら、ある種、優しさの様にも受け取れる一面と思えます。

例えば、１７５６年（宝暦六年）３月に初代師範小堀長順常春（ながひと）が書き著し二年後の１７５８年に大阪で出版された小堀流踏水術の伝書『踏水訣』で、「水をおよぎ習ふ事」として初心者には足が届くところで指導者が泳者の腹に手を添えて手足を動かすことから始めるとか、項目だけですが「こぶらがへりせざる事」「水游草臥たる時游やうの事」などと学習者への配慮が見られます。これは、他流派の伝書でも同様の例を見ることができます。

たとえ、今はプールを中心として実践されている泳法のみであっても、ここにあるオヨギの実用性は意識されるべきことです。その意識されるべき実用性として、個人・複数・集団、目的、状況対応、応用、心がけ、経験的な知恵などを対象としたことが考えられます。

次の第3章で踏み入って述べますが、これらの実用性は常日頃意識されて、機会があれば実践の経験を積んでこそ活かすことが可能な能力であることは自明です。

この水辺及び水中でのオヨギの文化は、多様な一面を持ち、実用性に富んだ文化といえるでしょう。

さらに、日野明徳の記述も注目できます。

「日本人が本来持っていた水に対する畏敬の念が様々な哲学と各流派の形を生み出し、世界にも希な日本泳法という文化を開花させたことをくみ取っていただければ幸いである。」（前出、『日本泳法ハンドブック』第二版、「前書き」3頁）と述べています。

いわゆる、自然崇拝や神仏に持つような畏敬の念を持つことで、崇高な行ないと自らを諌め奢らずの日本的な伝統的世界観が〝日本泳法〟の中に伝えてきた側面にあることを看破されているように思います。

これらを内包した〝日本泳法〟は、オヨギにおける安全を基軸としているだけでなく、世界にも例を見ない優れた総合的オヨギの文化であり、民族学的な意味での伝承文化であり、日本独自の伝統文化であるといえることでしょう。また、〝日本泳法〟が伝統文化として、当然ながら人から人への想いを伝承として、繋ぎ紡いできたことを意識して接することが望まれる文化であると思います。

しかし、伝承者がいなくなれば、文化は絶えます。絶えての復活は難しいことです。

その為として、瀬尾謙一の一言が、まずは大切なことであると思います。

「武芸はたゞ傳書の上だけで、その法を知り、その理をさとっても、実地に活用できる業を練り、その妙用を極めなければ、何の意味もないことは、もとより当然である。すなわち体得心養こそ、もっとも大切なことといえよう。」（前出『日本泳法流派史話』284頁）と述べ、体得した上で伝書をよりどころとして研鑽すべしと続けています。

修練する者が〝日本泳法〟と向き合う姿勢として、常にあり続けるべきことなのではないでしょうか？

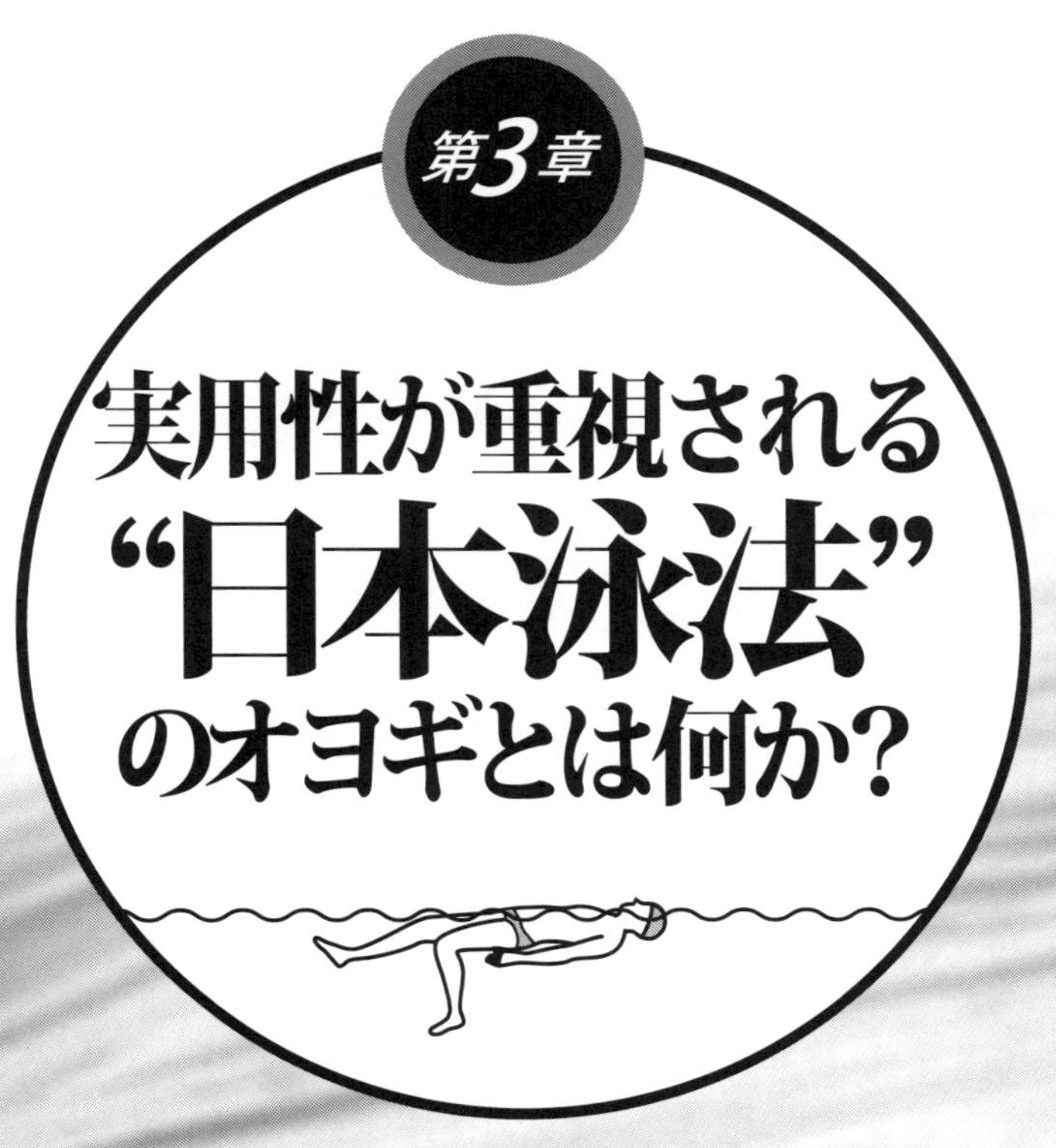

第3章

実用性が重視される“日本泳法”のオヨギとは何か？

1 〝日本泳法〟は実用的！

第1章では、〝日本泳法〟は、〝水術〟として培われたものが「伝承泳法」として地域で伝承されてオヨギの文化にまで発展し、今日まで継承されていることを述べました。

また、このオヨギの文化は、伝承地の自然環境への適応に加えて独自の個性があり、必要とされる創意工夫を盛り込んだ泳法と経験的な知恵を含みながら地域特性を持ったオヨギを形成し、何よりも実用性を重視したオヨギの文化といえるもので、水辺でのオヨギの総合文化としての性格を持つと解釈しました。加えて、この実用性は、時代を経ても変わらず生かせるものがあり、殊に自然環境の水辺で発揮できる性質を備えていることも述べました。

なお、この実用性重視の考え方は、水府流太田派の教書『造士会叢書　日本游泳術』（高橋雄治郎編、造士会、1900年）が、顕著に示しています。同書の流祖太田捨蔵による「緒言」には、「游泳術に流派ありて游泳方の同一ならざるは、各地の水勢均しからざるが為めに、各其水勢に適応する方法を用ふるに因るものなり。…（略）…此書水府流に基き、諸流の游泳方の参考となる可(べ)きものを加へ、廣く我海国の同胞をして、游泳術の何物たるを知らしめ、併て此術を実地に演習せんとする子弟をして、水勢の変に応ずるの術をも練習せしめ、異日地を易(か)へて游泳することあるも、不測の禍を蒙らざらしめんことを期するに在り。」（5頁）とあり、流派で伝承される泳法は異なった水勢に適応したものがあるとして、水勢に適応した泳法を実施習得する事は、どのような場所・場面でも対応できることに通じ、禍(わざわい)から身を守ることができると、

『造士会叢書　日本遊泳術』（高橋雄治郎編、造士会、1900年）
※第4章27②参照

その想いを述べています。同流では、武士の嗜み（たしな）としての〝水術〟から、意識の中心を水上での安全において、水府流の流れを基本としながらも「伝承泳法」の流派に囚われることなく実用性が高く優れた技術を探求してきたことがうかがえます。したがって、同流の伝承は、探求で得た見識を自流の泳法に活用しながら継承してきたと推察できます。もちろん、各流派においても限られた範囲ながらあらゆる状況に適応できることを想定して発展してきたことですが、同流の想いは、「伝承泳法」の実用性を証明付ける一例でもあると捉えて、はじめに同書を紹介しておきたいと思います。

さて、ここでは〝日本泳法〟の流派にあって、実際にどのような実用性をオヨギの文化として持ち合わせているのかを具体例に触れたいと思います。そのことで、オヨギの文化の実用性を持ち合わせていることへの推測と理解に繋がることを期待しています。

また、具体例を挙げるにあたって、考え方の前提として実用が「実際に使う」「必要とする」「役に立つ」(『日本国語大辞典』より)であることと捉え、実用性を「用途がある」との見方から取り上げることにしました。

ここで、〝日本泳法〟の具体的な実用性「用途がある」について展開する前に、知っておいていただきたい〝日本泳法〟に関する特質について述べておきます。熟知している方は、次の「オヨギの特質」は読み飛ばして実例へ進んで下さい。

2 〝日本泳法〟に関するオヨギの特質

①流派が発祥した自然環境の条件としては、おおよそ「川」と「海」に大別できます。

②〝日本泳法〟の中で扱われるオヨギは、水面を移動する泳法のほか、立泳、潜水、飛込、浮身、技芸的な泳法、武術的な泳法、水馬、操船法なども含んでいます。

③泳法において、使われる基本的な足捌きは、「かえる足」(両足とも足の裏で水を押す)、「あおり足」(片足は足の甲で片足は足の裏で水を蹴る)、「踏足(ふみあし)」(あるいは巻足、足を交互に動かして足の裏で水を踏むあるいは廻し蹴り押す)があります。

④基本となる主な足捌では、観海流、岩倉流、能島流、小池流が「かえる足」、水府流、水府流太田派、向井流、水任流、神伝流、主馬(しゅめ)神伝流、山内流、神統流が「あおり足」、小堀流が「あおり足」と「踏足」です。

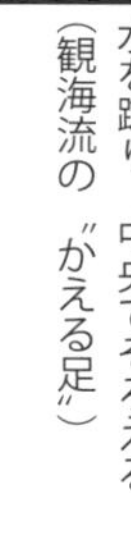

かえる足

両足裏で、斜め外方向に向かって水を蹴り、中央でそろえる。
（観海流の"かえる足"）

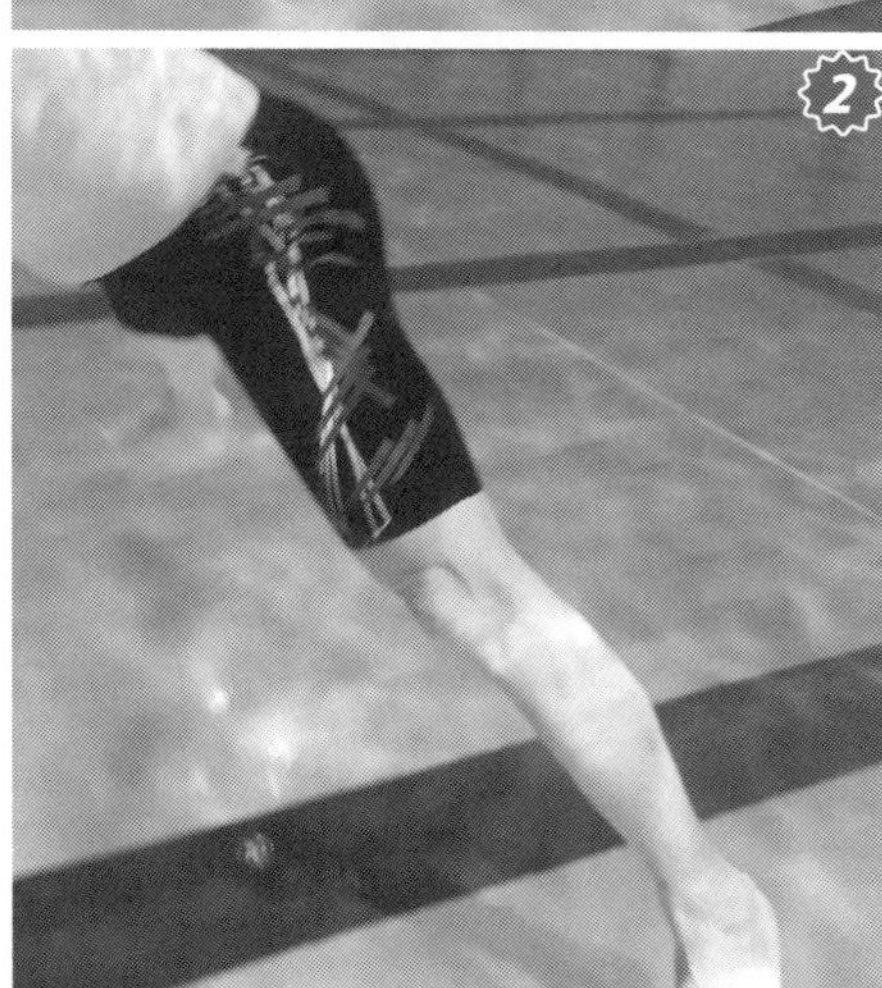

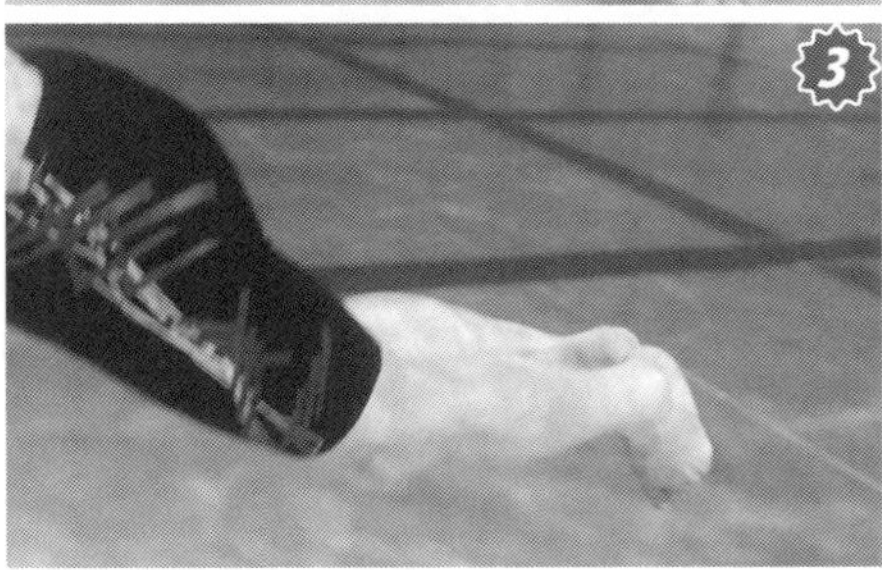

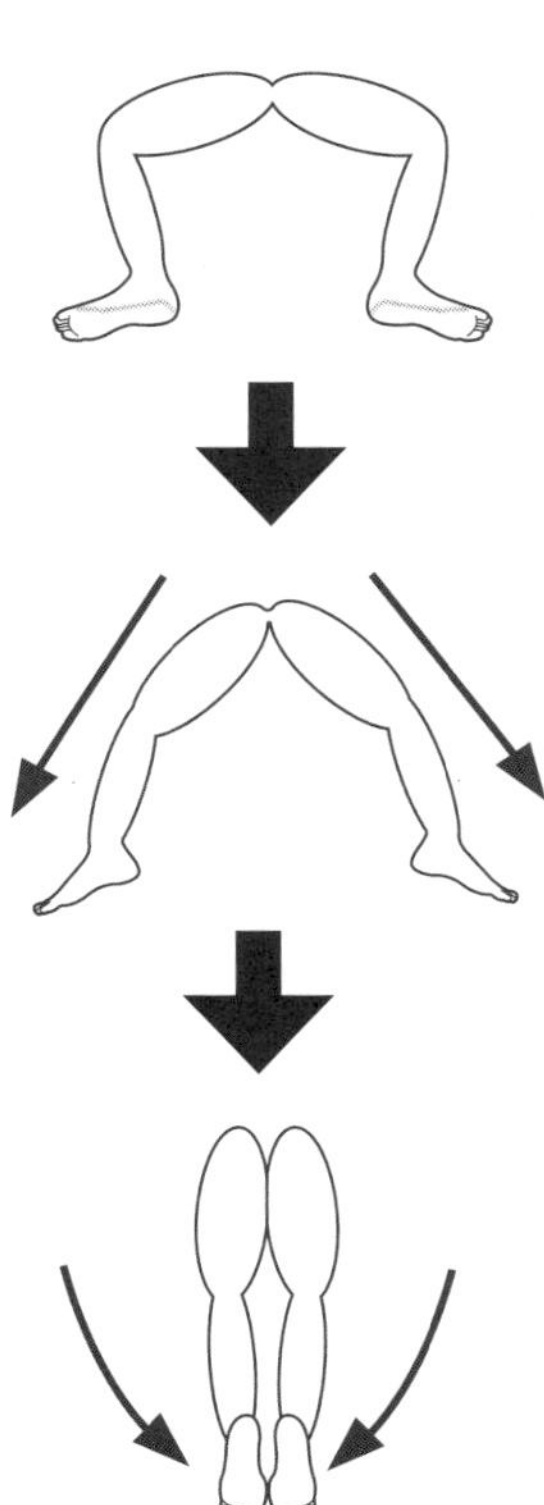

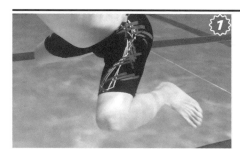

巻足

両足交互に、膝を中心に脛部を回し、足の内側で下方に蹴る（右足：写真①→②、左足③）。流派によって膝の使い方に違いがある。現代のシンクロナイズドスイミングや水球などにも通ずる足遣い。

踏足

左右足の裏で交互に水を踏むように。巻足とともに、日本泳法の安定した立ち泳ぎを支える代表的な足遣いの一つ。

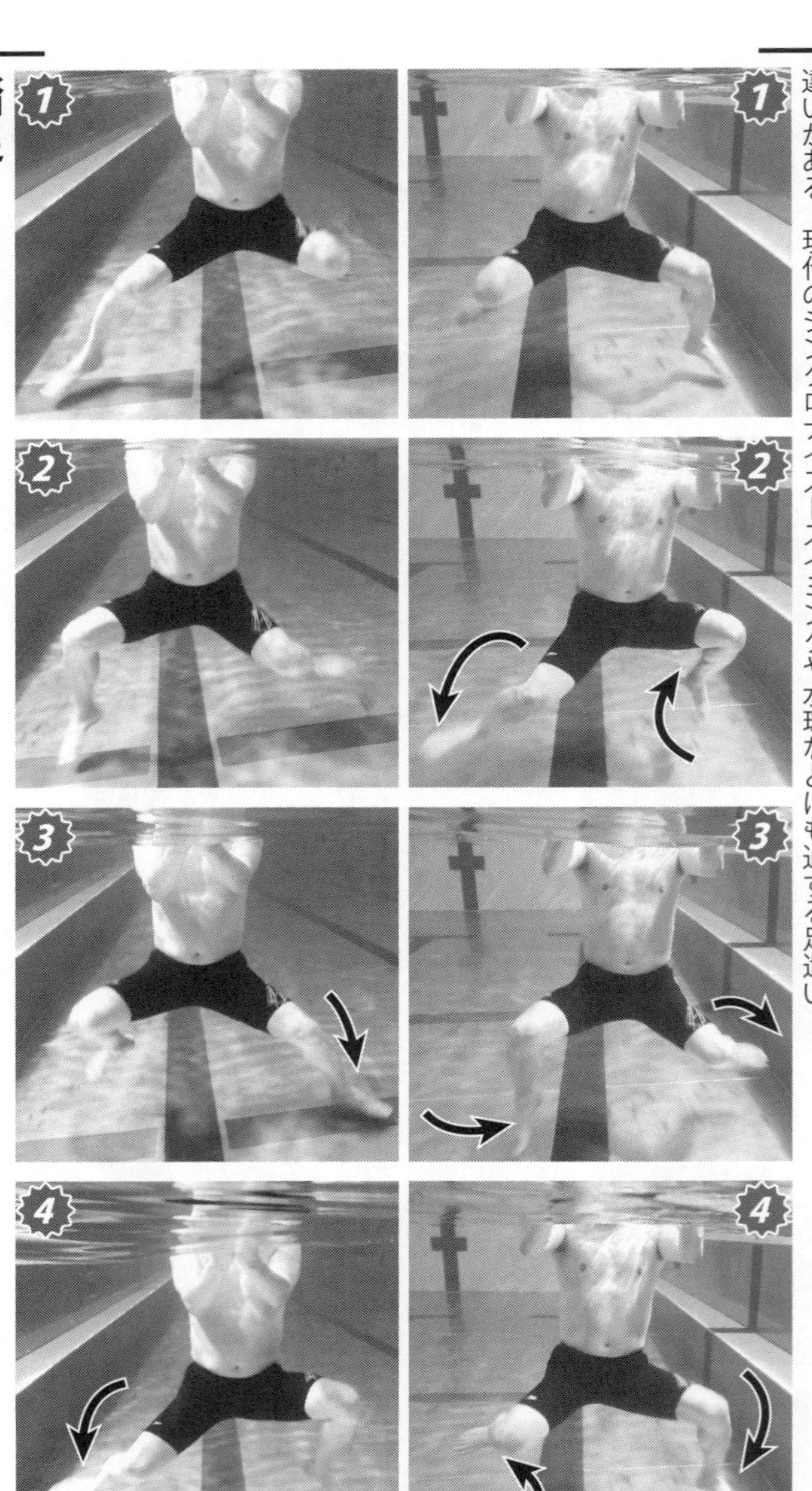

⑤「あおり足」には、次のように呼ばれている足捌きがあります。動きのみを簡略化して述べておきます。但し、正しく理解するためには、一見を要します。

「煽足（わり股）」（水府流）横向きの体勢で、伸ばし揃えた脚を徐々に曲げながら、太股を擦り合わせるように引き付けて水上側の脚は前へ下側の脚は後方に開き、前へは足の裏で後ろへは足の甲で、大きく開き蹴りながら脚を閉じ挟みます。

「逆あおり足」（水任流など）「煽足」の上下の脚の開き方が逆になった動きをします。

「縦あおり足」（向井流など）身体を伏せた体勢又は、身体を立てた状態で「煽足」をします。

縦煽足

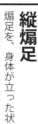

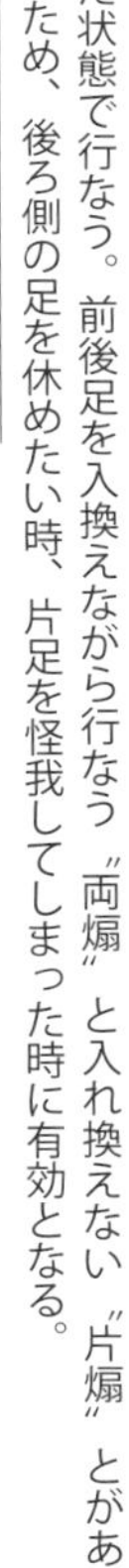

煽足を、身体が立った状態で行なう。前後足を入換えながら行なう“両煽”と入れ換えない“片煽”とがある。“片煽”は前側の足を主に使うため、後ろ側の足を休めたい時、片足を怪我してしまった時に有効となる。

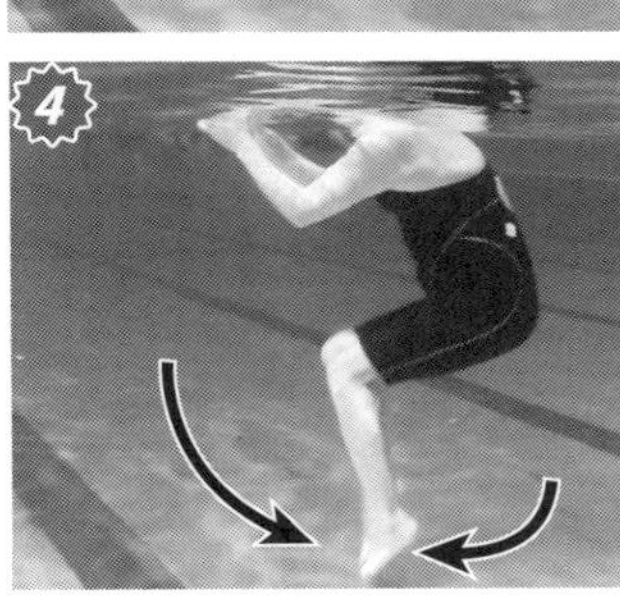

通常の煽足

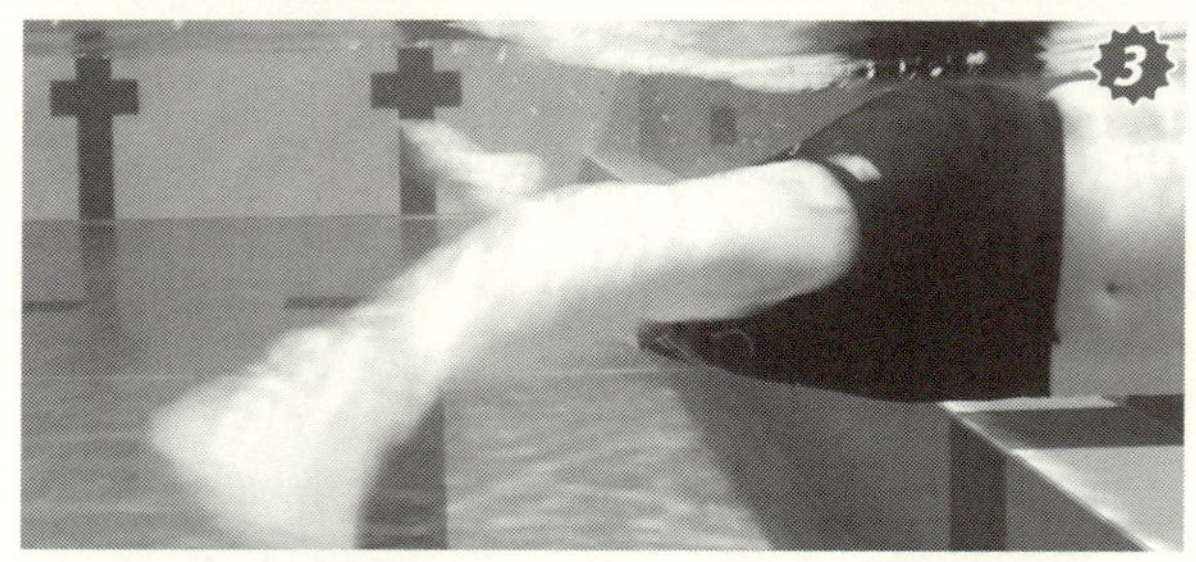

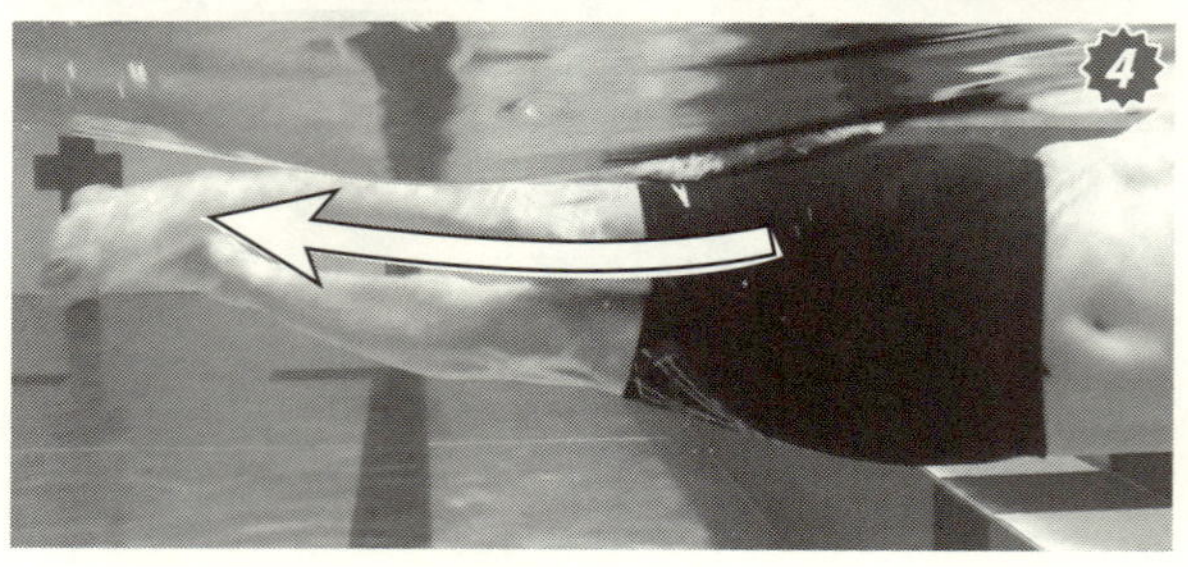

スクリュー・モーション

通常の煽足に比べて足を引きつける途中で膝を大きく開き、あたかもスクリューのような立体的な動きによって強い推進力を得られるようにした足遣い。

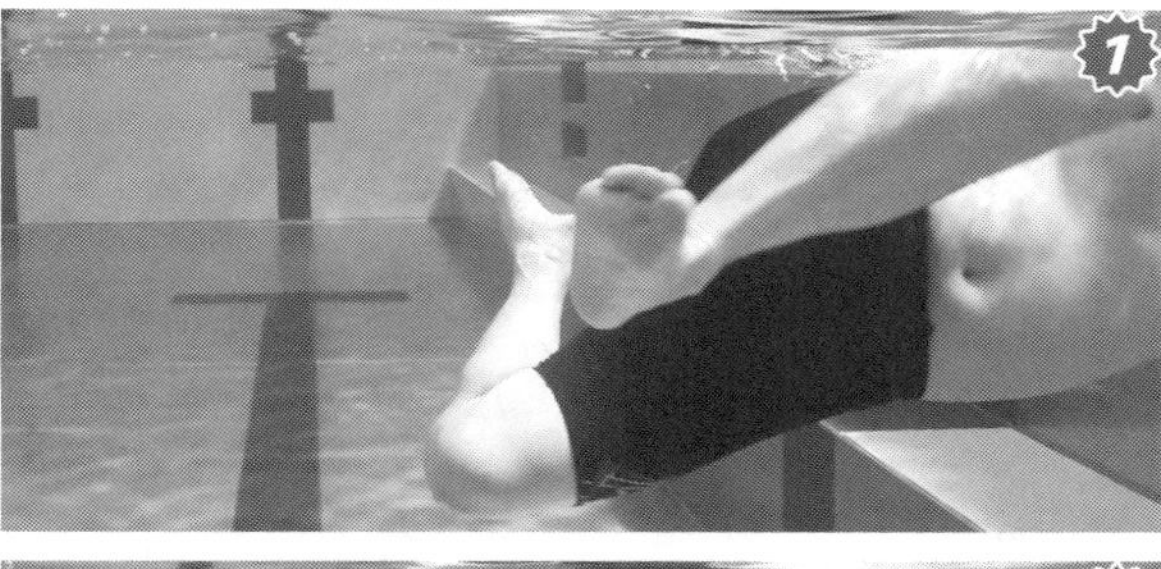

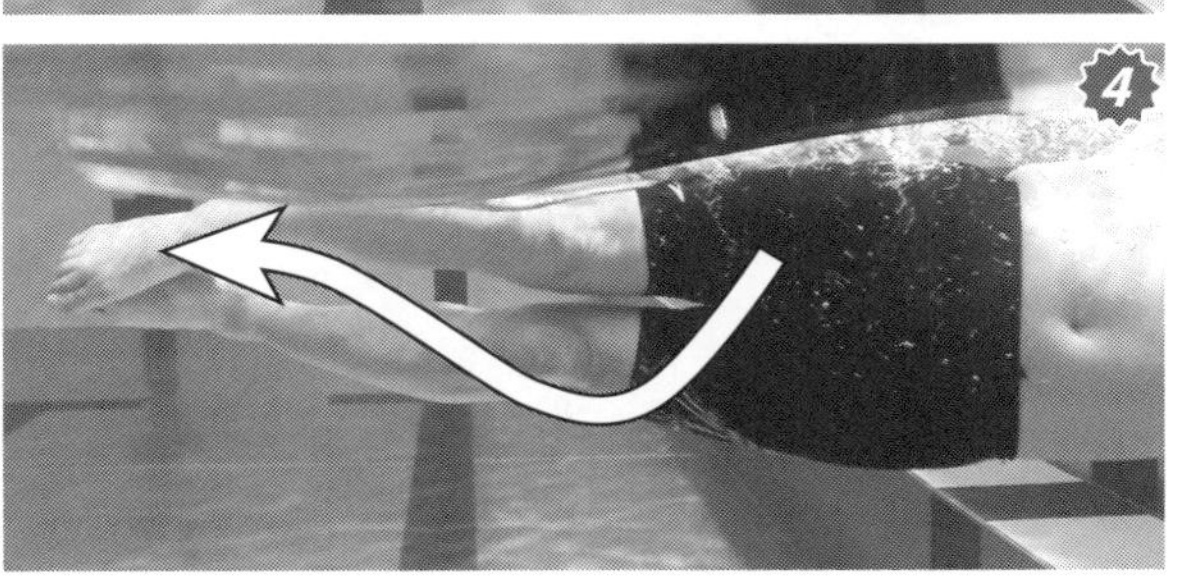

「手繰足」（小堀流）身体を伏せて脚を揃えた状態から、身体を斜めの体勢にして「煽足」の前後の脚構えから蹴り挟み、挟み終えたときは伏せた体勢となります。

「足巻」（岩倉流）身体を伏せた状態のまま、片足はかえる足の動きから足の裏で蹴り、もう片足は側方に曲げて足の甲で水を巻き蹴り、挟み合わせます。

「スクリューモーション」（水府流太田派）「煽足」の動きの中で、脚を引き付けるときは膝を開きながら前足・後足の親指を立てて引き、蹴り挟むときは鋭く廻し伸ばす動きをします。
⑥用途に適応するためのオヨギでは、流派に関係なく類似したような動作や手法が用いられていることが多くあります。しかし、同じような技術であっても動作の違い、目的の違い、手順の違い、名称が異なるなど、流派による差異が見られる場合もあります。また、同一流派内でも、伝承地の環境に合わせて変化が見られることもあります。
⑦水面を移動するなどの泳法では、原則として顔を水上にあげたまま、目標を見定めながら行なわれます。
⑧水面を進む泳法の体勢としては、「平体」（水面に平行で身体を伏せた体勢）、「横体」（水面に平行で身体が横臥した体勢）、「立体」（水面に対して身体を垂直方向の体勢）の三体を基本とし、中には「平体」と「横体」との中間的な「斜体」（観海流、神伝流、向井流など）と表現される体勢の泳法もあります。なお、岩倉流と能島流には、「横体」・「斜体」の泳法がありません。「平体」「立体」は全流派にあります。
⑨各流派の泳法には、それぞれの流派あるいは伝承地の中で定められた、基本的な流儀（約束事など）を持っています。
⑩オヨギの伝承では、実技とは限らない心得や精神論もあり、口伝として伝書として記述が残されていな

立体

水面に対して身体全体が垂直になる体位。

平体

水面に対して両肩が平行になる体位。

横体

水面に対して両肩が垂直になる体位。

斜体

平体と横体の中間位。横体では一般に後ろ方向を見ながら泳ぐ事になるが、斜体なら進行方向を見て泳げる利点がある。

い場合もあります。

⑪大半の流派において、オヨギの伝承の形態では、伝統文化である古武術や茶道、華道などと類似して、最高指導者（師範、家元、宗家など）を継承しながら組織を維持する制度が確立されています。

⑫各流派の制度の中では、個々の泳者の能力を評価する方法や流儀の伝達手段なども継承されていますが、各流派・団体で様々な状況です。

ザッとですが〝日本泳法〟には、おおよそ以上のような特質があります。特質には直接取り上げていない「競技泳法」のように速さを目的とする泳法もありますが、各流派で伝承される泳法（型・動作など）には、多彩な目的と用途を想定して継承されてきました。また、今日までの伝承過程において、用途が変更されたり、一様でない複数の用途が想定されたり、新たに付け加えられたりなどしてきた場合もあります。現在、その状況のすべてを把握することは難しく限界があります。

そこで、本章では、〝日本泳法〟の実用性を理解いただくことを目的として、私の中の経験や知り得た情報の範囲から思い当たる事例を選別し、私的解釈と独善も入れ混ぜて述べることにしました。したがって、事例は、用途のすべてを把握したものでなく、広い視点を意識しつつも紹介する流派の範囲や取り上げ方に偏りがあり、用途の説明も一律な形式や表現でないことをお断りしておきます。

紹介文では、用途ごとに取り上げた泳法の名称や動作、用途に応じた方法や考え方、用途に付随する精神性や私見なども交えて取り上げています。都合で、引用文をそのまま取り上げて補っている場合もあります。さらに、より具体性を示すことを目的に、簡略な解説文や写真又は図も可能な範囲で添付しました。

本来、このような実用と実技の世界は、説明や図・写真だけでは詳細は理解しがたく、〝百聞は一見にしかず〟であり、実践してこそ理解と体現できるものであることを念頭において読み進んでください。

3 川の流れに対応したオヨギの事例

川には流れがあり海にも潮流があります。基本的に〝日本泳法〟の各々の流派には、水の流れに対して対応するための泳法があります。ただ、私の中では、流れがあることの印象は、海よりも川の方が強く感じます。そして、川でのオヨギとしては、「横体」で「あおり足」の泳法が思い浮かびます。

そこから、1600年代には、すでに川での横体の泳法を確立していたという水府流を例に触れてみます。『図説　日本泳法』（前出）の「水府流水術」の文中に、「その頃、西のはずれの方で泳いでいた人の中に、島村孫右衛門正廣という人がいた。もともと、泳ぎが大変上手であったが、あるとき那珂川の急流を渡ろうとして、今までと変った泳ぎ方をしてみた。今までよりも体を横にして泳いでみたのである。すると扇（あお）り足が上手に使えて、進む力が大きくなったように感じた。同時に下の手を先へのばして強く掻いてみた。今までの平体泳だと、川を越すまで、ずいぶん流され、骨が折れたのであるが、横にして足と手を十分に使うと、かなり速く楽に越せそうであった。」（32 - 33頁）とあります。都合の良い箇所だけの抜粋ですが、身体を流れに対してより横向きにして強い「あおり足」が流れに対して有効であることがうかがえます。

論理上でも、同じ巾・長さであれば横長より縦長の方が水の抵抗が小さいことから「平体」よりも「横体」の方が、足の裏で水を蹴り押すより足の甲で蹴るほうが瞬時の動くスピードが速いことから「かえる足」よりも「煽足」の方が、勢いのある流れの水面を進むときには有効的であると推察します。また、「煽足」は、足の甲と足の裏で蹴ることで、足の甲だけ（バタ足）で蹴るよりは瞬時の推進力は高いと考えられます。しかも、水平に近い体勢をとりながら、常に顔を水面上に上げていることから呼吸にも制限がなく、より流れ向きであるといえるでしょう。

急流を横切ることと目的は同一ではありませんが、何か「競技泳法」が速さを求めて進化していった過程の中で、水上に顔を上げての泳法から顔を水中に浸けてできるだけ抵抗を減じる泳法へと工夫されてきたこととイメージが重なって感じられます。

海でのオヨギが伝承されてきた観海流にも、波にも流れにも対応する「半身泅（かたみおよぎ）」という泳法があります。これも、一般的な「平泳ぎ」の動きに対して体勢を変化させて、身体を半分だけ横向けに傾け（「斜体」）全体を水平に近づけて、足は蛙足の要領のままで、手の動きは傾けた肩が下側の手は前方へ伸ばし肩が上側の手は腰側部まで後方に水を掻き、左右の手を胸の前に戻す動きをします。一般的な「平泳ぎ」とは体勢的に随分と違いがありますが、これも流れへの対応としては近い考え方と捉えています。

水府流から派生した水府流太田派では、「一重伸（ひとえのし）」を最も基本的、実用的な泳法としています。

かなり大雑把ですが、その体勢と動きを概略して泳法の説明をしておきます。

①体勢は水面に対して真横に構え顔もそれにしたがって首をねじる感じで上向きの姿勢を維持します。②脚の動きは、足を伸ばし揃えたところから膝を折るようにして引き付け、上側の足は前に広げ足の裏で、下側の足は後方に広げ足の甲で、水を蹴る煽足を用います。③手の動きは、両腕を腿に付けた状態から、両手の親指を触れ合わせて胸元まで運んで構え、足を蹴ることに合わせて、肩が下側の手は前に伸ばし、

半身泅（かたみおよぎ）

観海流の「半身泅」。平泳ぎでかえる足のまま体を斜体にして、浪や流れに対応すべく"横泳ぎ"的に変化を遂げたものと考えられる。斜体や横体が平体より流れへの抗力がある事からこのような泳法が生みだされたのでしょう。

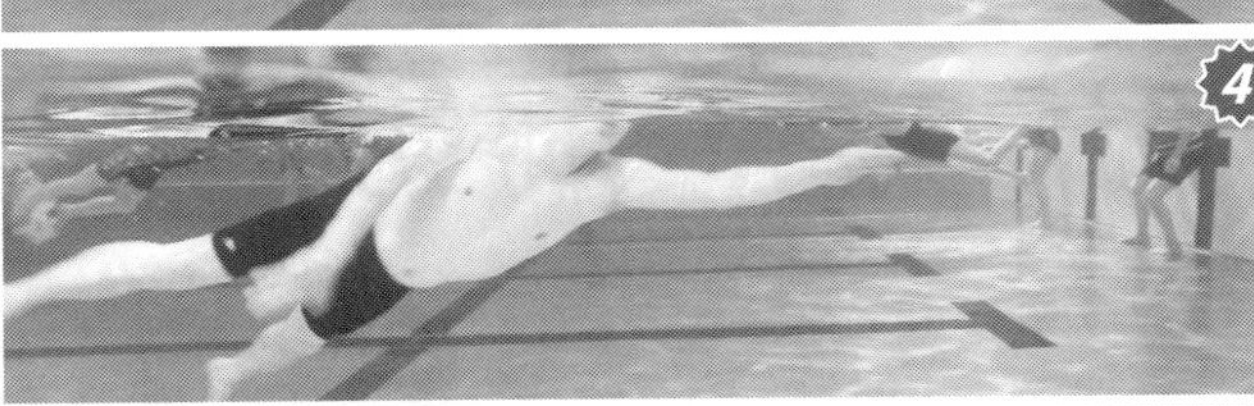

一重伸（ひとえのし）

水府流太田派において最も基本的、実用的な泳法とされている「一重伸」。横体で煽足を用い、両手を腿の位置まで掻き収める。

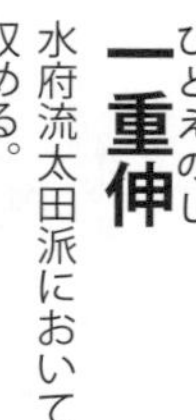

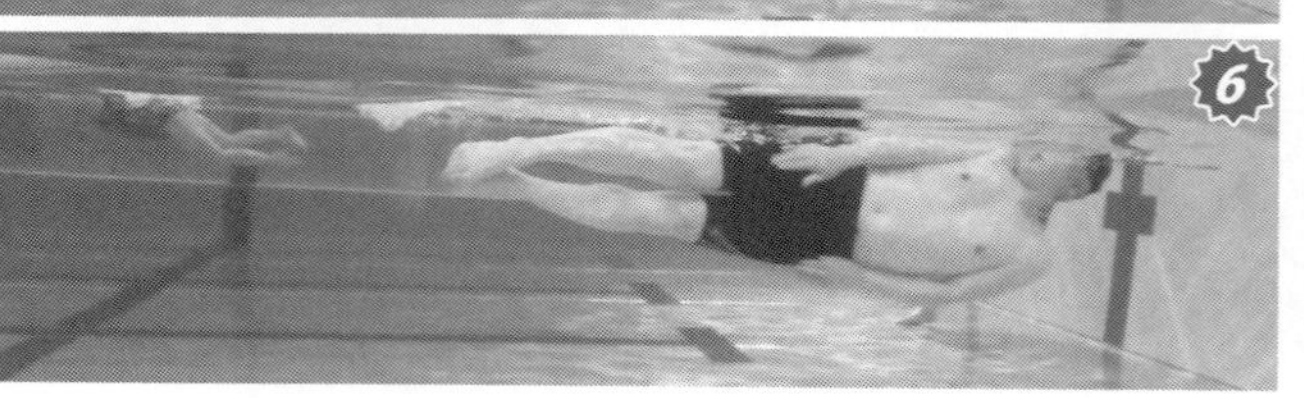

肩が上側の手は内股まで掻き収め、そのタイミングで前に伸ばした手も同じ側の足の腿まで掻き収めます。

全体の動きを、前出『日本游泳術』の「附録　第一」の図で示します。ご理解いただけたらと思います。

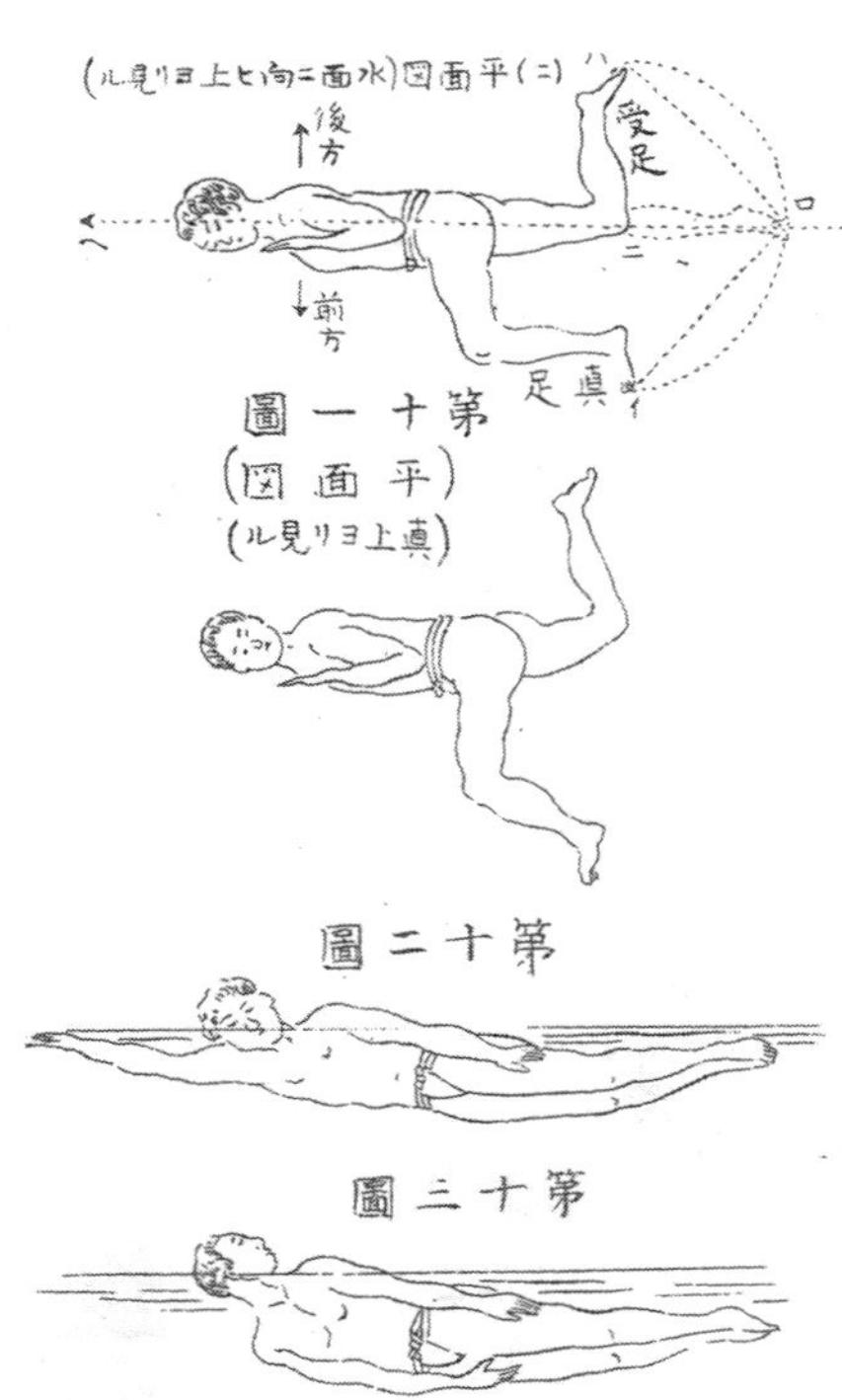

『日本遊泳術』より「一重伸」の解説図

この泳法では、顔を前方に向けずに、出発点側を見て進みます。したがって、到着側を見ずに進むことになります。その点では、目標点の予測が必要であり、対岸や目標点がはっきりしていて障害物の状況が確認できるなどの条件が必要な気がします。その点でも、川から発達したことがうかがえる泳法です。しかし、川とは限らず、流れを横切ったり速さが要求されるときにも効率の良い泳法ともいえます。

4 海原に対応したオヨギの事例

海は浜辺があっても、可能性として基本は大海原の想定が必要な場所です。なぜならば、潮の流れに乗って沖に流されたり、大きな波などで浜辺や岸が見えなくなったり、沖で船が転覆したりなど、時には目標点でさえ見えないことも多々あり得ます。したがって、長時間・長距離の移動が余儀なくされることも想定すべき条件となってきます。ただ、その一方では、塩分によって浮きやすいという条件もあります。多くの流派では、長時間・長距離を移動する事だけでなく、海に対応するための考えや泳法を伝承しています。そのための泳法としては、一般的に知られている「平泳ぎ」の動きに似ていますが、水上に顔を上げて前を見たまま進みます。ただ、足捌きが、「かえる足」のみ（観海流ほか）、「あおり足」のみ（水府流太田派、神伝流ほか）を用いる流派、どちらも用いる流派（岩倉流、山内流、神統流ほか）があります。

泳法の利点として、前方や目標を注視できる上、体勢を崩すことなく安定して進むことや障害物の目視と除去・回避などが上げられます。それゆえに、長時間・長距離に向いているだけでなく、海は勿論のこと湖や池、あるいは川幅の広い場所、緩やかな流れの場所、さざ波や少々のうねり波がある場所でも適しています。それゆえに、基本の泳法と考えている流派も少なくありません。

中でも、観海流は、海防を意識して海で発達した流派です。海での長時間・長距離の移動を主目的にし、水上を移動して陸に上がってもすぐに行動できることを意識した泳法でもあります。それが、基本の泳法とする、「平泅（ひらおよぎ）」で、顔を上げたまま独特の「かえる足」を用いて進みます。速く進むことよりも力を抜いて進むことを上手の指標としています。

この「平泅」の動きを簡単に説明すると、身体の体勢は水平面におよそ40度の角度に保ち、常に顔を水上に出して上下動なく進みます。前面に手を伸ばすときは水面下５～６㎝の水を押さえ、足を蹴るときは両足が60度の角度に開くつもりで足の裏で水を蹴ります。手を突き出すときが、足を蹴るときと同時になることとしています。つまり、手が伸びたときに、足は60度に開いた状態となる独特の動きをします。次に示す図には、踵を合わせたまま足を引き付けることが示されています。これは、「蛙」の動きとも似ていますが、踵を合わせると左右均等に引き付けていることの確認と膝を広く開くことに役立つ動きではないかと考えます

同流の伝書（初代家元山田省助（せいすけ）、１８７０年頃記述と推測）には、これらの動きを「一、平泅三ノ見込四ノ拍子陰陽水さは里之事」（「初段目録」）と記されています。また、この泳法が、「長途游泳に堪ゆる理由」として、「一、人は足を以て速きに歩し手を以て物を運ぶ当流はこの理屈を利用している。一、当流の動作は左右均斉に近い体を捻るような無理をしない身体の構造自然の体形に従い無理なく動作するから。一、手を左右に開き胸部を拡げ且つ頭部は常に水上にありて呼吸に便である。」と家元による『家元口傳　観海

平泅（ひらおよぎ）

観海流の「平泅」。スピードよりも長く泳ぎ続けられる事を主眼としている。一般に現代に知られている平泳ぎはかえる足で蹴った脚をそろえつつ手先まで伸ばすが、手を伸ばした時に足を斜め後方へ蹴り放す（写真⑤ 67頁参照）。この時の脱力がポイント。

観海流初段目録に記された「平泅」の図解。三代目家元、山田慶介の直筆による。

流之話』の中に記されています。上に示した図は、同流第三代家元山田慶介直筆による説明図です。

観海流では、長距離を集団で移動するための泳法とも考えています。

長距離を移動するための心がけとして、小堀流の『踏水訣』（前出、小堀長順、1758年）には、「遠およぎの事」として、移動のはじめから力まないことなどが伝えられています。

5　急流や荒れた波に対応したオヨギの事例

すべての流派において、水面に腕を抜き出して進む「抜手」と呼ばれるような泳法があります。その動作や目的が同じであるとは限りませんが、多くの流派では、水面を移動する中で、速い流れを横切るときや遡るとき、荒れた波を横切るときや渦を脱するときに対応できる泳法と認識されているようです。小池流外城田派を1919年（大正八年）に創始した初代加藤竹雄の遺稿『水泳術独案内』（1901年稿、加藤石雄、1959年）中の「抜手泳」には、「応

用　抜手泳は河流を逆泳又は横に切る時若くは海面に波荒くして泳ぐに不便なる時に必用にして…（略）…
此術は充分游泳の調子を覚ゆる時は平泳より進行の早き泳ぎ方なれば随分必用多き故能々練習せらるべし」

（23頁）と用途を説明しています。当然ですが、速く目標に向かって進むときに用いることができる泳法です。

「抜手」と称される泳法の体勢としては、平体と横体があり、両方の泳法を行なっている流派（水府流ほか）もあります。足捌きとしては、「かえる足」か「あおり足」が用いられています。抜き出す手が、横体では片側だけ、平体では両側あるいは片側だけ行なわれる泳法があります。また、足の一蹴りで片側を抜く泳法、両側を抜き上げる泳法、手を抜き上げて数蹴りする泳法などがあります。

ここでは、「クロール」の手の動きで、一手を抜くごとに「かえる足」を一蹴りするような泳法を紹介しておきたいと思います。〝日本泳法〟の世界からすればこの表現は邪道ともいえることかもしれませんが、見たこともない人がイメージできる範囲を考えた表現と受け止めていただけたら幸いです。

この動きとしては「平体」で、両手を交互に水上に抜き上げるごとに「かえる足」を蹴り、上げた手を前方に運びもどすことを繰り返す泳法です。基本的な手の動きとしては、手を上げるときに肘を伸ばして抜き上げること、抜き上げた手を前方に運んで水を押えながら片方の手を水上に上げること、足の蹴りの勢いを利用することです。このような泳法は、岩倉流、観海流、小池流、能島流で伝承されています。なお、細かい手の動きや手を上げる拍子や応用などにおいて、流派で違いがあります。

86頁に示した図は、小池流の「抜手泳」（『水泳術独案内』より）と能島流の「抜手」で、写真は岩倉流の「抜手」です。能島流と岩倉流では、抜き上げた手の親指の動きに違いがあります。

抜手

抜手は、水の抵抗から解放された、いわば〝クロールの手〟。写真の泳ぎは抜手にかえる足を組み合わせた場合。手を抜き上げるごとにかえる足を蹴るが、その手は肘を伸ばして引き上げる点が特徴的。

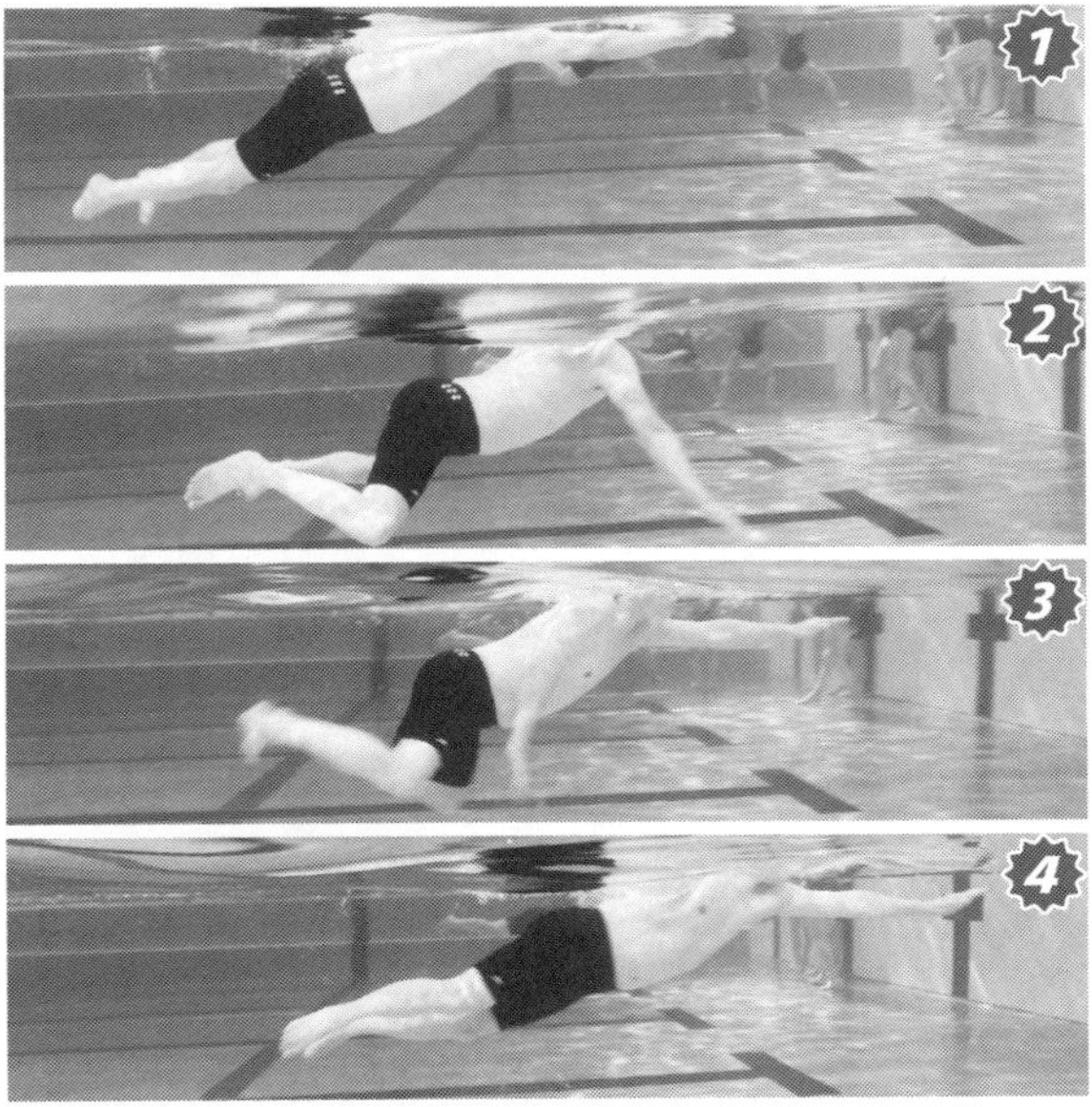

能島流の「抜手」（『能島流遊泳術』（第十七代宗家、多田一郎著　1905 年）より）

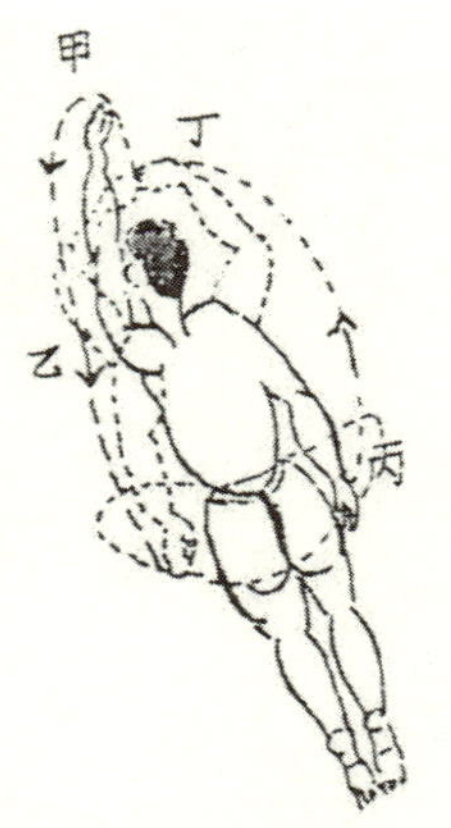

小池流の「抜手泳」（『水泳術独案内』より）

岩倉流「抜手」（泳者：南川英輝）

補足ですが、現在演じられている泳法を見て、流れを遡るという用途から考えて不可思議に感じる人がいるかも知れませんので述べておきます。これら「抜手」の中には、演じられるときに華美であったり、熟練度の目安とされる技術もあります。が、実用としての用途では激しく早い動きが要求される技術であったものが、研鑽練磨されていく中で発展して現在の泳法となった可能性が考えられます。つまり、早い動きから余裕のある動きへと発展した習熟の技術ではないでしょうか。その例示とまで言い切れませんが、水任流伝書『水府流水任游泳録』に示された「水府流水任術三十箇条目録」には、「速(はや)抜手泳」と「遅(おそ)抜手」の記述があり、動きの速さで足遣いが変化することがあるとも述べられています。それに『日本游泳連盟要録』（同連盟編・発行、1932年）に収録の「十二、水任流」の解説文に「（四）抜手　両熨斗の足遣にして手を交互に抜く急速に潮流を切る。」（73頁）とあります。この習熟への動きを示す変化形に当るのではないかと推察しています。

また、「平体」での「抜手」は、長距離の移動への対応に向かないと考えられます。しかし、『能島游泳術』には、抜手のときに体勢が斜めになることから、波浪を避け肩で受け流すことで長時間に耐え疲労が少ないと述べています。（同書十二丁）おそらく、浮き易い海の条件と経験から体得した力まない技術を表現したものでしょう。海での長距離競技（オープンウオーターなど）で、基本的に用いられる「競技泳法」での最速泳法〝クロール〟が思い浮かびます。しかし、「抜手」で速さを競う長距離移動には、限界があるのではと推測します。

さらに、補足としてですが、急流を横切り遡る泳法として、手を水上に抜き上げるのではなく、「横体」のまま水中で両手を同時に掻き進むことによって強い推進力を得る泳法「諸手伸(もろてのし)」（水府流太田派）なども

諸手伸（もろてのし）

両手を同時に搔いて強力な推進力を得る、水府流太田派の泳法「諸手伸」。体力の消耗は大きいが、強い流れや浪への対応手段として非常に有効。

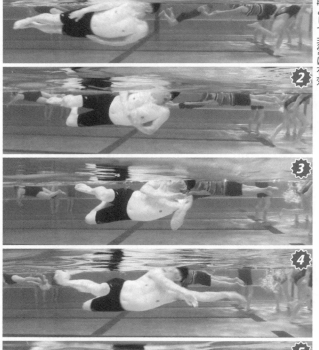

伝承されています。

なお、「諸手伸」の手の動を、先に説明をしました水府流太田派「一重伸」から説明しておきます。大雑把な表現ですが、胸元に運んだ両手を同時に上方から後方に向かって掻き押さえては胸元へ戻すことを繰り返して行なうものです。また、同様の泳法が山内流に「諸手横体」があり、神伝流にも、急流を泳ぎ渦より脱出するのに対応できる「諸手伸（もろてのび）」という同名称で、類似した動きの泳法があります。

浅瀬に対応したオヨギの事例

川や海の浅瀬であっても、底が見えないときや危険なものがあるなど底に立つことを避けるとき、流れに乗って進むことが必用なときに対応するオヨギもあります。

小堀流には。泳法として最初に学ぶ、「足撃（そくげき）」と呼ぶ泳法があります。

この泳法について、同流第十代師範猿木恭経（たかのり）は、「この游は急流の瀬を下るときや、小さな渦の上を通るときに用います。」（『新体育』第38巻第7号、1968年、59頁）と述べています。また、この泳法の説明として「1．足撃（そくげき）身体を水面にうかし顔は水面よりあげ、眼は目標を注視し、足の甲では左右交互に水面を打ち、両手を手繰って游ぎます。（註　手繰るとは、両手の拇指を少しく下げ、両掌をもって水をかきつつ左右に開き、開きおわろうとするとき両拇指を少しく上げ、両小指を少し下げ、すぐに両手を近づけてもとの位置にもどすことをいいます。）」（同じ）と詳しく述べています。極端ですが、バタ足をしながら手繰ることを想像してください。それでいて水を打つ足は柔らかく、膝はできるだけ水面から

足撃（そくげき）

いわゆるバタ足とは違い、膝の位置を動かさずに脛から下を動かす。
これによって浅瀬でも底に足がぶつからない安定した位置を保つ。

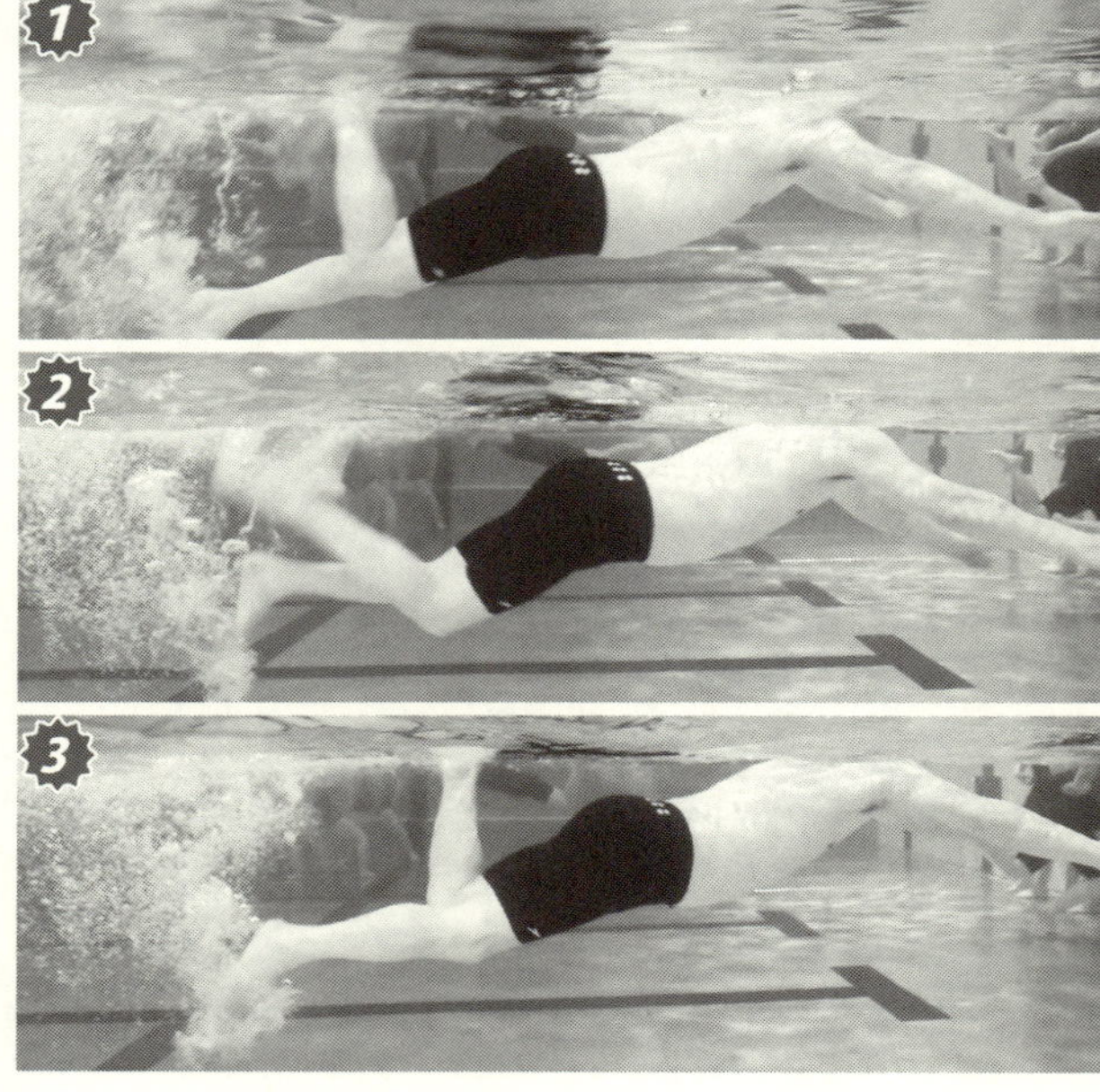

下がらないようにして進みます。

この泳法の実用について同流第十一代師範古閑忠夫が「足撃游ぎについて」と題し経験談の中で「神伝流の方から、直接聞いた話であるが、小堀流の足撃を機会があって習ったことがあった。たまたま川で泳ぐことになって浅い急流の所に出てしまったら他のいかなる游ぎも出来なかったが、足撃を使ったら実にうまく泳ぎ抜くことが出来た。…（略）…先生方からもお聞きしているが、足撃とは、川底に何があるかわからない様な所で、浅い急流を下るときや、流水が波立ち腰がねれるような時等に使う為のものであると言われる。私も何度か川で試してみたがまさにそんな游ぎであると実感している。」（会誌『踏水』第6号、小堀流踏水会編・発行、１９８４年、３頁）と語り、その実際を示しています。

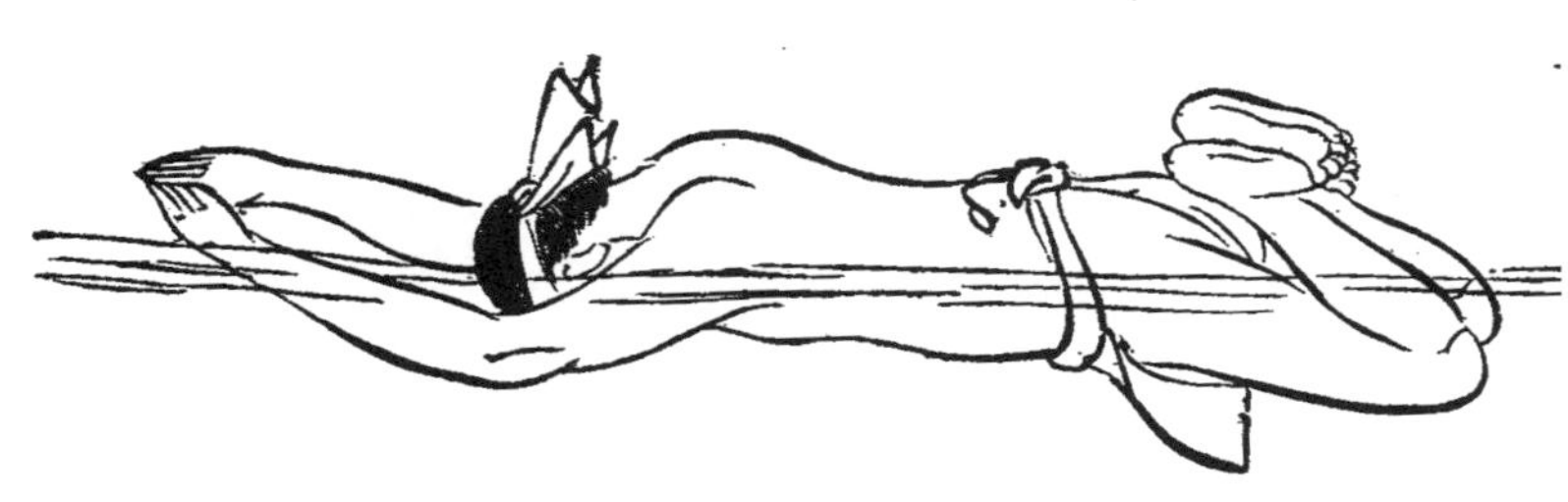

水面に浮いて浅瀬や危険物などを確認する泳法「鳧方」。（『能島流遊泳術』より）

なお、『能島流游泳術』（前出）には「鳧方（かもめがた）」（三十丁）という浅瀬や危険物など水底を浮いて確認する泳法が記載されています。

また、現在の岩倉流では、「転馬（てんま）」という手のみで足を持ち上げて移動する泳法の用途として「深さや、水面下の障害物が判別できない岩場などに上がる時、又は、浅くて足をつかえないところを移動する時などに活用する泳法」（『岩倉流　伝承三百年のあゆみ』、那須賢二ほか、伊勢新聞社、2010年、31頁）と捉えているようです。

7 移動中に留まるときや手を自由にすることに対応したオヨギの事例

深さのある水の中の移動において、その場に止まるとき、手で物を持ち運ぶとき、重いものを身に付けているとき、疲れた泳者を支えるとき、軽い休息を必要とするときなどに「立泳（たちおよぎ）」と称される「立体」の泳法が用いられます。この泳法は、速く移動することには向かず、身に付けるには修練に時間を

転馬

手のかきのみで足を持ち上げて移動する、岩倉流の泳法「転馬」。深さや水面下の障害物が判別できない岩場や、浅くて足をつかえないところを移動する時などに活用する。（泳者：吉村知晃）

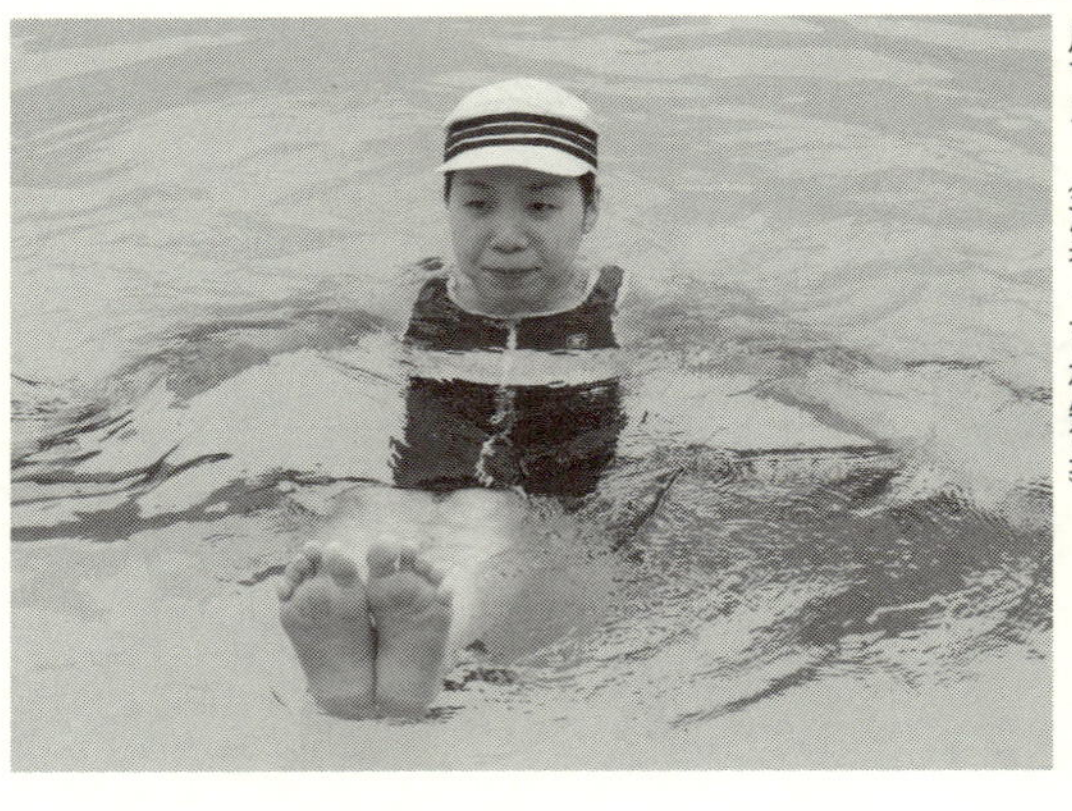

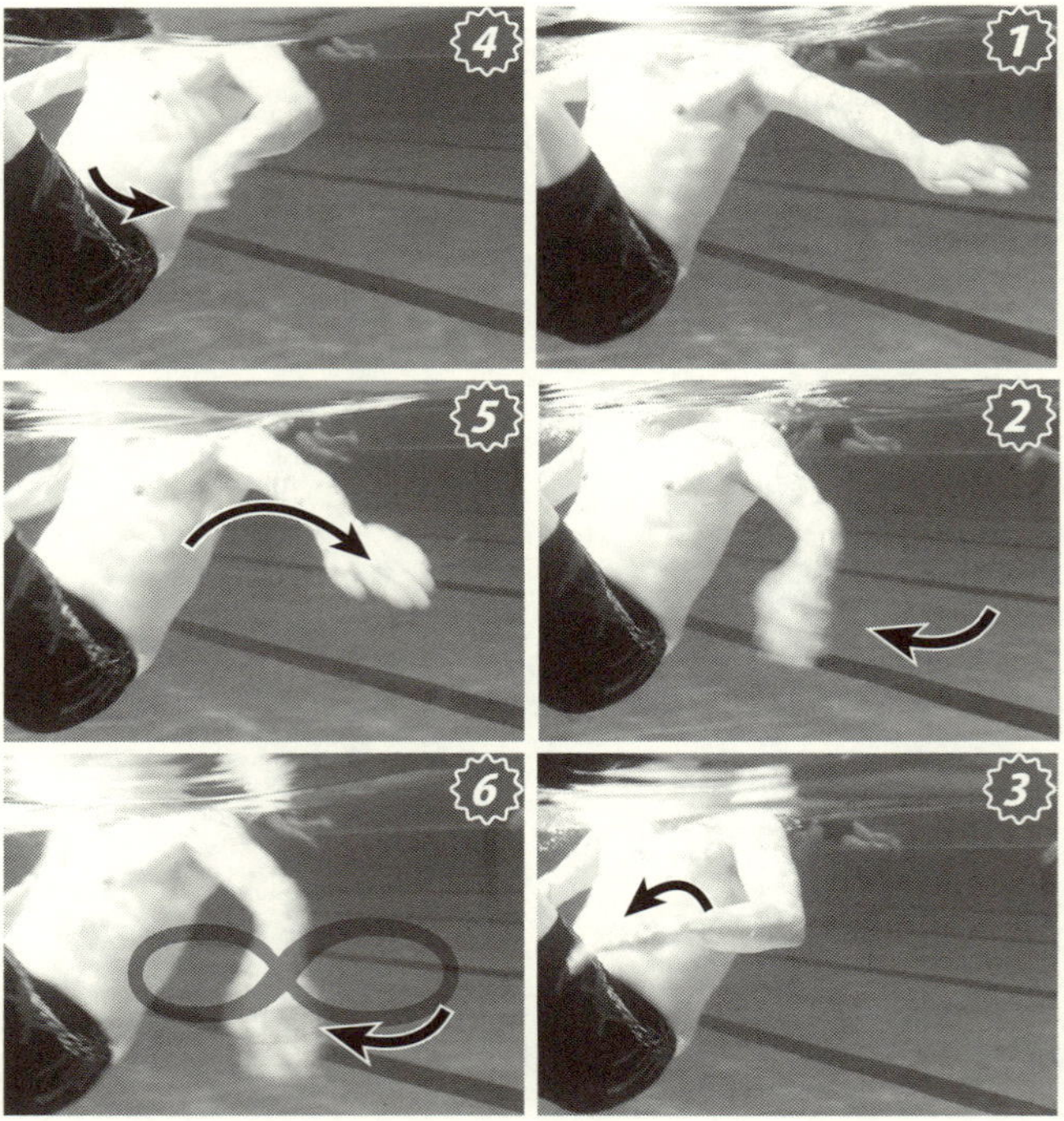

水面下では手を横8の字状に用いて浮上力を得つつ、微妙な変化で前後左右への移動力を生み出す。

要しますが、至極当然で必要な技能としてすべての流派に伝承されています。小堀流では、この泳法を重視するとともに洗練された技術が伝承されています。また、非常に用途の多い泳法として、他の流派でも応用技が数多く伝承されています。

水中で手を用いる泳法技術もありますが、基本の技術としては、足の動作のみだけで手を用いずにできることが目標とされています。また、足捌きでは、「踏足（及び巻足）」（小堀流、観海流ほか）で「縦煽足」（山内流、水府流太田派ほか）が用いられます。

小堀流と「立泳」にまつわる話しとして瀬尾謙一の「参勤交代の際、大井川や天龍川の川留のときでも、熊本藩では、そのための逗留を恥として、立游ぎで槍をたて、藩主の駕をかついで堂々と、川をわたった

小堀流踏足の立泳

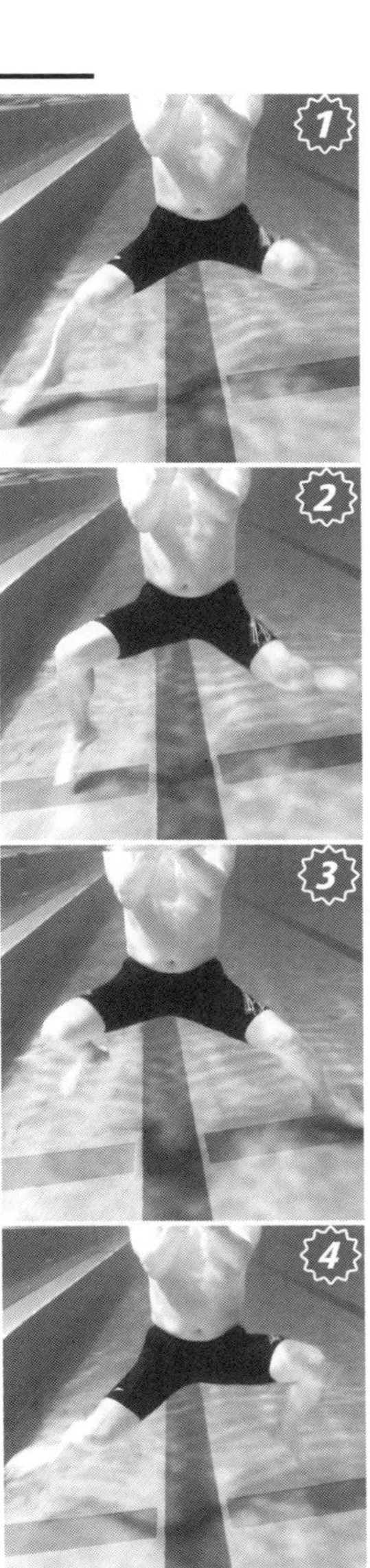

両足を踏むように使う〝踏足〟を用いた立泳。足の動作のみで維持し、両手を上げておく事が目標とされる。（『図説日本泳法』

縦煽足の立泳

向井流の〝縦煽足〟による立泳。前後の足を入れ換える〝両煽〟と、写真のように入れ換えない〝片煽〟とがある。〝片煽〟では後ろ側の足を軽く用いても維持できるため、片足がつったり怪我で使えなくなった時でも用いる事ができる。

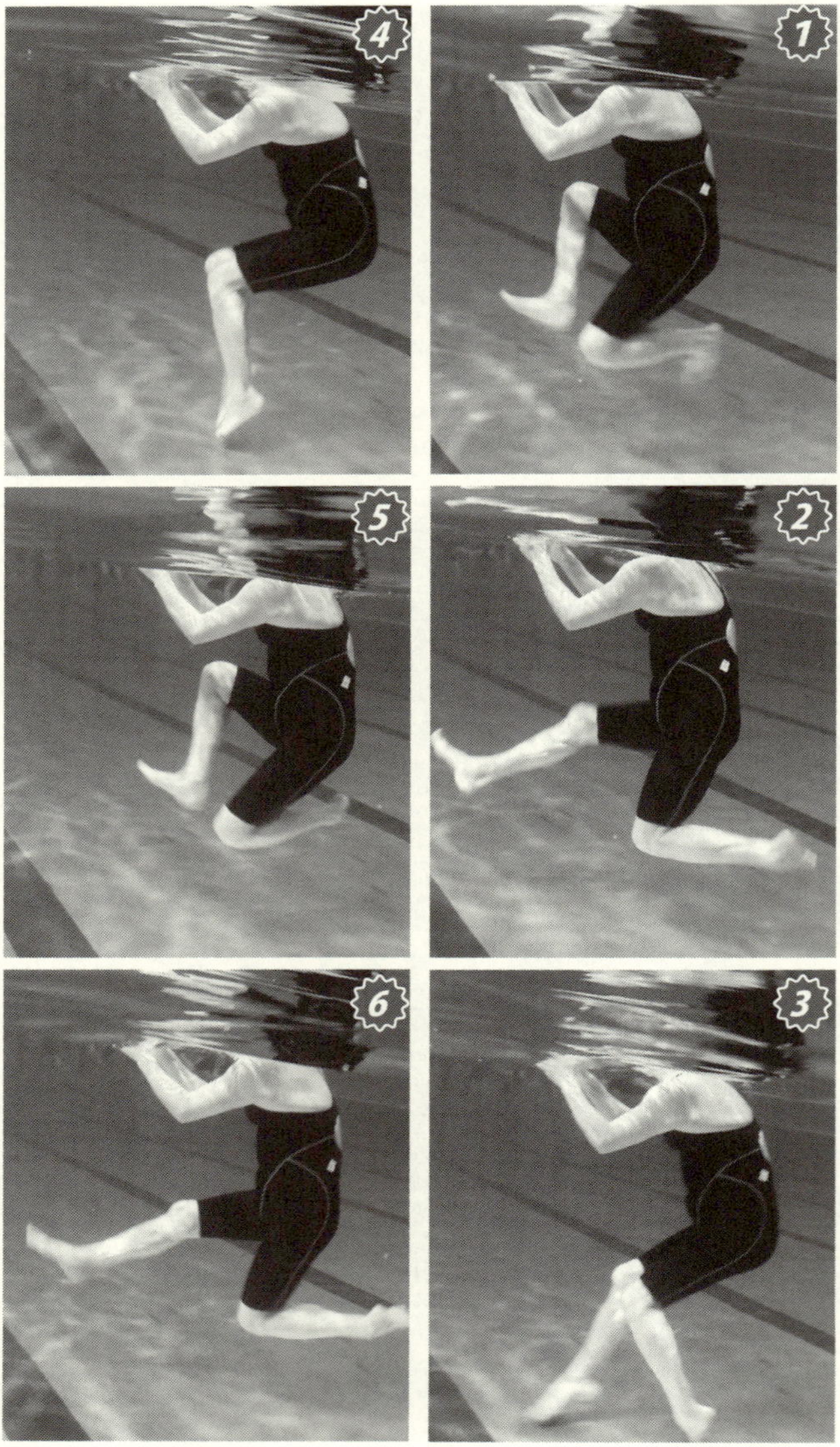

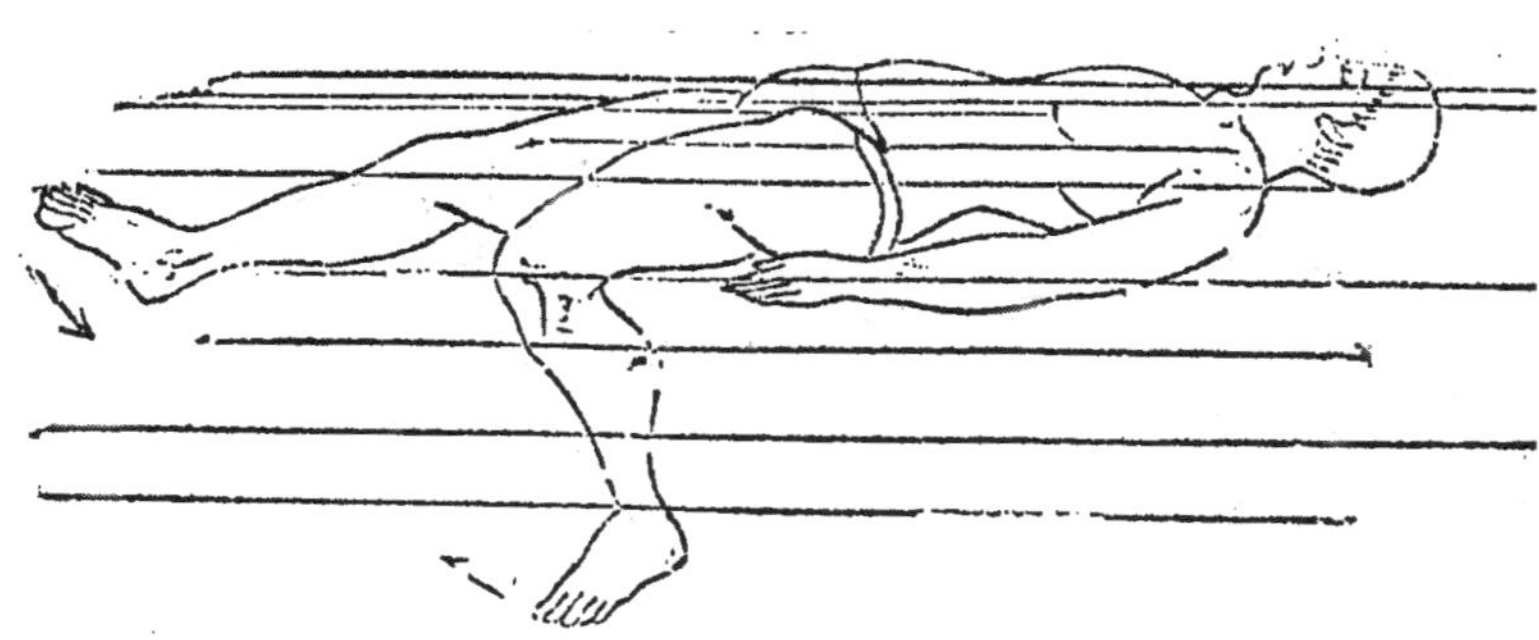

水面に浮いて体を休める方法は生死を分かつ技術としてどの流派でも重視されている（『踏水術　遊泳教範』（猿木宗那、岡崎屋書店、1901年、36頁）より）

のであります。」（前出『日本泳法流派史話』110頁）があります。武士時代の話ですが、立泳ぎの用いられ方の一例とも考えられます。

8 疲れたときに対応したオヨギの事例

小堀流には、水面を移動して疲れたときの対応として、「水游草臥たる時游の事」と「休游の事」が、『踏水訣』（前出）に書かれています。いずれも長く泳いで疲れたときの対処法ですが、前者では仰向きで手足をゆっくりと動かしての休息が述べられ、後者では再度長く移動することを想定していると思われるもので、「身を少し横にして頭をあをのけにして手足を延ばして折々足をうごかし頭を水につけあをむけてゐきをゆるりとつぎてしばらく休むなり水を游覚えて自由に成りては手足を動さずにも暫く身をうねりて居れば沈ざるものなり…（略）…此休み游は遠游の時にたすけに成ゆへ折々心懸修行すべき事也」（『踏水』、創刊号、京都踏水会、1932年、11・13頁、瀬尾謙一翻刻・註釈より、以下「翻

浮身

駲れないうちは腰や足の方から沈んでいきがちだが、その時に体が浮かんだ状態を維持するコツは、顎を上げ、息を十分に吸い込んで、その息を腹の方へ落とし込むようにすること（写真上：一文字、同下：大の字）

刻踏水訣」と略す）と述べられ、上達すれば所謂手足を動かさない「浮身」で沈むことなく休めるとあり、遠泳のときの助けとなるので心掛けて修練すべきとあります。

「浮身（うきみ）」には、身体を休息することやその場に長く留まる必要があるとき、あるいは流れに身を任せたり応用として「大波の上に浮び上り波のまに〳〵流れ行き波の静になりしを見て目的の地に泳ぎ行くべし」（前出『水泳術独案内』37頁）などの用途を持ったオヨギが考えられます。

水に浮くという事は泳法習得の上でまず必要であり、泳法の習熟としても欠かせない要素が「浮身」

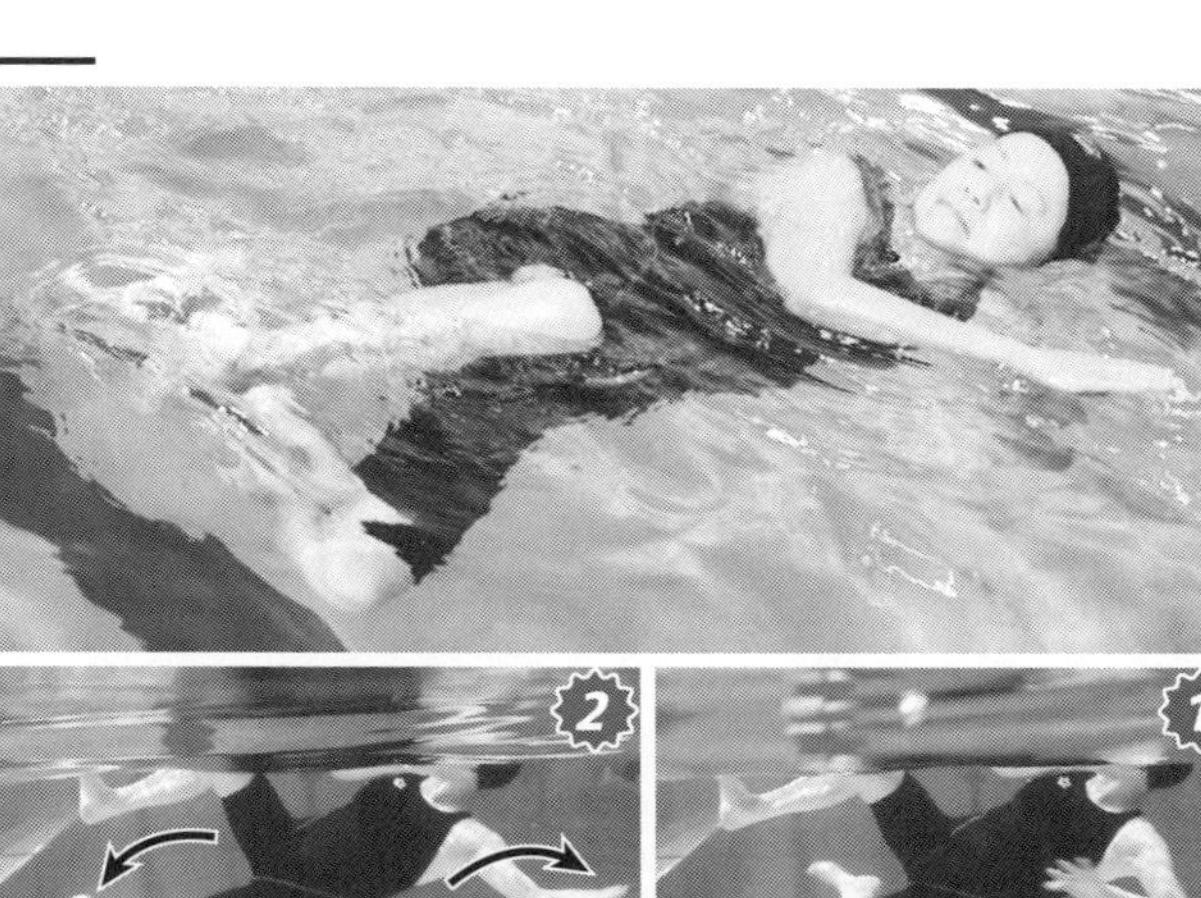

邯鄲夢の枕

向井流に伝わる、横向きで寝ているような形で浮かび、泳ぎ続ける「邯鄲夢の枕」。

にあります。その意味でも、すべての流派で行なわれています。

前進を直接の目的としない「浮身」の技術では、水面と身体が水平状態となって仰向けで手足を伸ばして浮く「一文字」「十文字」や「大の字」が一般的ですが、顔を水上に出して縦に棒状で浮いたり、横向けやうつ伏せで浮く、中には回転するなどを技術の習熟対象として行なわれることもあります。

向井流には、「邯鄲夢の枕」という泳法が伝承されています。水面に横向きに寝ているような格好で浮かぶ技術ですが、顔の向き側の手足は身体の前に逆側の手足は後に構えた体勢をとります。同じ向井流でも、下方の手足を水上に浮かべる団体と沈めたまま手足を動かす団体があります。東京の上野徳太郎門下では、動かす技術が伝承されていますが、川で流れに影響されて場所が移動することを避ける工夫であったように感じます。

この「浮身」に究極ともいえる浮身として山内流系の清記流矢野派の阿部壮次郎による「浮寝」があり、土

写真はなんと土左衛門に間違われて撮影されたという、山内流清記流矢野派、阿部壮次郎による「浮寝」（『家元ものがたり』（西山松之助、産業経済新聞社、1956 年）より）

座衛門に間違われた写真が『家元ものがたり』（西山松之助、産業経済新聞社、1956年、72頁）に掲載されています。

師から「この技は浮きながら寝入って千鳥が留まるほどでなければならない」といわれて修練を重ねた結果習得したそうです。（詳しくは、阿部壮次郎著、「奥儀浮寝の伝のこと」オヨギ専門誌『水の音』復刊第6号、加藤石雄、1960年、41～45頁を参照）もう一つ面白くて難しい「蛙浮き」を、『水の音』復刊第22号（前出、1971年）の表紙写真から紹介しておきます。

なお、海水では比重の関係で浮きやすいとしても、無駄な力が抜けて、様々な「浮身」の技術を習得するには修練が必要です。また、「浮身」で流れに身体を委ねるときには、下流側に足を上げて頭を守ることが、安全策です。

9 水面下の移動や動きに対応したオヨギの事例

「水の中の様子を確認する」、「水の中のものを拾い上げる」、「障害物の下を潜って通過する」、「水底に留まって作業をする」「意図的に隠れる」など水面を移動するだけでなく水面下での動きが必要となることがあります。

意図的に深く沈むことや潜って水中を移動するなどは、技術として熟練を要することや、溺者を救助したりする場合にも必要なことで、すべての流派でそれぞれの伝承を持っています。

伝承では、沈んで水底に留まること（神統流など）や水中を移動することがあり、そのことに伴う「潜

水面下を自在に動く法

潜り入り方

両手を上方にかき上げることによって、静かに縦に潜る。

沈み留まり方

息を吐いて体が浮かび上がらない状態を作り、水底に胡座をかいて座り留まる。

移動の仕方

水底を片足で蹴って移動する。両足をそろえて蹴る方法もある。

り入り方」、「沈み留まり方」、「移動の仕方」、「息合い」、「浮き上がり方」などが技術として伝承されています。いずれも水中で自由に動けることを目的としていると思われます。この技術に関しての簡単な動きと例を紹介しておきます。

「潜り入り方」では、静かに縦に沈みながら水没していきます。「沈み留まり方」では、胡坐をかいて座るなどがあります。「移動の仕方」では、水底を足で蹴りながら進む方法や「かえる足」「あおり足」を用いて、水面と平行に「平体」又は「横体」の体勢で、手は片手あるいは両手で掻く泳法があります。「息合い」では、水を口に含むことや少し息を吐き出すことなどがあります。「浮き上がり方」では、静かに浮き上がることを基本としています。

これら水中に潜り移動することを、小堀流では「水練」、観海流では「龍門入」、岩倉流・能島流・水任流では「水入」、小池流では「底泳」、神統流では「中被」と呼んでいます。小堀流では、練習法として「錨揚」が戦前に行なわれていた記述※があります。

※『第九回極東選手権競技大会番組』114頁、1930年ほか）

一般的に「潜水」というと「平泳」を用いて水中を進むことを想像されるかもしれませんが、これに近い泳法の観海流では、足を蹴るときに両手で耳を挟むように前方に伸ばし、両手を左右に一気に腰まで掻きわけ、手を胸の前に戻すときに足を縮めることを繰り返します。

なお、神統流では、薩摩藩第二代藩主島津光久公が甲突川宅間淵で小姓を肩に乗せたまま深い川底を一回りした故事（『新薩藩叢書（二）』新薩藩叢書刊行会編、歴史図書社、1971年、456頁）がありますが、それ因んでなのか、沈んだまま水底を歩いて移動する独特の泳法「底被」が伝承されています。

観海流の潜水泳法

足を蹴るときに両手で耳を挟むように前方へ伸ばし、両手を左右に一気に腰まで掻き分ける、観海流の潜水泳法。

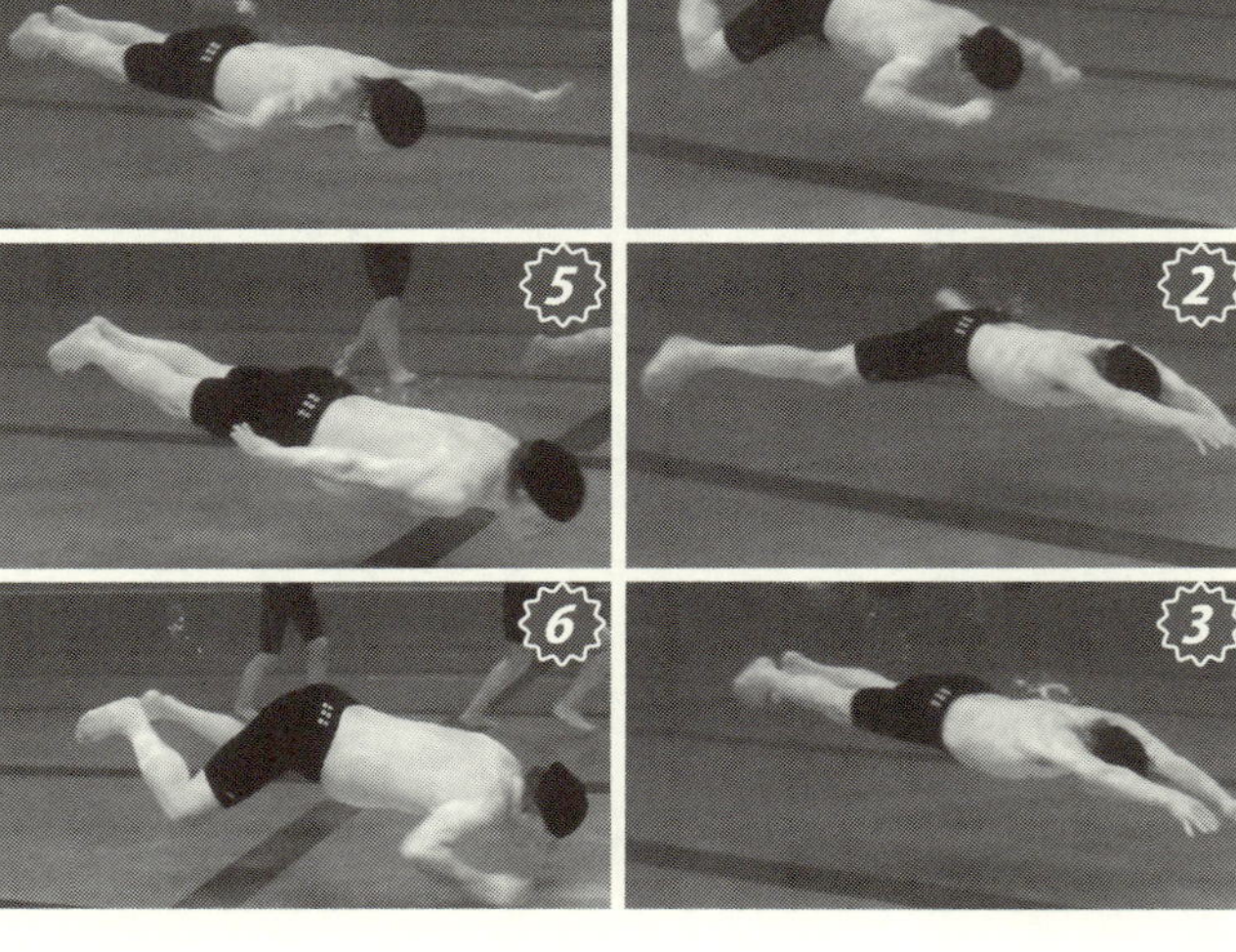

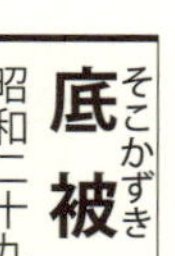

底被（そこかずき）

昭和二十九年、鹿児島市営プールで行なわれた公開実演における有馬純春氏の底被（写真右：入水時の底息。写真左：水底歩行中）

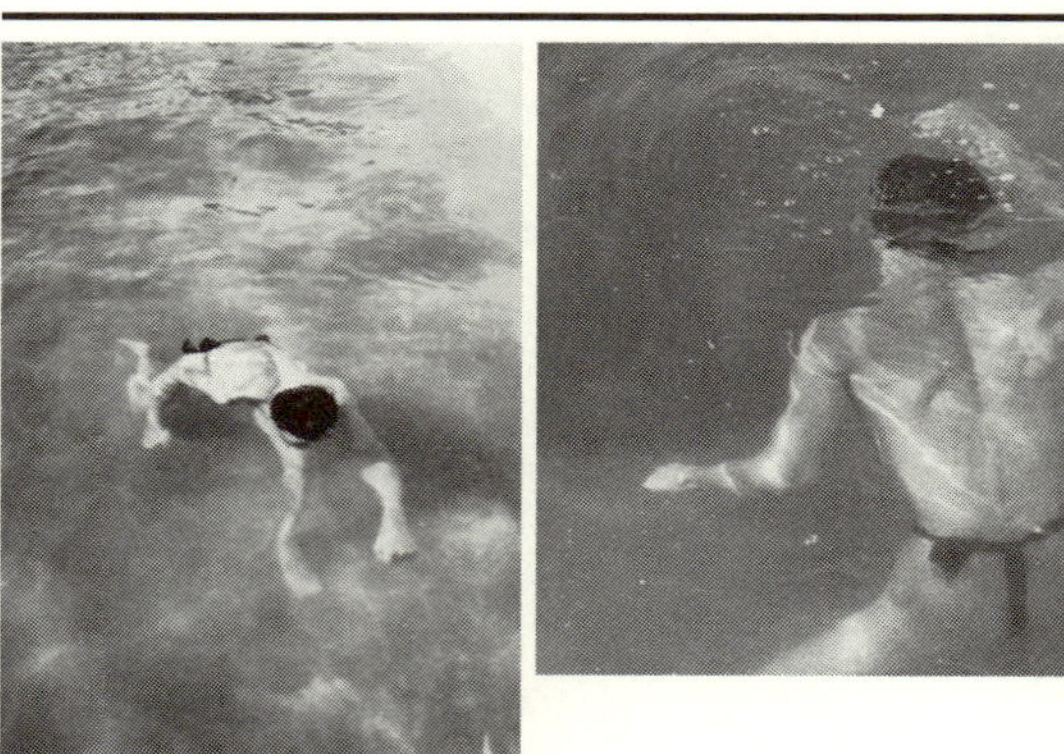

また、岩倉流や能島流では、浮き上がりのときに飛び上がる「水入鰡飛（すいりいなとび）」が伝承されています。この泳法からは、障害物を潜り抜けて船べりなどに飛びつくことなどが想像されます。が、同泳法補足として、飛びあがった瞬間に「敵情」を探る心得も述べられています。「鰡飛」については、次の項を参照ください。なお、潜ることには、身体的にも状況判断においても危険がともなう場合があり、できれば一人で実施しないなど心得ておくべき必要があります。

10 身体を上げる必要があるときに対応したオヨギの事例

水面から上半身を高く持ち上げて、海の波間で遠くを見ることや船縁など高いところに飛びつくことなどを目的としたオヨギです。シンクロナイズドスイミングや水球で、高く上半身を持ち上げているのを見たことがある人は、少しは想像できるかと思います。この泳法は、多くの流派にあります。泳法名で示しますと「鰡飛」（岩倉流・能島流・小池流　105頁写真）、「諸抜手（もろぬきて）」（向井流（もろぬきで　104頁写真参照）・神伝流・水府流・水府流太田派）、「諸手抜（もろてぬき）」（観海流）と呼ばれる泳法がこれにあたります。複雑な動きが伴い非常に難しい泳法と認識されています。

基本的には、平体の「平泳」的な泳法を2～3回行なった後、上半身を水上に起こすように持ち上げて手を後方に抜き出してから前方へ戻し、再び平体を行なう泳法です。片手だけを左右交互に抜き出すのを「片手鰡飛」（岩倉流）と呼び、これを平体の泳法で進むことなく連続して上体を持ち上げる動作を繰返す「片（かた）

諸抜手

水底などの固定物を蹴ることなく、水面から上半身を高く持ち上げる泳法「諸抜手」（向井流）。高さのある船べりや岸に飛びつかねばならない時に必要となる技術。

「鰡飛」（小池流　泳者：岡嶋一博）

「片手掻分」（岩倉流　泳者：南川泰秀）

『能島流游泳術』の「鰡飛」には、「藻など、手足に纏ひつく障碍物に出会ったときに施す臨機応変の游泳術である」と記されている。

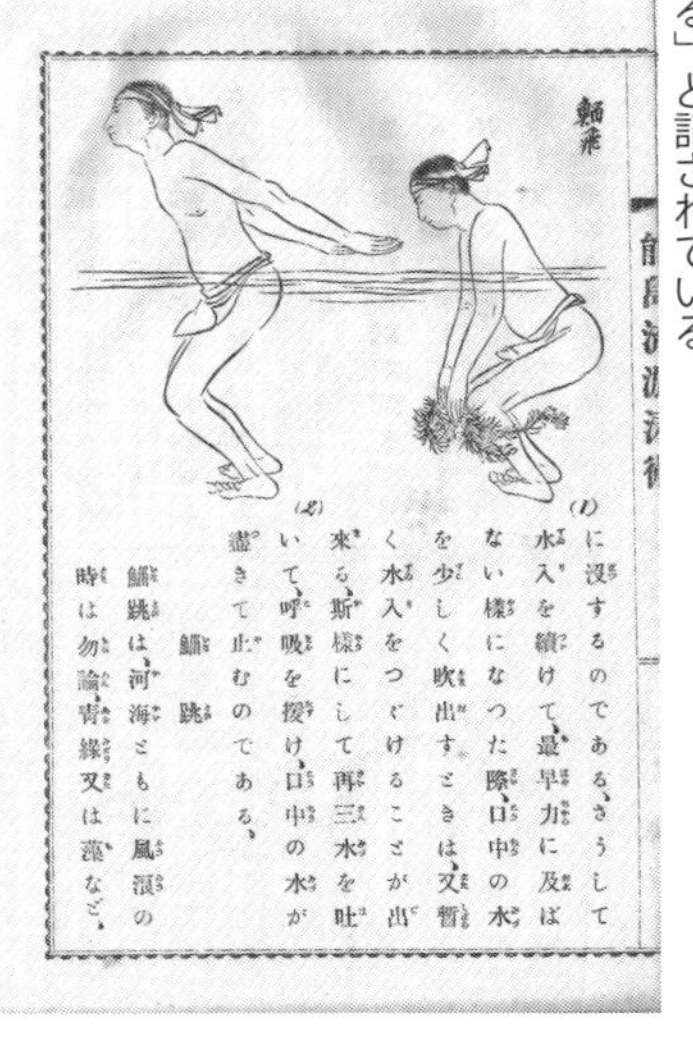
能島流游泳術

鰡飛

(1)

(2)

に沒するのである、さうして水入を續けて最早力に及ばない樣になつた際、口中の水を少しく吹出すときは又暫く水入をつゞけることが出來る、斯樣にして再三水を吐いて、呼吸を援け、口中の水が盡きて止むのである、

鰡跳

鰡跳は、河海ともに風浪の時は勿論、青緑又は藻など、

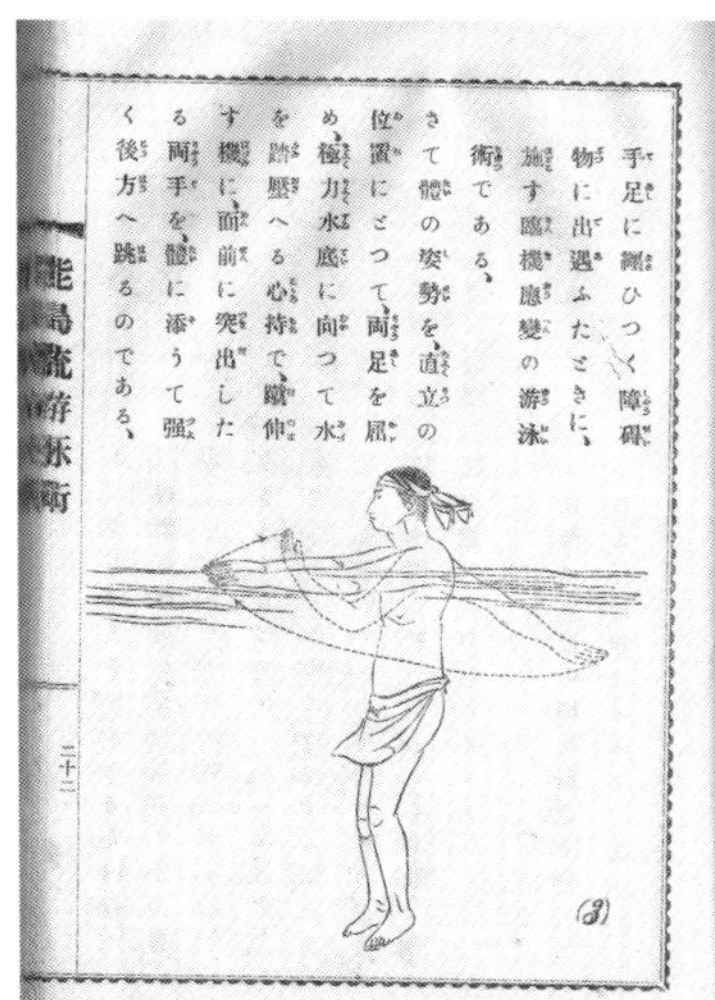
手足に纏ひつく障碍物に出遇ふたときに、施す臨機應變の游泳術である、

さて體の姿勢を、直立の位置にとつて、兩足を屈め、極力水底に向つて水を踏壓へる心持で、蹴伸す機に、面前に突出したる兩手を、體に添うて強く後方へ跳るのである、

(3)

能島流游泳術　二十二

手掻分（てかきわけ）」と呼ばれる泳法があります。なお、「鰡飛」「諸手抜」では「かえる足」で、「諸抜手」は「煽足」で、強く蹴ることで上半身を持ち上げます。

なお、『能島流游泳術』の「鰡飛」（前出、二十一―二十二丁）には、目的に「藻など、手足に纏ひつく障碍物であったときに施す臨機応変の游泳術である、」と書かれています。

11 飛び込む必用に対応したオヨギの事例

浅くとも水底が見えないことや危険物があるため、船べりや高い場所から飛び込む必要があるときなどに対応した飛び込み方が、多くの流派にオヨギとして伝承されています。

飛込み方では、足から、手から、頭から（小池流など）、上体から、中宙返りして（岩倉流など）からの入水であったり、膝から下を曲げて（神伝流・向井流など）入水のときに曲げた足で強く水を打つことで深く水没する事を避けるなどの技術があります。

競泳のスタート時や飛込競技での飛び込みは、眼にされたことがあることでしょう。それらの飛び込みと、〝日本泳法〟で伝承されている飛び込みと明らかに違いのある技術には、着水のときに目標を見失わないように顔を沈めない方法があることです。

その一つに、向井流と水府流太田派に、「逆下（ぎゃっか）」という飛び込み方があります。神伝流では、「翡翠（しょうびん）」と呼んでいます。

この飛び込み方は、高いところから水深の浅い場所に飛び込むときや浅くても底が見えないなどの場合に用いられます。

現在、向井流の上野徳太郎門下が行なっている方法を次の写真から概略で説明します。

水際で蹲踞の姿勢に構え、前方の水面に飛び出します。飛び出した時は、両腕は前方水面方向に伸ばし、両脚は膝から踵が臀部方向に曲げた空中姿勢となります。この姿勢から胸腹部で水面を滑るように入水します。入水したとき、前に伸ばした両腕を後方に掻き切ると同時に曲げていた膝を伸ばして足の甲で水面

逆下

向井流上野徳太郎門下が行なっている飛込み法「逆下」。胸腹部で水面を滑るように入水する。入水の瞬間には手を下方に掻くと同時に曲げた膝を伸ばして足の甲で水面を叩く。体が水没しないので、仮に浅かったとしても水底に接しにくい。

順下

同じく向井流上野徳太郎門下が行なっている飛び込み法「順下」。頭から飛び込む「逆下」に対して「順下」は足から飛び込む。両手と上体で水を押さえ、前後に開いた足で入水の瞬間挟み合わせるようにして体が水没するのを防いでいる。今日、水難救助の現場でも活用されている飛込み法だ。

を打ち、水没を防ぎます。

なお、顔を沈めない飛込みでは、飛び降りる際に脚を前後に開き、入水と同時にその脚を蹴り挟み合わせ、腕でも水を押さえ沈没を防ぐ「陣笠跳」（観海流など）や「順下」（向井流など、右写真）と呼ばれる技術も伝承されています。また、この飛込み方は、救助法として必用な技術として今日でも、水上安全救助法の技能として認識されています。

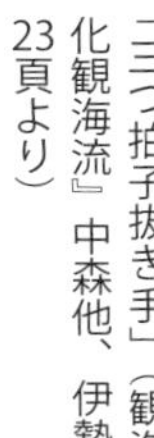

飛んで来た矢を手で払う動作を意味している「三つ拍子抜き手」（観海流）（『泳ぎの伝承文化観海流』中森他、伊勢新聞社、2002年、23頁より）

12 戦さを想定したオヨギの事例

〝水術〟は、武士時代に発展してきたことはすでに述べていますが、その時代に培われたことを示すかのように戦闘を意識した想定のオヨギも伝えられています。

例えば、観海流では、飛んでくる矢を払う「三つ拍子抜手」という泳法が伝えられています。この泳法について同流初段目録「抜手業の事」の口述秘伝には、「敵の方へ四寸の胴を向け左の手にて内の方へ慥(たし)かに水を三度かきこみ四つの終りの一かきの時右の手を体と共に替り指先より水に入る様になすべし　是れ敵の矢を飛びくるを防ぐ術也」とあり、身体を斜めに立てて三度足の蹴りと前方の手の内側への掻き込みで前進しながら、前方の手が四度目の掻き込みのときに後方の手を水上に抜き出し、手が矢を払うがごとく前方へすばやく運び、体の向きを入れ替えます。左右この動きを繰返します。矢を払うことは、少し現実味に乏しい感がありますが、前方から来る物を払いのけるなどのと

「甲冑二つ掻」（岩倉流　泳者：岩倉流宗家那須賢二）

きに応用できそうです。

岩倉流、小堀流、水府流などの流派では、現在も甲冑を着けての実演が行なわれています。現在までに実演を見ていませんが、観海流では初段目録に「着甲游之事」があり、奥伝目録にある「兵具利要之巻」の伝書には甲冑の着脱など詳しく書かれています。恐らく、武士時代には、当然の想定として行なわれてきたことが推測されます。

『能島流游泳術』（前出）にも、「甲冑泳」（三十八）が記載されています。その中で「今はこの類の武装が廃せられたゆゑ、最早この游泳術の必用はないやうだ、然しながら、衣類を厚く着用したときに、過って水に陥ったやうな場合に、その危険を免れる(まのが)ときなどは、この術の応用に外ならぬからには、矢張練習しておかなければならぬ」と、その泳技を行なうことの実利を上げています。

その他の戦を意識しての泳技としては、武器（刀、鑓、

手足を縛られた状態で水に飛び込み、そのまま泳ぎきってしまう「手足搦」。（『日本の水術』口絵写真より）

弓、鉄砲など）を持っての所作や方法も多くの流派で伝えられ、現在も演じられてもいます。また、敵に捕まり両手両足を束縛されたまま水中に没したことを想定した泳法もあります。神伝流や山内流では熟達の試験として、能島流では泳技披露としてなど、今も伝えられています。

基本的には、顔が沈まないようにして、膝下の動きと足での蹴りを利用して移動します。

顔や身体を上向きにしてや身体を立ててやゝ横向きにして、さらには飛び込んで行なうなどもあります。

『能島游泳術』では、「手足搦（しゅそくがらみ）」が書かれていますが、「手足搦は、手足即ち四肢を搦（から）んだまま、水中に投入されて、無難に免れる術である、そこでこの法に習熟したらば、すべて轉筋（こむらがへり）などで、四肢の運動を俄（にわか）に止められた場合などに、危難を避けることが容易である」

（二十九丁）と、手や足の動きが制限されたときに応用ができることに触れています。はじめは、足が立つ場所や補助者が付いて行なうなど、慣れないと危険も伴う泳法です。なお、「手足搦」を述べた記述の中で、〈第一回日本泳法大会〉から長く資格審査の主座を勤めた向井流の上野徳太郎が著わした『日本の水術』（晴南社、１９４３年）の「手足搦」（242-253頁）に、最も詳細な手法と見解が見られます。

また、参考までにですが、上野徳太郎は、「伝承泳法」が戦闘での実践性があるとして、「古流泳法にみる実戦的用意」と題して『武道学研究』（第3巻第1号、日本武道学会、１９７０年、46頁）に論述をしています。

さらに、観海流の中段目録に「萬事可心掛事」があり、その口述秘伝では「兵法は唯に軍事戦闘の事のみにもあらず平素武士道油断なく心懸第一には主君の為第二には己れの平素不覚落度の無き様注意ありたし」とあります。泳法そのものではありませんが、武士が戦いの場に望んでも不覚に陥らない心がけであり、武道に通じるオヨギの教えがあります。現在、すべての指導者がそのような教えを伝えているとは限りませんが、泳法を演ずるときの心構え（平常心など）や身構え（力の入れ方や姿勢など）としての「構え」、目標を定め見失わない「目付」、最後まで演じてもなお継続できる余力を示せる「残心」があるべき心がけとして伝えられています。そして、修練の場所を道場と認識して、武道的な礼儀を重んじ、心身の鍛錬から人格を陶冶する世界観も伝承されています。

○戦人を想定したオヨギの事例（番外篇　柔術から創造されたオヨギの事例）

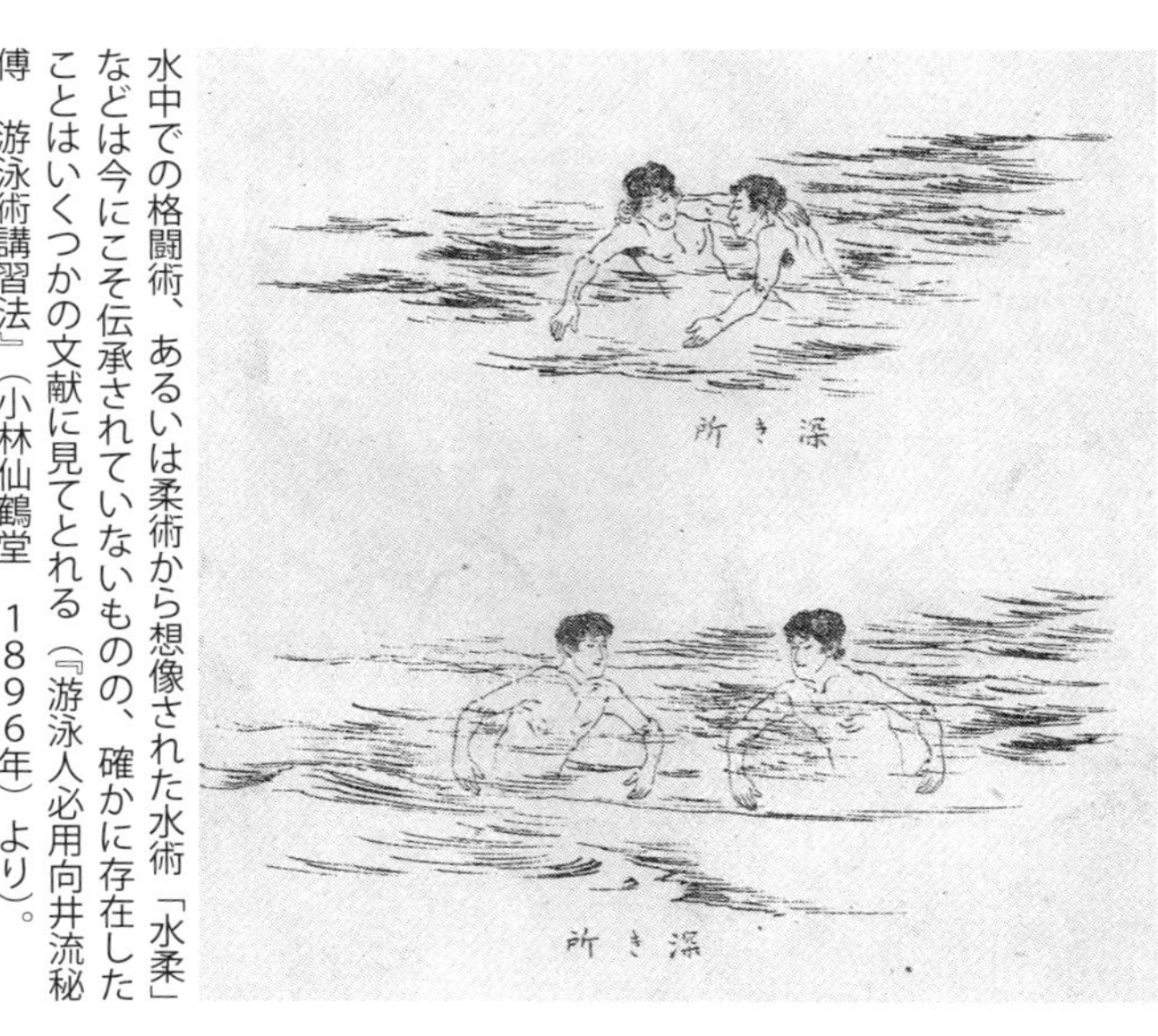

水中での格闘術、あるいは柔術から想像された水術「水柔」などは今にこそ伝承されていないものの、確かに存在したことはいくつかの文献に見てとれる（『游泳人必用向井流秘傳　游泳術講習法』（小林仙鶴堂　1896年）より）。

戦の中で、水中において柔術から創造されたと考えられるオヨギが伝えられています。現在では、残念ながら見ることはありません。

向井流の伝書『向井流水法秘伝書　完』の「平水巻」の「六十二箇條」の内に「水柔」が書かれていて、具体的には、「曳捨之事」「曳廻之事」「御前詰之事」「折詰之事」「車反之事」「曳反之事」の技名あるいは方法と思しき表現が見られます。しかし、これだけでは具体的な方法が分りません。

少し史的なややこしい話を入れます。現在残っているこの伝書は、同流の鈴木正家という人が弟子に出した免状目録の部分です。しかし、具体的に述べられたものはなく、鈴木正家が著わした『游泳人必用向井流秘傳　游泳術傳習法』（小林仙鶴堂、1896年）の挿入図に水の深浅での立会いの構えのようなも

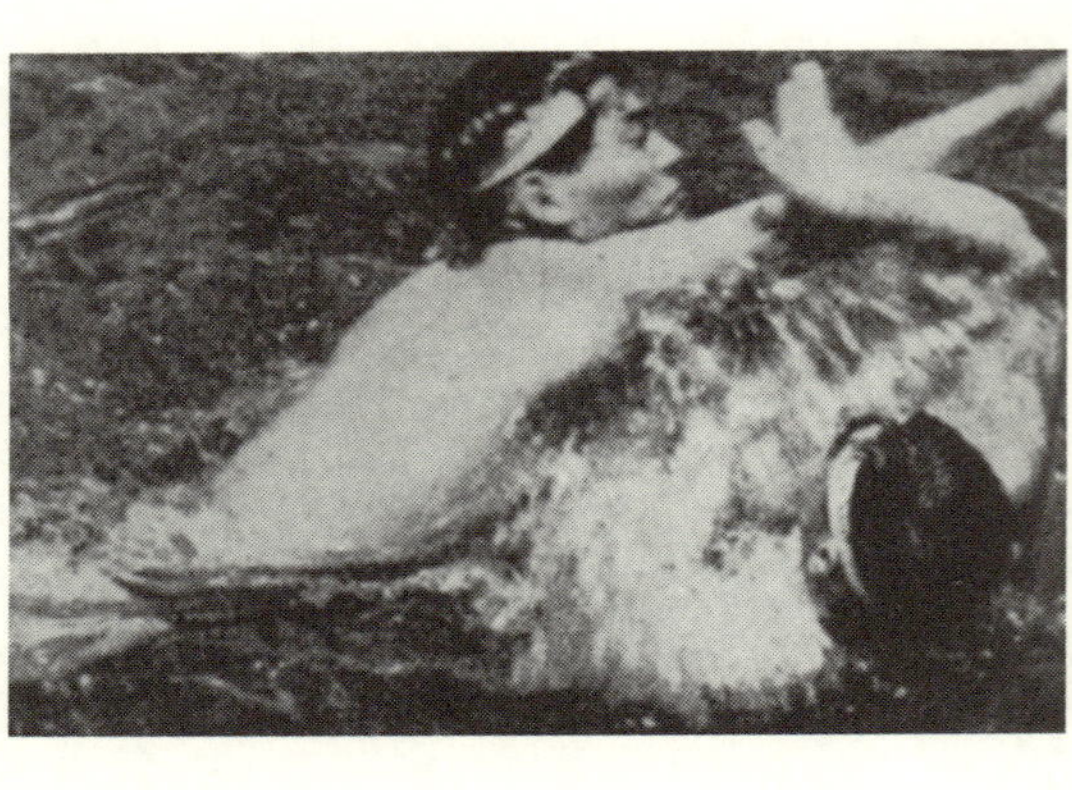

水中での闘いでは、やはり相手を水中に沈める事が有効な戦術だったのだろうか…（『SWIMMING IN JAPAN』"Suichu-watariai-no-koto"（水中渡り合いの事）より）。

のが見られます。（12頁）なお、図には、「水柔の事ハ柔術と水練とに関するもの」と添え書きがあります。

また、同流系列笹沼流の深井子之吉が、柔術家でもあったことから著書『奥秘柔術教授書　虎之巻』（帝國尚武會、1911年）に「水中の試合法」（305-306頁）あり、取り組み方としては先に水中に潜り相手を水中に引き込むことと浮かび上がろうとする敵を水中に押し留め溺死状態にする方法が述べられています。『SWIMMING IN JAPAN』（前出）に、向井流の泳技写真として"Suichu-Watariai-no-Koto"（水中渡り合いの事、46頁）が掲載されています。

名称と写真の動きから「水柔」と推測します。

もう一つ、写真と手法が、京都踏水会機関誌『踏水』第二号（1934年）に残っている例があります。戦前の全国的武道組織〝大日本武徳会〟の游泳術教士で柔道教士であった高田利正が昭和初期に創案した「游泳術極之形」がそれです。敵が前方から来た場合一例と後方から攻めてきた場合二例の方法が述べられ（3-4頁）、口絵に写真（次頁写真）があります。勝手な憶測では、

大日本武徳会の游泳術教士で柔道教士であった高田利正が創案した「游泳術極の形」(『踏水』(第二号口絵写真)より)。

溺者救助法での対処法への応用があったのではとも考えてしまいます。

これは、興味がある人への補足ですが、向井流の伝承は、会津藩が海防警備から幕府御船手向井組で泳法を修練した後、川と海に対応した泳法と心得を自藩で編纂したのを〝向井流〟と呼び、会津藩から佐倉藩にも伝えられました。が、この向井流の泳法に柔術家でもあった佐倉藩水術指南笹沼勝用が『向井流水法秘伝書完』として「水柔」も入れ込んで伝書とした可能性があります。

13 集団でのオヨギの事例

遠泳の印象は、教育機関などが集団で長距離を移動するオヨギの文化として知られているところでしょう。その多くは自然環境で、特に海で行なわれていることもイメージ的にはあるかと思います。

「伝承泳法」の世界で遠泳は、泳力を推し計る方法として、泳力の向上や状況に応じた対応力の実地訓練として、自己と他者と

観海流の遠泳（『泳ぎの伝承文化観海流』35頁より）

の役割や関係の意識を高めたり、集団を管理し指揮する指導能力の向上であったり、所属集団の意識や存在の強調など、多くの目的を持った一大行事として行なわれて来ました。また、遠泳が、長距離を長時間にわたって行なわれることから、後述の学校教育などでは、心身の鍛錬や集団行動を伴う訓練として活用されてきた歴史もあります。

観海流では、前述したように遠泳を重んじてきた流派で、初段五十町（約５４５０ｍ）、中段三里（12㎞）、奥伝五里（20㎞）、皆伝七里半（30㎞）と距離のみで泳力を判定してきました。その試験は、すべて集団による遠泳で行なわれました。それゆえに、泳法のみでなく遠泳の方法や心がけなども伝承されています。例えば、「初段目録」に「一、長渡助力看護心得之事」（長渡は五十町のこと）が示され遠泳での隊列における補助者の位置や長渡りの方法について秘伝書に述べられ、同目録に示された「一、群雀、群燕之事」では川などを渡るときに集団が一斉に移動する方法（群雀）と規律に従って隊列ごとに移動する方法（群燕）が秘伝書で述べられています。

動きまでがそろった集団でのオヨギ（抜手雁行の絵葉書『日本体育会附属水泳場実況（其九）』より）

向井流東京上野門下の「千鳥掛け」

山内流の大旗振り（『山内流』山内流游泳クラブ、1985年、口絵写真より）

集団でのオヨギの範囲には、伝承の世界にある技術の模倣から学ぶ手法として複数で揃って行なうことや集団による演技で能力を誇示することなども、それに当たるかと思います。

ここでは、詳細を省略しますが、例えば、熟練者などの後を連なって前者の動きに合わせて泳法を行なう修練や、抜手などを数名で縦にあるいは縦横に並んで泳技を披露することなどがあります。

14 見せるためのオヨギの事例

各流派には、実用的とは思えない、むしろ人に見せることが目的ではないかと思える泳技・泳法があります。優美さ、華やかさ、難しさなどが伝わってくる泳技・泳法が、なんらかの形で流派のそれぞれに伝承されています。

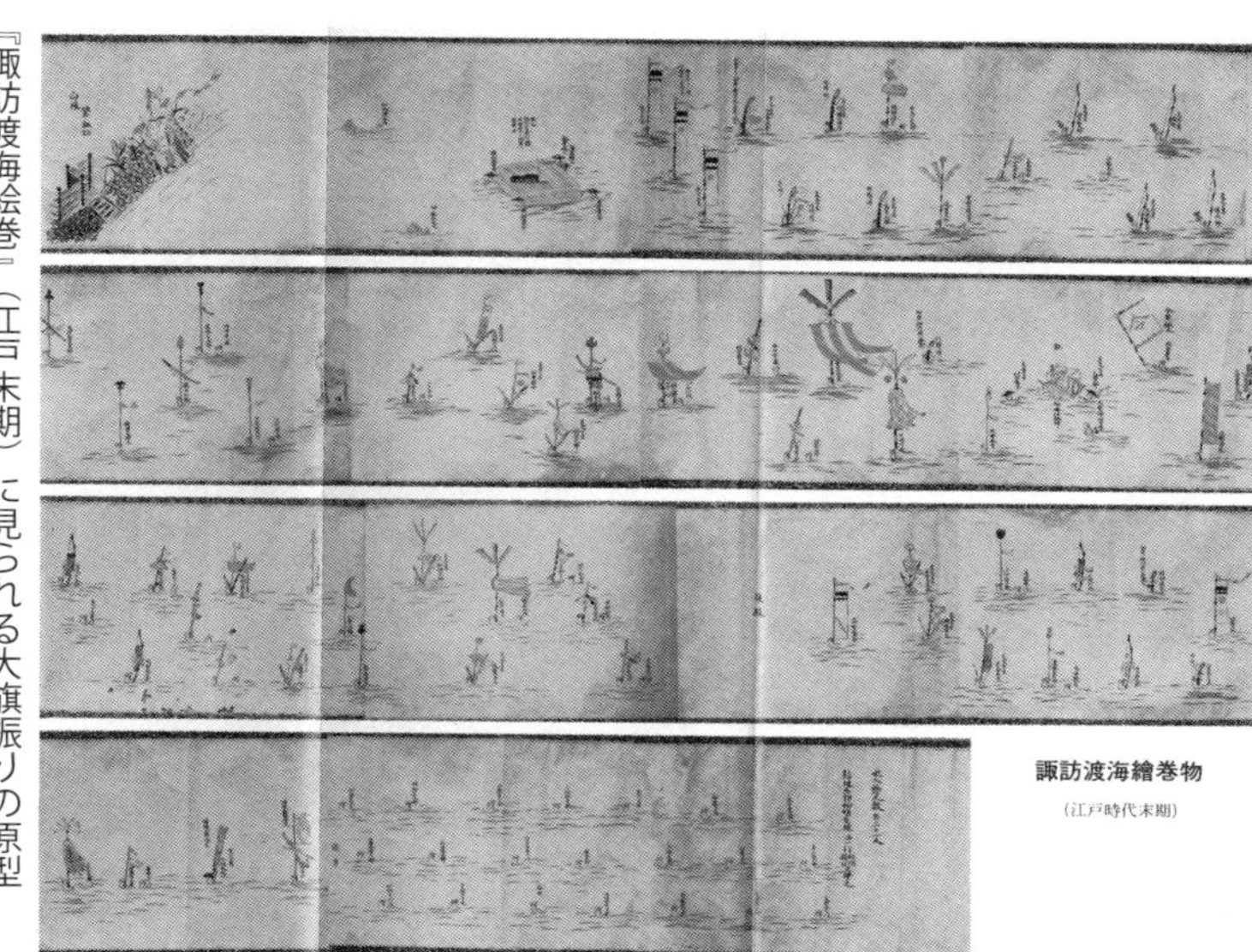

『諏訪渡海絵巻』（江戸末期）に見られる大旗振りの原型（『山内流』山内流游泳クラブ、1985年、挿入写真（5-6頁）より）

上の絵巻から瀬尾謙一が写筆した画より

昭和33年台風接近中（中心から100キロ）強風の中開催された第3回日本泳法大会で披露された水書（『水の音』復刊第8号、1958年、口絵写真より　泳者：小堀流　瀬尾謙一）

この見せる泳技でわたしのみならず多くの人が魅了される泳技の一つに、山内流の「大旗振り」があります。畳六枚～最大十二枚の大きさがある旗を、立泳ぎの状態で旗を水面ぎりぎりに一回しするという圧巻の演技がそれです。同流では、物を持っての泳法が伝承されていますが、江戸時代には藩主臨席で游泳大会開催後それを図絵にして藩公に報告した「諏訪渡海繪巻」（江戸末期、武者行列のようなもの）があり色々な武具や旗などを持って泳ぐ中で、命令に使用された「令旗」「大旗」の原型と言われています。

多くの流派で行なわれている見せる泳技では、立泳ぎをしながら紙面に墨で字を書く「水書」があります。字を書くところを見せるとともに書いた字を見せるというアピール度の高さがあります。立泳ぎの利用では、水任流や向井流の「配膳」をもっての泳技などもあります。

中には、片手に傘を持ち片足に扇子を持って水上に挙げそれを濡らさないように廻ったり上向き下向きに転回したりする小池流の「夏の山路（なつのやまじ）」※があります。また、加藤石雄の創

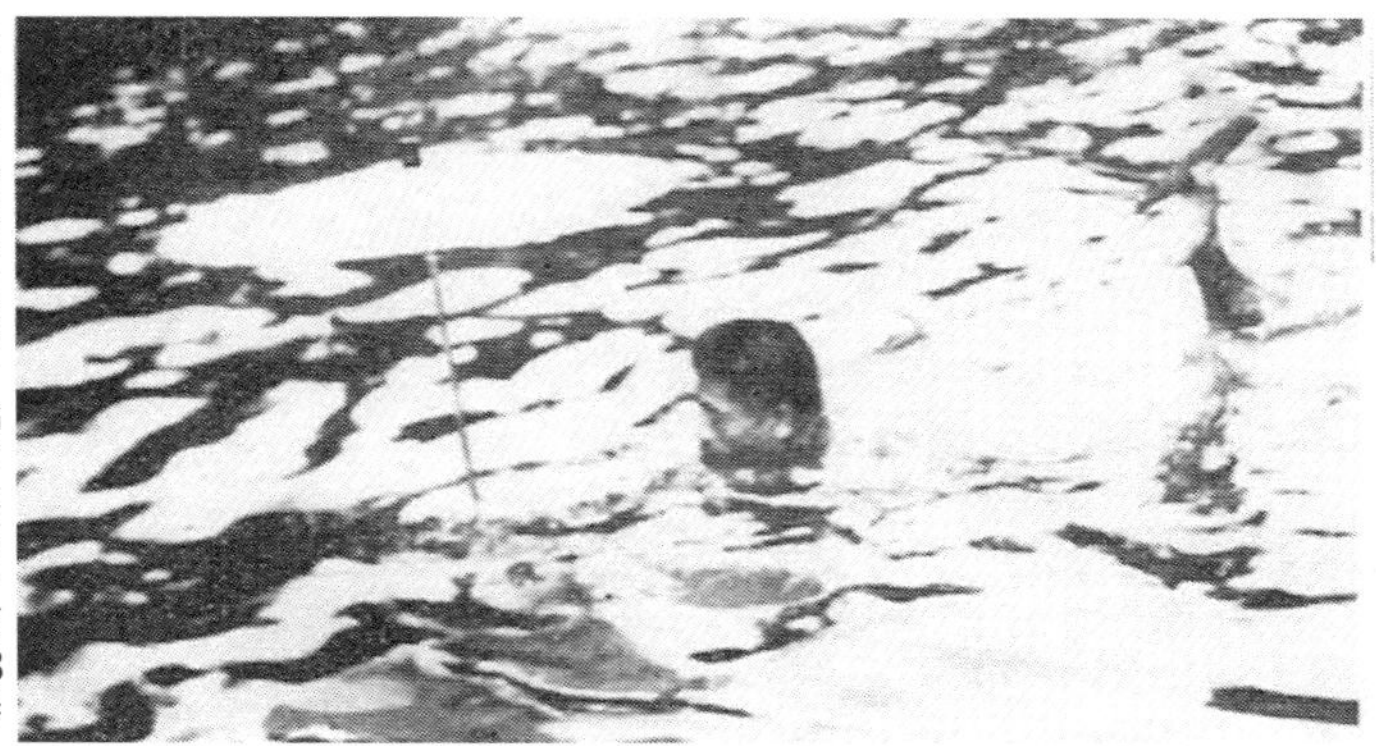

小池流「夏の山路」（『新体育』第38巻第7号、新体育社、1968年、口絵写真より）

小池流「雄抜（たかぬき）」

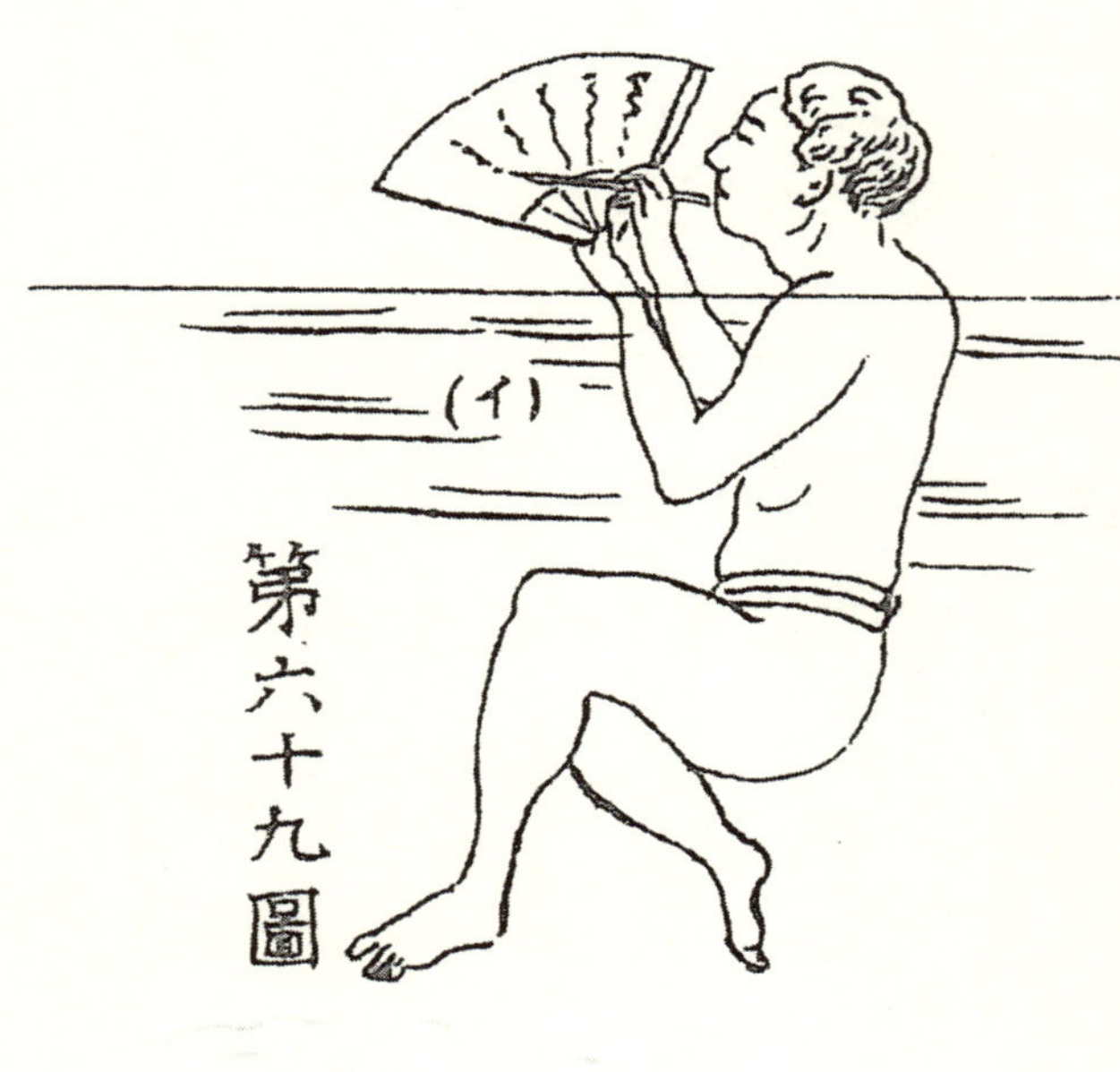

『日本游泳術』より

作による勇壮な「雄抜」という、「鯔跳び」と「御前泳」が一体化したような技もあります。

※『小池流外城田派泅道技疏全』（加藤石雄、日本泅道学会、1956年）の「第六門　手泅（テオヨギ）…（略）…手足鷗（テアシカモメ）」（32頁）で「夏の山路」が自身の創案であることを述べている。

物を持って演じる泳技としては、鉄砲を発する（小堀流ほか）、弓を放つ（神統流ほか）、瓜剝き（うりむき）をする（岩倉流ほか）、木刀で打ち合いをする（小堀流ほか）などがあります。

また、行事初めに安全祈願として「龍神祭」（観海流）「水神祭」（山

岩倉流「群龍」

内流ほか）の儀式を行なう流派もあります。

物を持たずに優美さを見せる泳技で代表的なものでは、小堀流の「御前游」があります。同流では、「艶游」とも呼んでいます。立ち泳ぎの姿勢から、進行方向に手を広げて横向きとなり、後方の手を水上に挙げ、そのまま身体を回しながら前方へと運び、体を入れ替え横向きで手を開いた状態とし、再度同じように半回転して終わります。鶴が横に羽を広げて廻るような華やかさも備えた泳法です。

岩倉流では、水面高く飛びあがる「鰡飛」「掻分」を数名で同時に跳飛する「群龍」（写真）という演技があります。集団が見せる躍動的で力強い演技は、見ていて圧倒されます。

この外にも多々見せる泳技が伝承され演じられています。

１８４３年（天保十四年）に吉田定八郎が著した『水泳試書』（国立国会図書館所蔵）の序文には、「今は享保頃の泳方とは違い、水練の達者を修業するを忘れ、唯見場能きのみかはれば水練の弱きに、いつとはなく移りし事、いにしえを忘れるにひとしく」（前出『日本泳法流派史話』６頁の読み下し文より）とあり、見てくれの良い優美な泳技の嗜みでは戦への備えとならないことへの警

足指で二本の扇子を持ち、濡らさず顔を水没させずに自在に体を転ずる「扇子諸返し」（向井流）。見た目の優美さとともに、人は水中でこれほど自由に身を処せるようになれる可能性を示している。

鐘と受け止められます。戦のない平穏な時代の続いた江戸期では、武士時代ではありましたが、優美な泳技が、『踏水訣』の「艶游」、『神傳流游書』の「諸手日傘」などに見られる様に既に行なわれていました。しかし、武士時代もそうでない現在も、これらの見せることが目的と思われる泳技を単に実用的でないと捉えるのではなく、泳技を見せることが実用にも通じる目的に捉えることができることを述べておきたいと思います。

例えば、「大旗振り」では、重量のあるものを運び操ることに、「水書」は長時間ゆとりをもって立泳ぎができることに、「夏の山路」は手足に制限が生じたときの動きに、「御前游」では立泳ぎのすべての足使い方・動き方ができている確認に、「群龍」では自他のタイミングにあわせて難易の高い泳技を繰返せることになどと用途の可能性と上達の確認を想定できないでしょうか。すると、熟達度合いを推し量る一つの指標であり、可能な応用技術への示唆と解釈できないだろうか。少なくとも、自己研鑽として上達度合いを計り、自己目標の設定になると解釈することも誤りでないと考えます。

また、見せることを目的とした泳技も、その実は基本となる泳法の熟達を越えて応用へと進化してきた優れた産物であって、修練には限りがなく奥の深さを知らせているように思います。

同時に、熟達し優れた見せる泳技が演じられることで、他者を魅了し、自己の誇示発揚となり、周囲の信頼と期待を生み出し、その存在及び価値への認知と理解を高めるなど、実利的な作用へと繋がればうれしいことです。

15 溺者を助けるためのオヨギの事例

水辺でのオヨギに関わる重要なことに、溺者を救助したり、溺死者を捜索したり、救助や救出後の処置などが、当然のこととして、〝水術〟の時代から、すべての流派で行なわれてきたと推測します。これらは、今日でいう「救助法」「救急法」に相当するものですが、水辺の文化として欠かせないオヨギの伝承の一つと考えられます。

この救助や救急に関わる伝承は、観海流では溺者を連れ帰る方法を「沈溺(ちんでき)の者援(たす)け様の事」（「中傳目録」）としてや溺者の水を吐かせたり暖めたりなど蘇生させる方法を「死活の傳の事」（「奥伝目録」、流祖宮発太郎信徳の秘伝書より）として、小堀流では溺者が大人と子供の場合の助け方や対応方法を「人を助揚(たすけあげ)様の事」

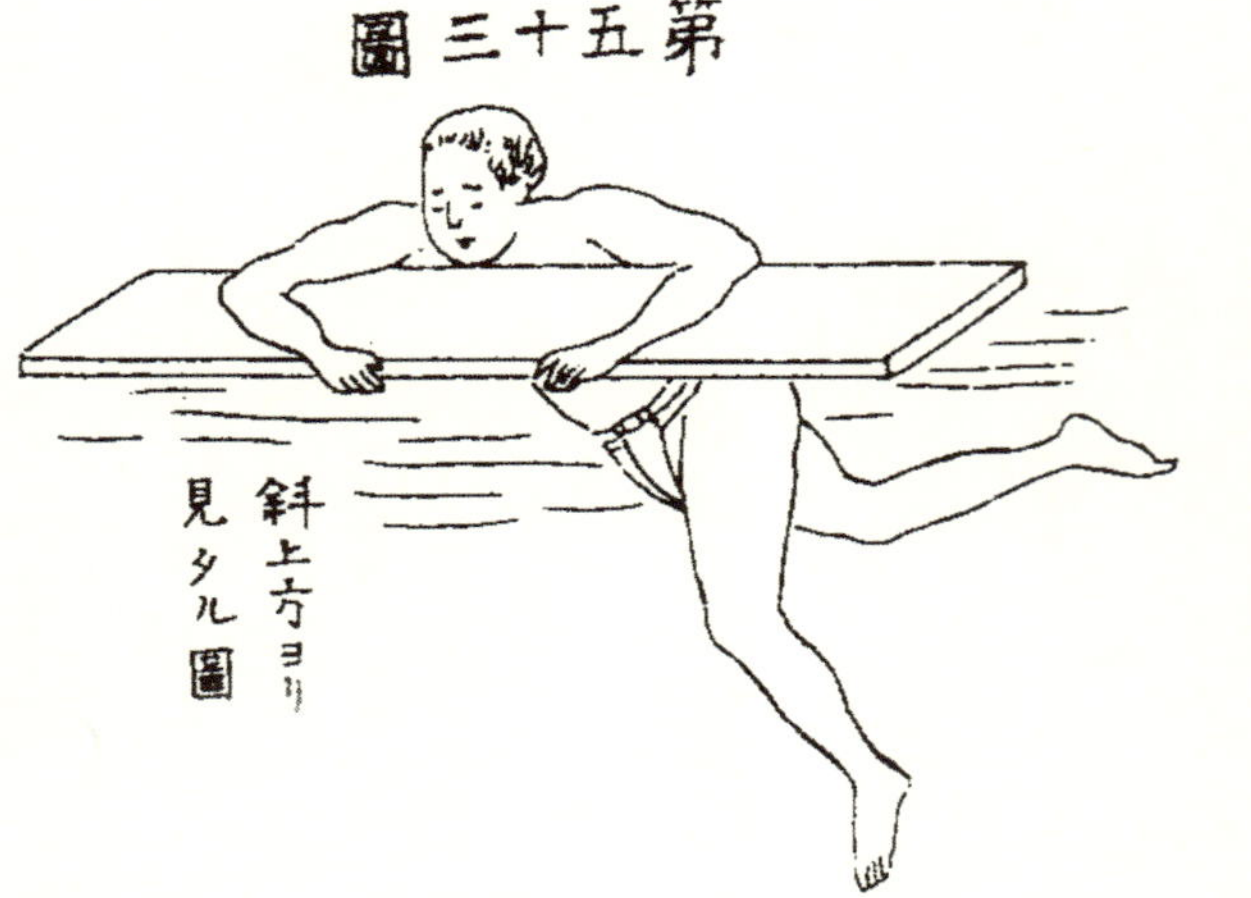

溺者を救助する方法の一つとして示された、板子につかまらせる方法（『日本游泳術』より）

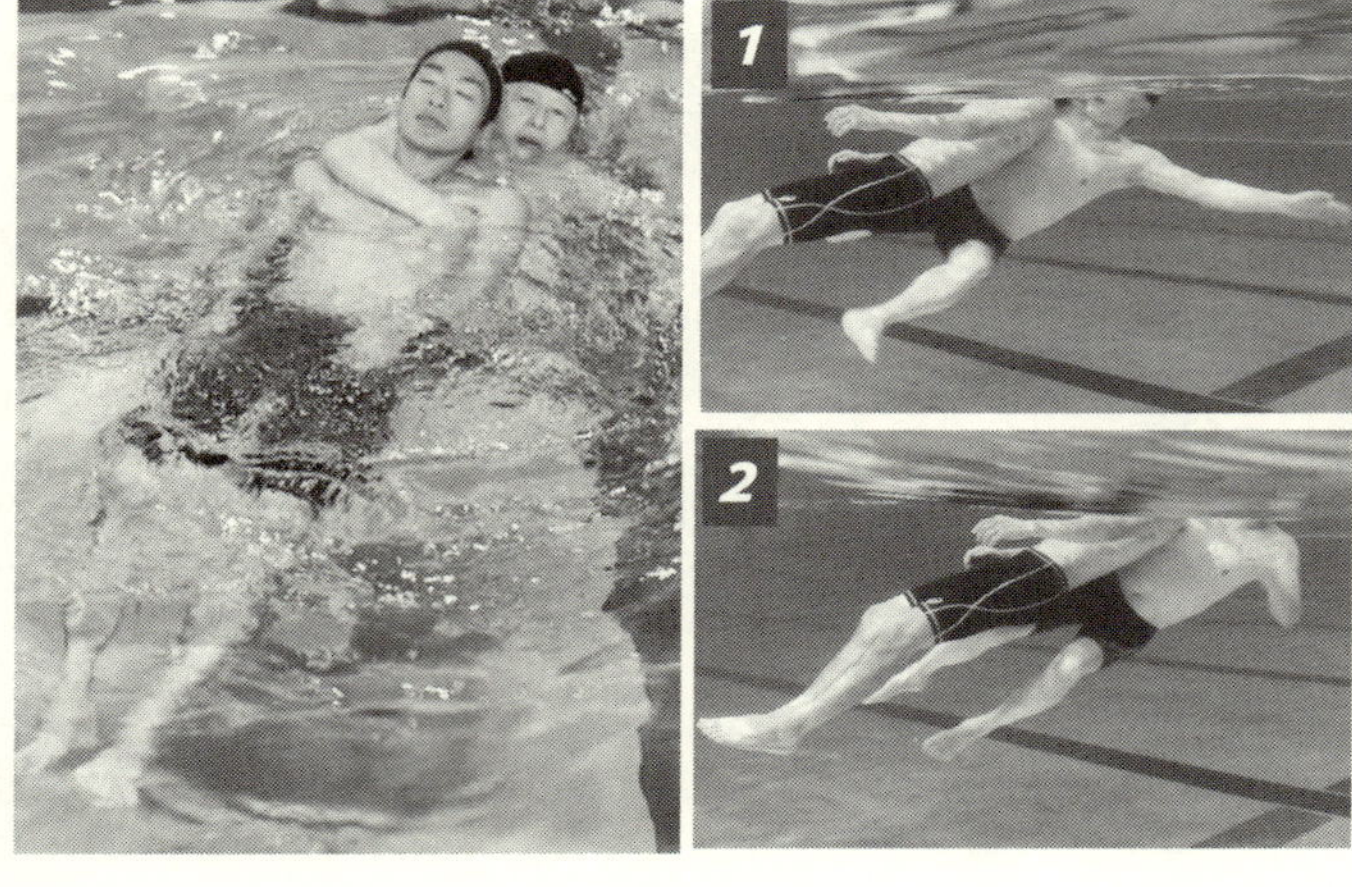

煽足は溺者の牽引に有効。とくに〝逆煽足〟は、足の裏で水を蹴る側の足が下になるので溺者に当たらず移動できる。

(前出『踏水訣』)として、水府流では溺者を水から引き上げた後どのようにして蘇生に至らせるかについて「溺死を救治する法並薬の事」(『水術傳習書』、島村丹治昌邦、1813年、日本水上競技連盟編『日本水泳史料集成』(1937年)所収 632頁より)として、目録に示し伝書に述べ伝えています。水府流太田派では、沈溺しそうな者を救助するときに板子を使用することが教書『日本游泳術』(前出、123頁)に述べられています。

この他の流派でも、書き残されたものや口伝があります。

これらの内容について、日本・米国・英国の救助法を熱心に探究し1957年に『図解水泳・人命救助教本』(日本体育社)を著した高桑一郎は、その文中で、「日本古来の生命救助は、…(略)…其の内容たるや英米の科学的研究に比すれば、実に単純且つ幼稚なるもので…」(174頁)と指摘しています。必然的なことですが、人の生命に関わる事柄は、重大問題として研究が進み、より良いものへと改善され進歩するものです。その点では、確かに現在から見て、初歩的であったり、非合理であったり、非科学的であったりなど、その一面を否定することはできません。しかし「伝承泳法」が、生命の安全を意識しながら発展してきたことは間違いありません。それゆえに、現代でも活用されている能力があります。

具体的には、経験的な溺者への観察法や対処法は必用な状況判断に活きていること、立泳の泳力はその場に留まって溺者の観察や支えるときに必用であること、前述した顔を沈めない飛び込み技術は溺者を見失わないことに必用であることなどに活きています。また、動きは敏速といえないが重いものを牽引することに向く「煽足」の足捌きは流れのある場所などで溺者を牽引することに有効で中でも「逆煽」は前足が下になることから溺者を蹴ることなく側面で支え牽引するときに有効な脚捌きとして活用されています。

隅田川の水泳場（『浅草っ子』渋沢青花、毎日新聞社、1966年、口絵写真より）

これらの泳力は、「競技泳法」だけでは補えない能力です。いつからどのような経緯で導入されたかは不詳ですが、実際に現在でも、日本赤十字社の「水上安全法」や「救急法」で、同様の方法・技術が救助能力として行なわれています。「伝承泳法」が水上での生命維持を意識してきたことを考えると、日本赤十字社が行なっている技術や知識及び日本ライフセービング協会の「ライフセーバー」に必要な技能や知識なども吸収して活用することも、現在の伝承においては理想的なことと思えます。

16 オヨギとしての操船法の事例

自然環境での修練には、指導や安全管理のために伝馬船などの小船が活躍したことでしょう。先の遠泳などでも指揮・救助・支援として随伴したり、明治期の隅田川での水泳場写真（上掲写真）に見られるような小船に櫓を設定して飛び込みに利用したり休息場として使用されたようです。もちろん、溺者の救助にも欠かせないものでした。したがって、伝馬船の艪を漕ぐことは、覚えるべき必須技術でオヨギの範疇にあったことで、多くの流派でも行なわれ伝承されてきたことが考えられます。

小堀流では、『踏水訣』（前出）に「舟岸より飛込時の事」があり、船縁（舟端）より飛び込む際に両足を揃えて飛び込むことが怪我をしない旨などが書かれています。（『翻刻踏水訣』16-17頁より）

また、前出、水府流の『水術伝習書』には、「早瀬の川を舟に乗る心得の事」に船から落ちたときの対応があり、「海舟に乗る心得の事」に船酔への対応が書かれています。

艪の付いた小船を漕ぐ機会は少ないことですが、経験としても身に付けておいて損はありません。

17 馬と水中を移動するためのオヨギの事例

武士の時代に、河川を馬と共に渡ることは、戦の上だけでなく、時として日常でも必用な方法であったようです。このオヨギを「水馬（すいば）」といっています。戦乱の世では水馬の術に長けていることが、戦闘に優位をもたらすのみでなく、源平合戦の時代に水馬の術によって戦功を挙げた武将が名を残している話も残っています。馬が泳ぐことについては、「馬は生来自然に水を泳ぐ能力をもってゐるが平素陸上に生活する関係上、水に入ることを嫌ふのが普通である。而も多くの馬の中には甚しく入水を恐れ、殊に波浪の打ち寄せる水際に接近することを怖れるものも少なくない。」（『日本馬術史』第一巻、日本乗馬協会編・発行、1941年、365頁）とのことで、訓練が必要でした。

余談ですが、わたしが師と仰ぐ瀬尾謙一から、「臆病な馬を水に入れるために水馬用の池では、徐々に楕円状に移動しながら馬を水際から水中へと誘導する訓練が必要で、かつては京都御所の中の馬場に近いところに池があって、馬を水面へと誘導するためと思われる傾斜が設けられていて、水馬の修練をしていたことが考えられる。」という話を聞いたことがあります。

水馬の訓練の歴史は古く、水馬の術においては〝水術〟も伴って行なわれてきたようです。それゆえなのか、観海流や小堀流をはじめ多くの流派で、そのことに関わることが伝書に書き残されています。過去には実施されたことはあったようですが、現在、実際に水馬を実施している流派を聞いたことがなく、伝書に留まっています。

なお、小堀流では、初代師範小堀長順（ながひと）常春が1756年（宝暦六年）前出の『踏水訣』と同年11月に著した『水馬千金篇』（次頁図参照）を1758年（宝暦八年）に大阪で出版しています。

この『水馬千金篇』には、水馬を行う際に著者が工夫創案した人馬ともに浮襷（うきたすき）（晒布（さらしぬの）で作成した袋に瓢箪（ひょうたん）を入れた襷状の浮き具）を着用して、重量を浮きやすくして補う具体的な方法が中心として述べられ、その中で水馬での要領や心得として泳者と非泳者との場合を想定したことも述べられています。『踏水訣』には、「浮襷の事」があり浮襷を著者の実父村岡伊太夫が創案したことや作成方法が述べられ、「浮たすき用やうの事」には浮襷を付帯させることは熟達していないものには危険であるが熟達者では具足（甲冑）を着用し武具を所持していても立游（泳）が自由となる旨が述べられています。水馬での創意工夫は、ここから応用されたと考えられます。これは〝水術〟と〝水馬〟の深い関わりを示している証と受け取れます。

この書の真価は、わたしでは計りかねますが、瀬尾謙一の著述「水馬と浮襷」（前出『日本泳法流派史話』、

馬とともに水中を移動する〝水馬〟が記された『水馬千金篇』

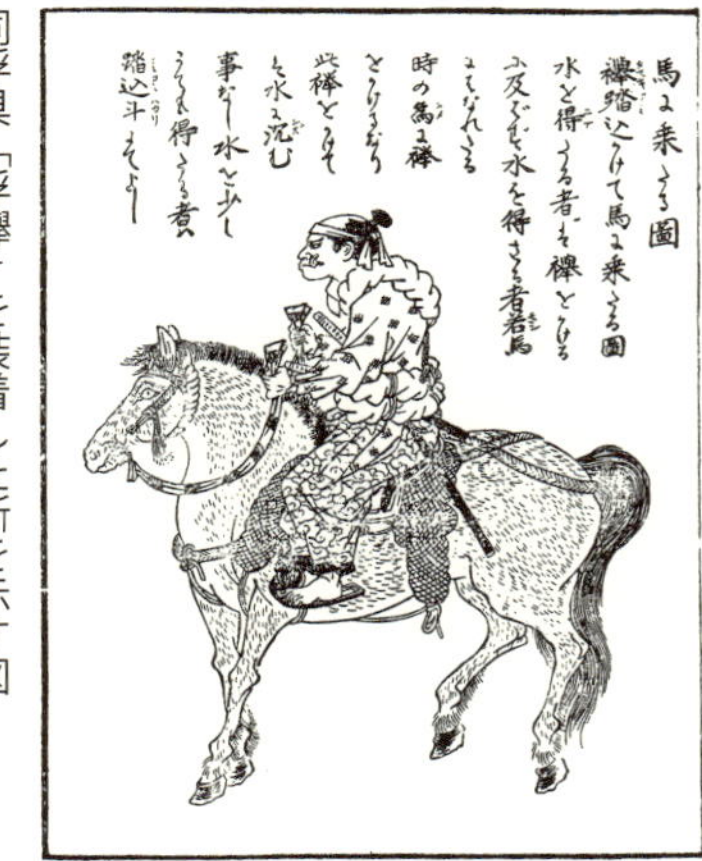

同浮具「浮襷」を装着した所を示す図

（『日本水泳史料集成』所収、1937年、274-278頁）より

56－59頁）に述べられています。この『水馬千金篇』の影響を受けたのか觀海流にも水馬の際に用いる「浮沓浮帯浮襷の事」が「中傳目録」の口述秘伝にあります。

これら水馬の伝承は、乗馬と関わりを持ったときに参考となることもあるのではと期待しています。

なお、加藤摩訶蛙（石雄）著『オヨギ三昧』（白馬書房、1942年）に、武功談などで水馬で名を知られた「三九　オヨギの名馬」（211－215頁）について八頭を取り上げています。また、『日本馬術史』（前出「三主なる水馬の例」（388－394頁）に十二例が取り上げられています。興味のある方は、御覧ください。

18 経験の言葉としてのオヨギの事例

〝経験は知識の母である〟との諺がありますが、自然と対応していく上で、経験が役立つことが少なくありません。

オヨギの伝承文化では、戦闘の際に役立ち、修練の際にも役立つと捉えられた経験を言葉として伝えています。言葉であっても、「伝承泳法」が伝える活用できるオヨギと考えます。

実際に水の中を移動する上での対応として、前述した海や川での泳法と心がけ、流れや波に対する泳法と心がけ、激流・高波・渦巻きへの判断や脱出法などが、小堀流（『踏水訣』）、觀海流（『初段目録』）、水府流（『水術傳習書』）、神伝流（『神傳流游書』前出）、向井流の教書『游泳人必用向井流秘傳　游泳術傳習法』（鈴木正家、小林仙鶴堂、1896年）、水府流太田派（『日本游泳術』）の伝書・教書に見ることができます。

例えば、觀海流の「初段目録」には、「湖海江川池沼濠溝渓流瀑泉業前差別之事」があり、口述秘伝には、

立波

乃太利波

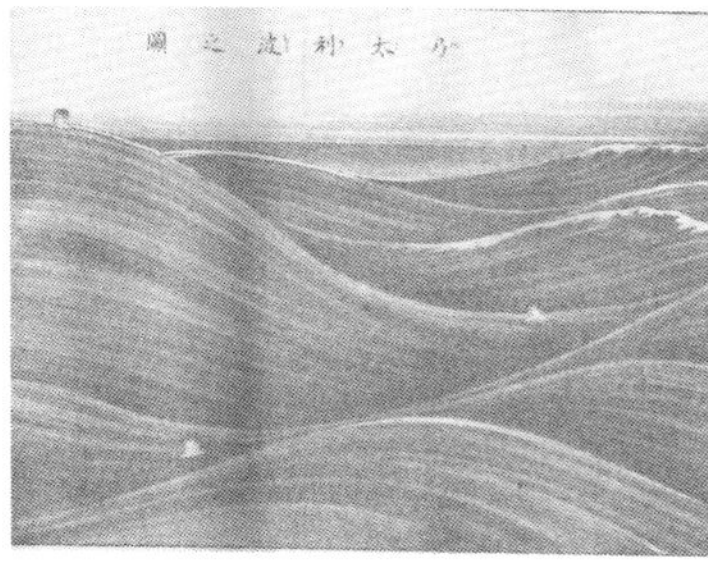

漣波

『游泳人必用向井流秘傳　游泳術傳習法』より、「波の三段」

多様な自然環境に応じた心得（水底のこと、水の性質のこと、自然現象と対処のこと、状況に応じた泳法のことや接し方など）が伝えられています。

水府流の『水術傳習書』では「初めて越す川見積りの事並水の流れ様、水色、波色、川幅、向岸の様子見積りの事」と、条件の考察と心得が述べられています。

水府流太田派の教書『日本游泳術』には、自然環境の状況を水の中を移動する前に察知するための教えとして「入水する前に、水の深浅を目を以て測知すること肝要なり、普通水丈四尺（約120㎝）の深さの場所は、真上より見るも、光線の屈折に因りて、三尺に見江。少しく斜めに見るときには、更に甚だしく浅く見ゆるものなれば、一般二三尺位に見ゆる所は、五尺位の深さと心得べし。」(137頁、括弧内加筆)などが述べられています。

向井流の教書『游泳人必用向井流秘傳 游泳術傳習法』(前出)では、波への対応に詳しく、伝書の教えにある「波の三段」(立波(たちなみ)、乃太利波(のたりなみ)、漣波(さざなみ))での心得が述べられ、別に鈴木正家が創案した伝書『向井流水法開傳巻』には外海の潮の流れに対する心得が述べ伝えられています。

水の中を移動すること以外で、修練に関わることでは、小堀流の『踏水訣』に「高波游の事」や「渦中游の事」も伝えられていますが、「炎天に游修行の事 一、炎天に游修行して日(ひ)に當り背中身の皮も兀(はげ)るほどに日にあたりいたむときは手洗に湯を入桃の葉をもみ込其汁にて行水をするときは其まゝいたみ止る也」(前出「翻刻踏水訣」12頁)との教えがあり、現在は日焼け止めや日焼けローションなどが多種類ある時代ですが、当時とすれば桃の揉み汁が日焼けに効果があることを知らせています。

「こぶらがえり」(ふくらはぎの痙攣硬縮)についても『踏水訣』や水府流の『水術傳習書』など多くの流派で伝書あるいは口伝として伝えられています。

水府流には、「水に凍(こご)へさる薬の事」(『水術傳習書』)があり、寒さに対する対処法と心掛けが伝えられています。

ここに取り上げた事例は、伝承の部分を大雑把に取り上げただけですが、経験に裏打ちされている事柄が多々伝え教えられてきたことを推測させます。もちろん時代が進む中で、科学的かつ合理的・効果的で、用具・用品などの利便性が高まり進化発展した事柄もあると思います。しかし、自らの経験を深め培った知恵を確認し今後に活かす上で、言葉としてのオヨギは、吟味に値する存在として大切にしたいものです。

以上ですが、「伝承泳法」の実用性は、演じられる一つひとつの泳法にも見られますが、その実用の対応力は連合的な総合力と見ることができます。また、実用性は、必用な場面が生じないと価値が見ないこともあります。見えないからと言って疎かにしてしますと活用することさえ出来なくなります。そのためには、実用性を意識して常日頃接することが望まれます。つまり、この意識は懐古主義ではなく、必用な場面で活かすための心がけであって、人のためにではなく自分のための活用法であっても良いかと思います。

ここでも、また〝日本酒〟とも関わるお酒の話で恐縮ですが、酒が酔うためにあるだけでなく、役立つ話を述べておきたいと思います。

「酒は百薬の長」といわれます。しかし、飲みすぎはダメですが、アルコールを飲酒すると血管を広げ血栓溶解酵素ウロキナーゼを増やす（日本酒では、非飲酒者の2倍ほど）働きをしたり、善玉コレステロールといわれるＨＤＬを増加させる働きがあります。近年の研究においては、これまで〝日本酒〟はカロリーが高く、糖尿病になるとか悪影響があるとかいわれてきましたが、日本酒に含まれるペプチドという酵素が血糖値を下げるインシュリン的な成分があり、少量の飲酒であれば予防効果が期待できることが分ってきています。また、アルコールが神経の緊張をほぐす働きや、食欲を促進させる効果など、有効利用を誤らなければ、役立つことがあります。さらに、著名な画家横山大観が重体のとき広島の銘酒「酔心」を飲んで食欲が出た話や広島への原爆投下のとき爆心地一キロ以内の広島大学の研究室では〝日本酒〟を飲んでいた八人が被爆を逃れたという話など、主要因の究明は不詳ですが興味深い話も残っています。

役立つことの実用性は、知っていると知らないでは大違い、心がけを忘れず上手く利用したいものです。

第4章

史的な知識と私見から覗いた“オヨギ”とは何か？

ここまでに、まず〝日本泳法〟の呼称及び用語のルーツとその世界について述べ進め、前章では、〝水術〟から「伝承泳法」へ、そして今日にその伝承が継承されてきた中にある実用性について、有用で役立つとの観点から思い当たるものを取り上げて述べました。

そこで述べた実用性については、〝日本泳法〟の存在意義として忘れてはならない大切な要と考えています。その意味では、〝日本泳法〟が芸能的に扱われていくことに、私は、抵抗感を持っています。もちろん、前述しましたように、多くの人にその存在を認知し興味を喚起するために、芸能的な「見せる泳技・泳法」を披露することも有意義であると考えています。しかし、飽くまでそれを演じる側は、培ってきた実用性の延長にあることを意識として切り離してはならないと思います。

さて、この章では、今日の〝日本泳法〟の存在に至るまでの史的な知識について、私見を交えて述べます。オヨギの文化の存在がいかに成立してきたのか、いかなる史実があるのかなどを知ることは、現在の意味を深く知ることであり本質を見失うことなく伝承を受け止める上で必要要件だと考えます。また、歴史を探求することの意義として使われる「どこからやってきて、今どこにいて、どこに向かおうとしているのか」の言葉にしたがえば、伝承の意味と将来を見据えた思考にも役立つと考えています。

また、物事を理解する上において、知識を持っていることや関連の出来事を知っていることは、より深く本質を捉えることに繋がることであると思っています。

以下の史的な知識では、私的な興味を前提としていますが、〝日本泳法〟に関わりそうな史実や史的考え方などを項目として述べ進めます。項目では、人間が生物として進化してきた時点から現在に至る史的な経過を辿りながら、その中でのオヨギ及び〝日本泳法〟について取り上げました。

それぞれの項目では、概略的でサラリと済ませた部分と、私的に知ってもらいたい知見や新たな情報についてはやや詳細に触れています。それは、紙面都合のためで、項目に挙げなかった事柄や詳細を語りつくすことなく表面的な記述に留めてもいます。それでいても、結果的には、史的探求への私的な興味による語りを切り詰め切れず、加えて長期間の史実に含まれる重要な事象を網羅するために、他の章よりも紙面が増え、項目も多くなってしまいました。また、出典を提示した部分と簡略文として省略した部分があるなどの不均等をご容赦ください。

史的なことに高い関心をお持ちの方は、ここからさらに掘り広げて考究していただければありがたく、逆に、殊更深く興味のない方は基礎知識か豆知識の範囲で読み流していただければと勝手ながら思っています。

1　本能としてできない人間のオヨギ

生まれて間もない新生児は、水の中に潜ると同時に自然と鼻での呼吸を止める潜水反射があること、大人の気道よりも一部が高い位置にあることで肺に水が入らないこと、水中でバランスをとろうとする動きをすること、水面に浮き上がって犬掻きのような動きをしようとするなどの反射行動があることが判明してきています。この本能的な能力は、数週間から数ヶ月で消滅するといわれています。

では、この能力があれば溺れないのでしょうか？

溺れます！

確かに、想像として生まれたての赤ちゃんは母親の羊水の中にいた機能及び記憶に加えて恐怖がないので、泳げるかもしれないと思ってしまいますが、潜ったままでは酸素不足となり溺死します。

その溺死を防ぐ方法として、ベビースイミングでは、赤ちゃんが水中に入ったときに自ら仰向けとなり、浮かんで呼吸をする状態になる技術をまず指導するようです。

では、人間はなぜ泳げないのでしょう。

例えば、身近にいる犬や猫などを、水底に足が付かない深さに入れると、陸上を歩く動作のまま水上を移動します。さらに、象や日本猿の潜っている姿なども見たことがある人は想像できると思います。

この姿にくらべて人間は、生まれつき泳げないのでしょうか？

ここでは、一つの説を取り上げておきたいと思います。井尻正二が『ヒトの解剖』（築地書館、１９６９年）で述べるところでは、人間は霊長類から類人猿を経て人間へと進化してきた過程で、四足歩行から二足歩行と大きな大脳の発達とが関わって、頭部と背骨をつなぐ大後頭孔の位置が変化したことで、上体と頭の間の首が真っ直ぐとなり、身体を水平にして水に浸かったときに、頭を上にもたげないと顔が水の中にあって前向きの呼吸ができなく、息を吐いたときには対比重が上がり沈む可能性が高く、泳ぐには一苦労するとの説です。（82‐84頁）また、間違いなく生物の進化からすれば、鰓（えら）呼吸から肺呼吸へと元に戻れない生理機能の変化が上げられています。

2 遺伝子としてのオヨギ

生物の進化において、人間も魚類を経て進化してきたことを、高岡英夫の『究極の身体』（講談社＋α文庫、2009）では、赤ちゃんの「ハイハイ」の動きが人間の中の魚類性を現していると述べています。関連の論述として、長く早く泳ぐマグロを例として、最も優れた基本的身体能力で運動能力の原点と述べ、人類のDNAには魚類が棲息しているとも述べています。この人間には魚類由来の身体運動が可能と捉えていることに、興味を惹かれます。現実では、マグロには、泳ぐ速さにおいて遠く及びませんが、意識上の「競技泳法」で速さを求める究極には、背泳やバタフライのスタート時及びターン時に使用されるドルフィン・キックを潜ったまま行なう「バサロ・キック」という技術のような動きに可能性があるのかもしれません。また、ヨガの呼吸法を活かして素潜りで水深100mを潜ったジャック・マイヨールや素潜りでオモリも着けずに海底20m～40mの所を最長5分ほど歩いて漁をするバジャウ族の潜水能力には驚かされます。どちらも書籍や映像で見ることができますが、恐らく、これも人間の中に、生物の進化過程から引き継がれた遺伝子としての身体能力なのでしょう。

少し脱線しますが、佐竹弘靖の『スポーツ文化論　―水とからだとスポーツ文化―』（文化書房博文社、2003年）に、釈迦の特別な肉体の一つとして「そのなかに「手足網縵相（しゅそくもうまんそう）」という相がある。この相は、いうなれば釈迦の手足の指の間には「水かき」がついており、それらを自由に操ることによって、水中や水面上を思いのままにしかも、瞬く間に移動できたというのである。」（10－11頁）という特殊な能力があったことが述べられています。人間が持ちたい願望としての能力の一つとして、譬(たと)えているように私には思えます。

3 世界史に見えるオヨギ

人間は、潜在的にオヨグ技術を習得できる能力を持ち合わせていても、溺れないためのオヨグ技術を習得する必要があるのは確かです。

このオヨグ技術が、古代よりあったことを見ることができます。古代の四大文明は、河川の流域にすべて発生しています。そのこともあって、河川の氾濫や水中に誤って落ちたときに生命を守るため、食糧確保のため、軍事の能力として必要なためなど、積極的にオヨグ技術の習得が行なわれ、溺者救助の水上安全まであったようです。

そのことは、『古代エジプトのスポーツ』(A・D・トウニー、ステフェン・ヴェニヒ著、滝口宏・伊藤順蔵訳、ベースボール・マガジン社、1978年)の中で、紀元前2200年ごろの古代象形文字にクロール・ストロークのような泳法が描かれていることや、紀元前1250年頃の石灰岩レリーフの中に、クロール・ストロークのような泳法で泳ぐ者、溺れかけた者を助けている者、溺者を逆様にして水を吐かそうとしている者が刻み描かれたものを見ることができます。よく見ると、救助の図では、立ち泳ぎのような動きさえ見られます。しかし、何よりも、クロール・ストロークに近い泳法が、古代既にあったことには驚かされます。

また、オヨギの技術を学習することが、当然にして行なわれていたことが推測できます。

なお、古代文明とオヨギについては、前出『スポーツ文化論　―水とからだとスポーツ文化―』に多面的に取り上げられているので興味のある方は参考にして下さい。

古代ギリシャでは、彼の哲学者プラトンが、『法律篇』に「あの子は文字も知らず、泳ぎ方も知らない」と述べた言葉からも、この時代にオヨギの技術が指導され、学習できていない者を蔑む諺にするほど、泳げることが当たり前の能力として要求されたことがうかがえます。

人間にとって自然と共に生活する中でオヨギの技術を習得していることは、時代を問わず有用であると認識されてきたと考えます。

4　わが国の有史以前のオヨギ

古代文明では、すでにオヨギの技術があり学習されていたことは、右に述べたとおりですが、我が日本では、どうなのでしょう。

推測としては、人間と水との関わりの中で、足が付かない深さや転倒したときに手が付かない深さなどの水深の場所では、溺れる可能性があり、オヨギに繋がる行為は有史以前から間違いなくあったことでしょう。3万年ほど前の旧石器時代、どこからかはともかく、日本列島にヒトが渡来してきたようです。その後、今よりも6度ほど気温が低かった寒冷時代から温暖で現在よりも2度ほど高かった縄文中期（約6000年前ほど）を経て、最近は温暖化にありますが現在に近い気温状況となってきたようです。

では、いつからオヨギが出現したのか。単純に考えると寒冷期には、積極的にオヨギが発生することは少ないと考えられます。あったとしても、誤ってとか水害によってとかなど水中に入ってしまったことに限られると推測します。では、温暖化していった縄文時代に入って以降で、オヨギが積極的に行なわれた目的と進展したであろう過程を要因で考えてみると、遊びから（特に子ども）、生活面から（水を汲む、物を洗うなど）、食生活から（水生物の採集や漁労から）、渡岸や水辺を横切るから、身を守る（緊急時）からなどが考えられます。さらには、暑いときに体を冷やすこともあったのかもしれません。

貝塚が見られ集団生活時代から定住化へと移行していく中で、オヨギを身に付けた者も単数であったものが模倣や共通体験を経て複数化し、やがてはその集団に多くのオヨギ体得者が出現していったことが考えられます。

例えば、「志摩の少女は、ものごころつくころから海に親しみ、母や姉の泳ぎぶり、潜り方を真似て、いつとはなくしぜんに潜水技術に熟達する。」（辻井浩太郎『海女』近畿日本鉄道・宣伝部、1955年、19頁）のように、模倣と経験から自分なりの習熟したオヨギの技術を身に付けていったことも想像されます。

5　わが国の有史以降と系譜としてのオヨギ

わが国で最も古いオヨギの記録は、日本に文字がなかった時代に遡って知ることができます。それは、中国で書かれた通称『魏志倭人伝』※（『新訂魏志倭人伝　他三篇』、石原道博訳、岩波文庫、1951年、原文読み下し筆者）に倭人（日本人）がオヨギをしていた記録が残されています。丁度、日本では、邪馬台国時代（弥生後期）の三世紀頃にあたるときの記録です。そこには、「倭人　…略…　好捕魚鰒水無深浅皆沈没取之」（106頁、倭の人は、魚やあわびを捕ることが好きで、水の浅い深いに関わらず、誰もが水中に潜ってこれを取っている。）や「今倭水人好沈没捕魚蛤文身亦以厭大魚水禽　後稍以為飾」（108頁、今の倭の海人は、水中に潜って魚や蛤を捕ることを好み、入墨（いれずみ）をしていて大魚や水鳥を追い払うためにであったが、後にはだんだんと飾りとなった。）と記録されています。明らかにオヨギの技術を身に付け、海人といわれる潜行による漁法を得意とする族や人が出現していたことが推測されます。

※捕足　中国の西晋代の280年以降に陳寿が書き留めた歴史書『三国志』の「魏書」の「第30巻　烏丸鮮卑東夷倭人条」の略称。中国の魏の国についての歴史書で、倭については『三国志』の僅か一部分に過ぎず、しかも伝聞き留めたものと言われている。

日本は、島国であり、加えて河川も多く水が豊かな地理的条件を持っています。それは、右で取り上げたようなオヨギを身に付けることが可能な環境であることも示しています。

海人のようなオヨギの実際は、右の記録から見られましたが、オヨギの技術としての発展を、海・河川などを条件として考えてみましょう。

海では、魚介類を捕る目的で潜るためのオヨギと場所を移動するためのオヨギが、移動する上においては、波や潮流を乗り切るためのオヨギなどが発展していったことでしょう。

河川では、深みに対するオヨギ、川を横切るオヨギ、川の流れを利用するオヨギ、などが技術として要求されていったことでしょう。

これは想像ですが、修験道など山岳宗教を考えた場合、滝壷を横切るためのオヨギ、激しく流れ落ちる水流をくぐりぬけ滝裏に行くためのオヨギなどがあっても不思議ではありません。

また、船の登場は、必ずしもオヨギを必要とはしませんが、転覆時や誤って船から落ちたときなどを想定してのオヨギが生まれたことも考えられます。

さらに、宗教性と結びついた「みそぎ」の儀式からもオヨギが生まれたことも考えられます。

もちろん、子どもたちにとっては、遊びの中から自然にオヨギを身に付けていく当たり前の姿も見られたことでしょう。

生活から考えたとき、川辺生活者のオヨギ、海辺生活者のオヨギ、それぞれの生活や状況に必用なオヨギなどが、護身のためを含めて伝承とまではいかなくとも模倣や学習を経てある程度習熟したオヨギの技術を生み出したてきたことも推測されます。

ここまでは、主に生活を系譜としたオヨギでしたが、これらのオヨギの技術があったことが、次にお話しする戦人にも有用なオヨギとして活かされていったと考えています。

6 戦人として武功に繋がったオヨギ

生活としてのオヨギの系譜が、戦人（いくさびと）（以下、「武士」と称す）が川や海での戦いの中で応用されたことは、神話的な『日本書紀』や『古事記』に示された話に始まり、江戸初期に至るまでの戦にまつわるオヨギの話や武功談などに見ることができます。

この戦の中での武士のオヨギとして、例えば、789年（延暦八年）桓武天皇が蝦夷（えぞ）（東北地方）の文配を試みて攻めたおり衣川で大敗し、戦死者25人、矢を受けた者245人、川に飛び込んで溺れ死んだ者1036人、裸で泳ぎ帰った者1257人で、オヨギを身に付けていた者と溺死した者が半数ほどあった話があります。

武功では、『源平盛衰記』に宇治川で潜水をして功を挙げ「無双の水練あり」と記された鹿島与一をはじめ、屋島、長門壇ノ浦の戦いの折オヨギで名を挙げた武士の話があります。その後も、『吾妻鏡』『古今著文集』『太平記』『常山紀談』（戦国武将の逸話）『奥羽泳慶軍記』（戦国東北の軍記）『古今名誉実録』（関ヶ原の戦い）などに個人または複数の者が潜ったり、泳ぎ渡ったりなどして武功を挙げた話が見られます。もちろん、個人的には興味の惹かれる話なのですが、武術的というよりは、まだ生活のオヨギの延長で応用された話に留まっているように感じます。なお、ここでは、個々の話の詳細は省略させてもらいますが、興味のある方は、前出の『日本水泳史』や『オヨギ三昧』の他『続群書類従』や『古事類苑』などを参照ください。

7 武士の心がけと信長のオヨギ

戦の時代の中で、オヨギを武士の心がけとして意識したことや訓練をしたことはなかったのでしょうか。明らかに武士に心がけとしてオヨギを取り上げた話としては、戦国時代の剣豪で兵法家であった塚原卜伝（ぼくでん）が「卜伝百首」（『日本武道全集』第2巻、今村嘉雄編、人物往来社、1966年、「卜伝遺訓抄」所収）に「武士（もののふ）は、心にかけよ、水游（みずおよ）ぎ、しらずば常に不覚あるべし」（322頁）と詠っています。

また、彼の織田信長が、オヨギを好み長けていたことは、『信長公記』（『戦国歴史叢書2　信長公記』、人物往来社、１９６５年）に、「馬を朝夕御稽古、又、三月より九月までは川に入り、水練の御達者なり。」（26頁）にあります。さらに、『信長記』（巻第一、国立国会図書館所蔵本、デジタルコレクション26コマ目）には「夏ノ間ハ河ニ浸リ水練ヲ習セ給只明テモ暮テモ武功ノ為ヲ思召メ他慮ハ更ニ無リケリ」（「織田備後守殿病死事」より、傍線加筆）とあり、文章の前後解釈から、近習の若者にオヨギを習練させたと受け取れる話があります。

余談ですが、徳川家康が「竹千代」時代の6歳から8歳に織田家の人質となったことで、家康は織田信長にオヨギを学んだと言われているのは、この話から出た推論に思われます。

話を戻します。この右記の卜伝と信長の例から、戦で必要不可欠な能力の意識と訓練が行なわれたことがうかがえます。信長が特別であったかは別として、おそらく、定まった泳法や方法論などが確立されていない状態ながら、戦国時代には武士の訓練の中にオヨギも意識されたことが推測されます。それは、生活のオヨギが応用として戦での武功となり、いつのまにか戦でのオヨギの有用性が認知されるようになったことを示していると言えるでしょう。

8 〝水術〟となったオヨギ

武士の心がけと意識され始めたオヨギが、流儀を持ったいわゆる〝水術〟として行なわれるようになったのはいつ頃からなのでしょうか。

何人かの説を挙げてみます。

日本の水泳史を詳しく述べた石川芳雄は、「戦国以来水泳は武士の嗜みとして欠くべからざるものとなり、武術の一科として研鑽されるようになった。」（『日本水泳史』前出、73頁）と、戦国時代からとしています。

戦前・戦後において〝日本泳法〟の擁護的立場を保った白山源三郎は、「泳法がとくに武芸として詳しく研究されはじめたのは、徳川初期（17世紀）から後のことである。…（略）… その当初には、一定の教習法を組織して、体系的に泳法を指導するものはなかった。が、次第に専門指導者がそのうちから生まれ、各藩、各地の状況に応じて、幾多の泳法を生み、技術がより深く研究された。」（『図説日本泳法』、前出、23頁）と、江戸初期からと述べています。

家元に関する研究の権威者である西山松之助は、「鎌倉室町の武士の間では、戦を予想した游泳の技術が研究練磨されたであろうということは、十分考えられるが、詳細は明らかでない。…〔略〕…、技として練磨された游泳の流儀というものは、いつごろから始まったものであろうか。泳ぎの各流家元も、もちろん江戸時代に成立したものであることはいうまでもないが、その起源は古い伝統をもつ水軍に発している。」（『家元ものがたり』前出、46‐47頁、傍線加筆）と江戸時代とするも起源を水軍としています。

また、西山松之助の「一武術諸流の家元」（『家元の研究』西山松之助著作集　第一巻所収、吉川弘文館、1982年）では、室町初期から弓馬に家元（小笠原流・大坪流）を見ることができるが、戦が盛んな時代では実践が優先されて個々の武術の区分はなく、戦国時代も兵法などする時間がなく且つ余り流行らず、平穏となった戦国末期に至って文化人（僧侶・神主など）の力を借り、伝書創案や伝授形態が次第に出来上がり、「流儀の相伝体系を整備したのは、やはり江戸初期のことで、剣術が兵法より独立文化して個性化した時期といわねばならない。」（272頁）と論述しています。

これらの説と戦闘場面を想像したとき、殺傷力や実戦場面が水辺と限らないことなどから、戦闘で活躍できる武術として水術〟が主役ではなかったことは自明です。もちろん、応用として戦場で機能したことがあったことは前例の通りですが、まずは身を守る術の範囲で認知されていたと思います。したがって、〝水術〟の出現は、個々の武術の機能を分離して捉えられるようになった江戸時代以降を定説と考えます。

9 水軍起源説に対する私見としてのオヨギ

「起源は古い伝統を持つ水軍」とする西山松之助の説が気になります。また、石川芳雄も「日本泳法が武芸として研究されたのは瀬戸内海を本拠とした水軍からであろう。」(『第二回日本泳法大会』プログラム、1957年、3頁)としています。

この水軍の泳法が〝水術〟の起源とする考えに対して日本泳法流派史に精通している瀬尾謙一が、反論を述べています。「一般に日本泳法の起源を日本水軍にありとする説があるが、それは肯首しがたいところである。なぜならば、水軍最後の檜舞台であった征韓の役にも、水泳達人が見当らないことによっても、証明できよう。…(略)…戦陣の軍功を樹てる事が不可能になった結果、立身出世の方法としてこれ(兵学)を学問として研究するほか、なかったのである。当時(徳川時代の平和の時)の水軍学もおなじく中国の書物等を参考に研究し、…(略)…泳法に関して、傳えるところは決して多くない。しかし、現在の水泳諸流派が水馬・水剣・水柔や浮具、秘船・火術等の秘傳を、傳書にのせているので、日本泳法が水軍に起源をもつかのごとく、考えられるが、…(略)…当時すでに泳法が水軍学の一科として、位置せしめられつゝあったので、これは泳法が水軍に起源したということには、ならないということである。」（『日本泳法流派史話』前出、3頁、括弧内加筆）と論述しています。

後述の海防論とオヨギでも触れますが、水軍にとって必要な能力は、主に操船術や航海術や戦法並びに火術までで、オヨギが求められたのは戦闘の中で船周辺での水面移動や潜ることあるいは危急な事態での護身の程度であったのではないでしょうか。

後に、向井流泳法との関係で繋がっている向井伊賀守正重と、伊丹大隅守が戦国時代後期の1570年（永禄十三年）に編纂した『甲州流本傳　船軍之巻』（九州大学附属図書館）には、船戦の戦術的な考えが述べられていますがオヨギについての記述は見当たりません。

また、中世の瀬戸内の能島、因島（いんのしま）、来島の三つの村上氏に伝わる水軍の伝書が集成された『合武三島流船戦要法（上）』（伊井春樹訳、教育社新書〈原本現代訳〉112、1979年）には、「水練を用いる時の事　水練の者（泳ぎの上手な者）を用いることは、あたりの様子によって、場所によって、また時によってさまざまである。夜討ちをしかける時には、あらかじめ水練の者をつかわし、敵船の竜骨（かわら）（船底の中心にあって、船全体を支えている材）とか加敷（かじき）（船の側面の下の板。竜骨の両側に取りつけた船底の板）、それに戸立板（とたて）（船尾の傾斜した板）などに、のみによって穴をあけたり、船の重要な箇所の釘（くぎ）を抜いたり、錨（いかり）の綱を切って敵軍を混乱させる。…（略）…流れの上の方に停泊している船の錨綱を水練の者に切断させる。あるいは、風上の船の錨綱を切るのもよい。」（242-243頁）とあります。

つまり、水軍の戦法上オヨギの上手な者の存在は、戦法上有利なことであったとしても、必要とされるオヨギの種類は限られたものであったと考えます。であれば、わざわざ優れたオヨギ上手を育てるために、特別な訓練をして習得させる必要があったとは思えません。むしろ、自らが身に付けて置くことが望まれた能力であったのではないでしょうか。したがって、多種多彩な泳法や際立った泳力の修得を目的として、伝承的な技術を訓練し継承するに至ったとは考え難く、水軍を起源とする説には、私も賛同できません。

以上のことから、戦で発揮されたオヨギを認めつつも、オヨギが〝水術〟として武術の形態を整えたのは、残念ながら戦乱の世が静まった徳川時代に入って以降であったと考えます。

10 徳川家康のオヨギ

先に挙げましたが、織田信長は、オヨギが上手で、武功にも繋がる能力として捉えていたことを述べました。しかし、羽柴秀吉については不明です。

その点で、徳川家康（東照宮）は、オヨギを重要視していたことは明らかです。

武士の嗜みとして「天下の主たりとても。常々練熟せでかなわざるは騎馬と水泳なり。この二つは人して代わらしむる事のならぬわざなり。」（『徳川実紀』※、第一篇、東照宮御實紀附録　巻廿三）と述べた話があります。

※補足　歴代将軍の諡号を冠したそれぞれの記録をまとめた総称及び通称で、『国史大系』・『続国史大系』に所収されている。

家康のオヨギ上手は知られていますが、若年からオヨギを好み達者であったこと、水馬も行ない、69歳に至っても泳いだことが分かっています。このことで、現在の家康評の中には、オヨギも健康法の一つであったと述べているものもあります。

この家康のオヨギへの意識は、徳川幕藩体制265年の間、徳川氏の中で威光とともに語り継がれたことが想像されます。

11 徳川家康の子供たちと孫のオヨギ

それは、その子息たちや歴代将軍の中に及んでいることからもうかがえます。

『徳川実紀』に、徳川御三家（九男徳川義直・尾張、十男徳川頼宣・紀州、十一男徳川頼房・水戸）が一緒にオヨギをした話が出てきます。

1639年（寛永16年）8月2日、隅田川で舟遊びにおいて「饗宴はてゝ尾紀水三世子は水泳せらる。」（同、第三篇、大猷院殿御實紀　巻四十一）とあります。この三者中で、頼宣は、自ら水中から鯉を生け捕りにした話や家臣の前で立泳で瓜剥き（うりむ）をした話などもあります。（『オヨギ三昧』、加藤石雄、白馬書房、1942年、20頁、130頁）

家康の三男で二代将軍となった秀忠（台徳院）は、1615年（元和元年）「武家諸法度」を定め文武の奨励をしていて自身もオヨギを行なったと考えられますが、史料では未見です。

この子どもの代において、尾張二代光友は幼少よりオヨギを行ない大井川を馬で渡り切った話など（「尾張藩の水泅（およぎ）」、新見吉治、『水の音』復刊第8号、1960年　10-13頁）があります。

彼の「黄門様」で名高い水戸二代目の光圀は、十二歳のときに死体が流れる浅草川を横断した話（「井上

玄桐筆記　下」『義光叢書』所収、千葉新治編・発行、1909年、241-242頁）が残されています。後に、家康に始まったオヨギへの意識は、その子孫を通じて、紀州藩（和歌山藩）では岩倉流・能島流・小池流として、水戸藩では水府流として、そして水府流の伝承は水任流・水府流太田派として今日に引き継がれています。

12 三代将軍徳川家光が奨励したオヨギ

しかし、徳川秀忠の二男で三代将軍となった徳川家光（大猷院）は、自らもオヨギを行ない、水泳及び水馬の上覧や奨励などもしています。（『徳川実紀』、第三篇、大猷院殿御實紀　巻一～七十八、附録　巻二）また、「瀬田問答」（『近古文芸温知叢書』所収、博文館、1891年）によると、家光が1647年（正保四年）から水泳上覧（「水游上覧」）を始めたとする話とそのときの御徒（おかち）（徒士、歩いて戦う下級武士）のオヨギの未熟を見て水泳稽古（「水稽古」）に励むよう命じ、浅草川に小屋を設けての稽古が始まったことが記されています。（36-37頁）

家光は、終生祖父家康を尊敬していてその意思を継承したと言われていますが、「一足二水三胆」（一番に脚力、二番にオヨギ、三番に胆力、前出『日本水泳史』29頁）と武士の嗜みを示したといわれ、オヨギを疎かにしない考えも引き継いだと考えます。

13 暴れん坊将軍第八代徳川吉宗のオヨギ

もう一人、明らかにオヨギを奨励した歴代将軍がいます。それは、彼の〝暴れん坊将軍〟で有名な第八代将軍徳川吉宗（有徳院）です。

頼宣の孫に当たる吉宗は、将軍となって幕府財政の再建として〝享保の改革〟を行なったことや武芸の奨励と再興を計ったことでも知られています。また、オヨギの名手であった吉宗ですが、『徳川実紀』（「有徳院殿御実紀」附録巻十二）にオヨギの再興・奨励のことが記されています。家光の奨励があってから半世紀ほど後の宝永・正徳（1704年〜1711年）の頃には浅草川（隅田川）を三分の一も渡れば練達の者と見做されるほどオヨギが廃（すた）った現状から、吉宗は御家人・番士・徒士などにオヨギの修練を奨励し上覧を行なうなど享保時代（1716年〜1735年）に再興を計ったことが見えます。

14 徳川幕府の将軍とオヨギ

『徳川実紀』に記載された「水泳・水馬」に関わる記事を拾い出し、転載した上で論述をしている瀬尾謙一著の「向井流水法私議（二）―徳川実紀にあらわれた水泳・水馬に関する記録―」（『向井流水法私議』、向井流岩本会、1971年、6-24頁）があります。それによりますと、徳川将軍十五代の内、初代将軍家康に始まり、十二代家慶（慎徳院）までに記載があり、五代綱吉（常憲院）・七代家継（有章院）には全く記載がなく、その記事を分類して項目ごとに、記載が見られた回数を表（表1）にしたものを見ますと、最も記載が多かったのが三代家光で、次いで八代吉宗でした。また、徳川幕府のオヨギを考えるとき、「徒士」と「水主」（船手・船頭以外の船員）における水泳稽古及び水泳上覧が思い浮かびます。徒士についてはそのいずれの記事が数多く見られましたが、船手に関わるオヨギの記録は吉宗時代の1721年（享保六年）6月の浅草川で水底の埋木を引き揚げた際の褒賞一回のみでした。

なお、船手の記録として、徳川幕府で御船手頭を務めてきた向井将監の家には、将軍が船で移動（御成）する際の役目（御用）で必用な作法や準備について役目を果たしたことの記録（1630年（寛永七年）～1842年（天保十三年））を交えた書き控えの文書『御成御用諸書留』（有元貞子編著による翻刻本あり）が残されています。その中に、御徒の水泳上覧のみでなく船手の水泳稽古（水稽古）の様子などが数度記されていた他、1826年（文政九年）に向井組の者にオヨギを披露するように申し付けられ、立泳ぎでの水書や速く潜る（「扇面書或ははやもくり之類」）などをしたことが記されていました。

しかし、『徳川実紀』に、船手の記事の登場回数の少ないのは、おそらく水軍のオヨギについて前述しましたように、船手に求められたオヨギは複雑ではなく優美な泳法でもなく、実用として必要とされたオヨギのみが行なわれ、見せるためのものではなかったことが推測されます。

徳川幕府がオヨギに向けた意識は奨励として、御徒に限らず幕臣の多くに向けられた嗜みであったと推測します。水馬も武士として欠かせない技として奨励されたことでしょう。

そして、御三家は当然ながら、徳川家の血筋を引く藩主や旧臣の譜代大名では、その影響があったことも考えられます。

表1　徳川実紀にあらわれた水泳・水馬に関する記録の回数表
（『向井流水法私議』瀬尾謙一作成、1971年より）

	15	14	13	12	11	10	9	8	7	6	5	4	3	2	初代	代数
	慶喜公	昭徳院殿	温恭院殿	慎徳院殿	文恭院殿	浚明院殿	惇信院殿	有徳院殿	有章院殿	文昭院殿	常憲院殿	厳有院殿	大猷院殿	台徳院殿	東照宮	諡号
	1	8	5	16	50	26	15	29	3	7	29	29	28	18	3	治世
計	慶喜	家茂	家定	家慶	家斎	家治	家重	吉宗	家継	家宣	綱吉	家綱	家光	秀忠	家康	実名
7								1				1	4		1	将軍水泳習練
36				2	5	6	1	6				1	15			将軍看水泳
20				2	4	4		5					15			将軍看水馬
1													1			三世子水泳習練
7					2	1	1	3	1							右大将大納言内大臣看水泳水馬
1													1			水尾紀三卿看水馬
18				1	1	3	1	7					3	2		水泳褒賞
20				2	9	4		4					1			水馬褒賞
1								1								船手組水泳
1								1								船手褒賞
11								2		2		3	3		1	水泳奨諭
3								1					1		1	水馬奨諭
4						3	1									水泳処罰
	0	0	0	7	21	21	4	31	0	2	0	5	34	2	3	計

15 陸戦を想定して下級武士に課されたオヨギ

徒士の水泳稽古及び水泳上覧は、右に述べましたが、三代将軍家光によって開始されたようです。この徒士の水泳稽古は、幕末まで行なわれてきたと推察しています。

どのようなオヨギを稽古したのか具体的なことを知ることができる資料に、次の二件があります。

一件は、1780年（安永9年）に尾張藩士江戸詰め長尾金右衛門資雅が書き記した『水術書付』※（『日本武道大系　第五巻　砲術・水術・忍術・馬術』所収、笹島恒輔、同朋舎出版、1982年、265‐271頁）です。

※捕足　所収本に実物部分写真あり、『水の音』復刊第2号（加藤石雄発行、1958）に「「水術書付」について」（加藤石雄）として解説文あり。

この史料には、まず「水練心得之事」が述べられ、中程を省略しますが、第一に上手なものは長く泳いでも疲れないことを挙げ、御徒六百人において上手下手はあってもオヨギのできない者はなかったことが書かれています。続いて後書に「浅草川にて御徒衆初心の内水稽古の次第目録」の聞き書きが記され、顔を浸けて浮く「うつぶし」から始まり、徐々に「平游」、「胸返し」（仰向きのオヨギ）、「向切」（抜手）、「舞鶴抜手」（吉宗が名付けたという、「鶴の翼をひろげ舞うごとく」とある）、「蛤飛」（片手掻分のようなのか？・「両手入違にいなごのごとく切替游儀を中也」とある）、「立泳」、などが示され、回数や距離が増えるなど上達への過程が示され補助としての道具にも触れています。

ただ、この文章は見聞きしたことに基づいているようであり、どこまでが正確な情報であるのか検討の余地を残しています。また、この史料を、所収本では船手のオヨギと関連付けて考える説を肯定していますが、この記述が基本的に御徒に焦点があると明らかに推察でき、私は頷けません。加えて、八代将軍吉宗の時代からとしても、当人が紀州（和歌山）藩主当時に船手のオヨギを重視して系統的な指導を実施させたとは思えないことが、『南紀徳川史』に「御手は職務柄常之師なく時々両人つゝ指南して何人に限らず町人と雖も廣く入門を許し…（略）…」（第七冊、巻之六十一　武術傳第三　水芸132-133頁）とあり、師なく時々の稽古であったことなどからも推測されます。

もう一件は、幕末に徒士であった山本政恒（まさひろ）が書き残した『幕末下級武士の記録』（吉田常吉校訂、時事通信社、1985年、原題「政恒一代記」）があります。1841年（天保十二年）に御徒の家に生まれてより、還暦となった1901年（明治三十四年）までの半生を綴った手記です。本人の記憶に拠ると、オヨギを始めたのは、1849年（嘉永二年）数え九歳のときからで「御徒方水稽古場に出て学び、浮く事を覚えたり。其後御徒方に成、数年間御用稽古をなしたれば水泳は可也熟したり。」（92頁）とあり、1856年（安政三年、数え十六歳）に御徒を仰せ付けられ公務として習練を重ねたようです。剣術・鎗術・柔術・砲術も学んだようですが、オヨギが好きで得意であったことを示すかのように、水泳のみかなり詳しく稽古の様子に絵を添えて書き記されています。（115-124頁）

それによると、御徒の子どもは七歳以上になると必ずオヨギを稽古すること、非番の者は必ず参加すること、4月下旬に浅草諏訪町河岸丸太小屋を建てて毎年5月より8月まで稽古があったようです。稽古では、浮くまでは腰に紐を結んで板をもって顔を浸けてのバタ足のようなことからはじめ、犬掻きのようなオヨギへと進み、これで首を上げて進む「かっぱ泳」ができると、次いで横泳へと、さらに「抜手泳」、「立泳」、

詳細に描かれた水練の様子（『幕末下級武士の記録』23 頁より）

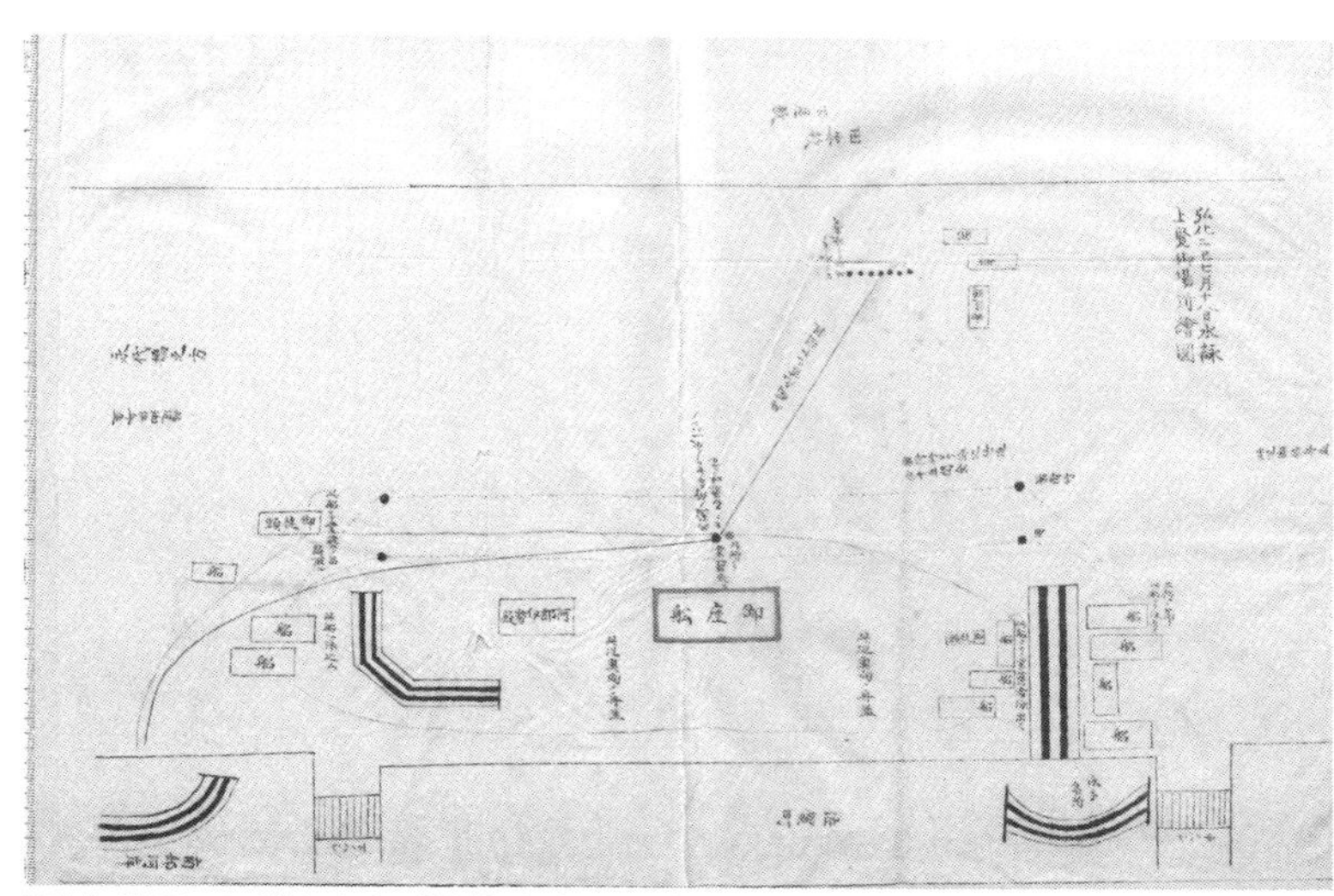

『弘化雑記』に描かれた「水泳上覧」の絵図（国立文書館所蔵）より）

抜手で菅笠を冠り一列に並んで向河岸へ、潜り、御用船から飛込んで船底を叩いてはくぐって上がることを繰返す「竜巻」、横泳で順位を競う「競り水」、橋よりの飛込、距離を泳ぐ「遠町泳」が行なわれたようです。

水泳上覧にも触れていて、それが夏の初めにあり、各組（全20組）が4人ずつで抜手を行なった後に技芸としてのオヨギが披露され、水書や水画、折紙、甲冑泳ぎ、水馬（人馬）、鞠の取り合い、旗の取り合い、競り水が披露されたことを書き記しています。

御徒の水泳上覧については、『弘化雑記』（藤川貞、内閣文庫、国立文書館所蔵）に「競り水」の参加者の記録と絵図を見ることができます。「競り水」が慣例として行なわれていたことや、絵図から将軍の御座船の位置や演技者の場所などの様子がうかがえます。

これらから、御徒の稽古と上覧のおおよその姿が目に浮かんできませんか？

16 〝水術〟流派の発生と促進となった藩校でのオヨギ

諸藩が、藩士のために設立した学校（藩校、郷学等、以下「藩校」と称す）において、現在の〝日本泳法〟流派の多くが〝水術〟として伝承の基盤を培ったと考えています。その意味で、少し詳しく知っておいてほしいと思って、長文ですが述べます。

藩校は、徳川幕府の泰平な時代が進むとともに、将軍家綱の文治政治への転向が学問の奨励と成り、創設が進んでいきました。

藩校について研究を進めてきた笠井助治によると、創設が明らかなものは278校で、名古屋藩の明倫堂が最古（藩祖義直時時代、1620年〜1640年頃創設）といわれ、藩校の設立は1871年（明治四年）廃藩置県までありました。また、1781年（天明元年）〜1803年（享和三年）が最も盛んで、その後の1843年（天保十四年）までに131校とほぼ半数が創設されています。その様子を「小規模な私塾的な性格を脱して、一つの学校としての組織と内容を整え、一大藩立総合大学というべき形態を具備するに至った。」と述べ、その理由として、「このような発展の動機は、八大将軍吉宗及び松平定信の文武奨励の影響と見られよう。」と論じています。（「藩校」『江戸時代武士の生活』、進士慶幹編、雄山閣、1976年増補9版、175-177頁）

そして、藩校のオヨギについて、笹井助治が調査を実施した報告では、「日本教育史資料、その他市史・県史等を丹念に調べて見ても、水練を正課として実施した所は、全国三十余藩に過ぎない。」とし、正課を課したとする藩名を二十七藩挙げています。（「藩校における水術実施調査表」、『近世藩校の総合的研究』、吉川弘文堂、1960年、232‐235頁）

1883年（明治十六年）から文部省が旧藩について調査をしたのが『日本教育史資料』（全25巻9冊、附録あり、文部省編、1890年～1904年）です。同史料を、私が調べた結果※、オヨギ（游泳・水泳・水練など、以下、〝水術〟と称する）が正課（必修）及び任意などの記載があって、学科としての取り扱いに記載が見られた所は、61藩で、徳川御三家・家門7藩、譜代34藩、外様21藩でした。明らかに、徳川家との関係が深い藩校での実施が見られます。これに、先の笠井助治の調査で正課ありとした3藩、三重県の武道史研究家村林正美調査に拠る桑名藩（「三重県下旧藩水練教育の実態」、『愛知文教大学論叢』第3巻、2000年、212‐215頁）前出新見吉治の「尾張藩の水泅」には、「嘉永六年八月には御目見以上の輩に対して水練は当主、子弟共専ら修業すべく…（略）…」（11頁）とあり藩士に課したことが明らかです。また、島根の浜田藩で「町田流」が教えられたという田村武俊の研究報告（「浜田藩の水練」、『郷土石見（いわみ）』19号、1987年、92頁）があります。また、日本泳法伝承地、高松藩（水任流）、大洲藩（主馬神伝流）も明らかに実施されていました。

紙面を取りますが、その総計69藩名は次の通りです。（地域順不同、藩省略）

淀、津、豊橋、岡崎、掛川、静岡、沼津、菊間、大喜多、一宮、佐倉、多古、高岡、水戸、彦根、大垣、今尾、松代、松本、小諸、高崎、安中、佐野、会津、富山、村上、峰岡、亀岡、福知山、宮津、舞鶴、出石、鳥取、松江、姫路、山崎、三草、小野、津山、岡山、岡田、福山、広島、山口、和歌山、田辺、徳島、松山、福岡、豊津、中津、岡、臼杵、佐賀、島原、鹿島、福江、熊本、延岡、飫肥（おび）、仙台、綾部、佐土原、六浦、桑名、尾張（名古屋）、浜田、高松、大洲

※捕足　「「水術」に関する研究　その2　藩校における水術についての一考察」、日本体育学会京都支部体育原理・体育史専門分科会『研究紀要』、1978年、22-31頁、本論述では再検証を実施して一部を修正している。

しかし、『日本教育史資料』では、武術を課したことは明確でも「剣術等」のようにこの「等」の表現で〝水術〟は不詳であったり、江戸藩邸や郷学では課してはいるが藩校での実態では明記がなく不詳であったり、藩校の学科ではなく嗜みとして義務付けられていたり、水馬として馬術の中で実施されたり、船手の訓練の中で取り扱われたり、綿谷雪による武芸流派の研究では「水泳は各藩ともに盛んであり、筑前黒田家などではこれを忍びの科目に教えて奨励していた」（『武芸流派一〇〇選』、秋田書店、1972年、248頁、傍線加筆）などとあり、これらを考え合わせると、その藩及び藩校の数は100を超える可能性があると推定します。ただ、中には、海まで遠く大きな河もなかった秋月藩、藩を移ったことで川流がなく廃した掛川藩から移封の松尾藩など地理的条件などから明らかに〝水術〟を取り上げなかった藩もありました。

また、各藩校で〝水術〟を学科として取り上げ始めた時期は、最初は1669年（寛文九年）の岡山藩で「寛文九年七月開校以来…（略）…暑月ハ五時半上校退出或ハ薬園ニ至ッテ水練ヲ学バシム」（前出『日本教育史資料』第二冊、巻六、587頁）とあり、その後少しずつ見られますが、1750年代（宝暦）に至って増えはじめ1860年（万延）までが大半を占め、明治まで見られました。対象は士族（平士まで）を主として卒族（徒士を含む軽輩）まで、時期は夏期で、場所は近くの水辺の他に松山・会津、山口の各藩

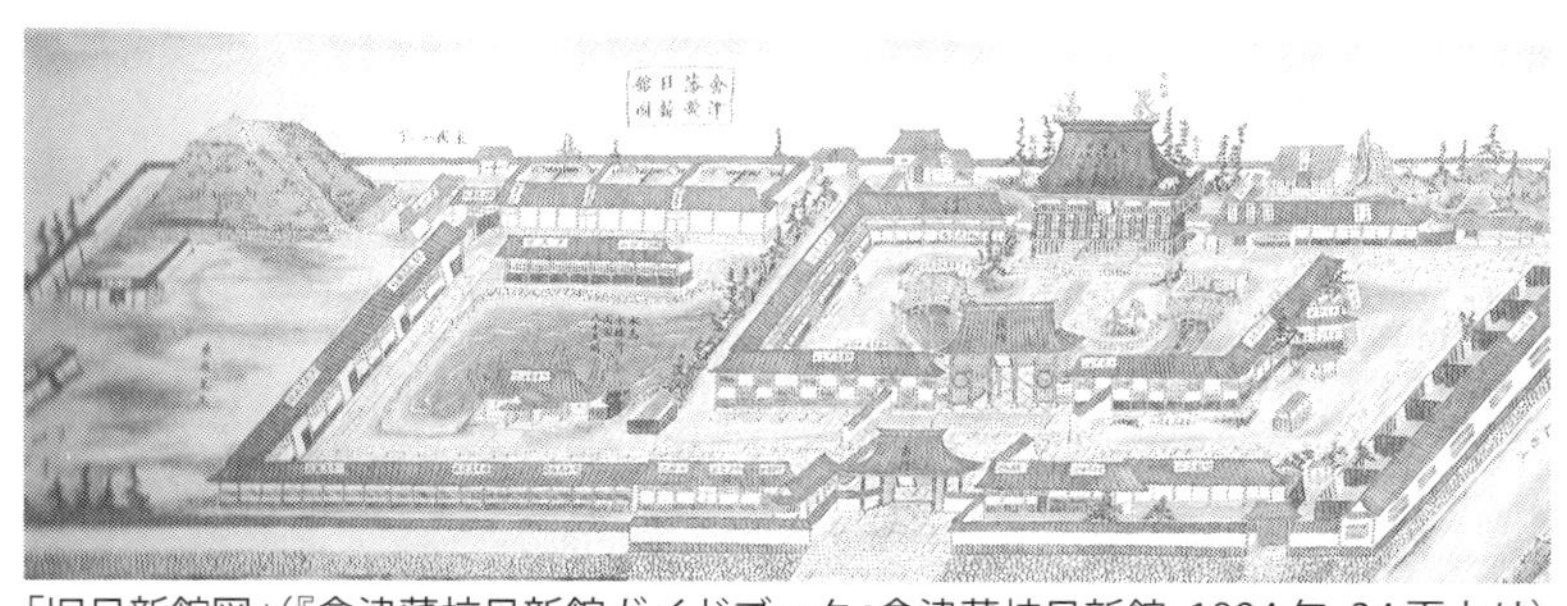
「旧日新館図」（『會津藩校日新館ガイドブック』會津藩校日新館、1994年、34頁より）

のように藩校に専用（水術・水馬）の人工池を設置※したり藩内庭園の池を利用したり、指導は決まった指導者がいたり長じた者が指導したり、流名については明記（観海流、水府流など）があったりなかったりで実施されたようです。

※捕足　松山（1797年設置）、会津（1803年設置）山口（1849年設置）

余談ですが、尾張藩主第四代徳川吉通が、1707年（宝永4年）寒中水泳を試みようとしたとき、水の冷たさに幅三間、長さ十五間の八百両余りで大きな桶（プール？）を制作させ、ぬる湯を入れて一度だけ使用したけれども、その後は木間に隙間ができて大金を無駄にした話があります。（神坂次郎、『元禄御畳奉行の日記』、中公新書740、1984年、122-123頁）

17 文武奨励から見た藩校“水術”のオヨギ

前述の綿谷雪の研究では、「水泳は各藩ともに盛ん」と述べていますが、現在史料から知る限りでは、すべての藩で実施されていたとは言えません。それは、環境条件や時代としての必要性、1758年刊行『踏水訣』（前出）の前文に「西国の諸君侯太平の御代にて毎年東都へ参勤交代海上往来の事なれば武たる人心懸べき事也」とある参勤交代への意識、さらには藩主の考え方なども〝水術〟実施の有無と関わっていたと考えられるからです。

もう少し深く大きな視点から、〝水術〟を藩校の学科としてあるいは藩士に奨励したかについて考えてみたいと思います。

徳川幕府の影響を藩校の創設及び文武の奨励と関わっていると考えた場合、笹井助治が「藩校が盛んに設けられ、いわゆる勃興期というべきものは、…（略）…このような気運勃興の動機は、八代将軍吉宗の享保の改革の一綱領たる文武奨励の影響、また直接には十一代将軍家斉の時、老中松平定信の寛政の改革（1787年〜1793年）のそれと見るべきであろう。…（略）…吉宗は学問を無視しなかったが、武に偏したのに対し、彼（松平定信）は文武共に奨励して、武士の人物をして社会の儀表として…（略）。」（前出『近世藩校の総合的研究』、4‐5頁、括弧内加筆）と幕府の政策が藩校の創設に拍車をかけ文武の奨励が効果をもたらしたと考えます。これを西山松之助の研究では、「彼（松平定信）の武芸奨励は、当時ひんぴん（ママ）とわが国に廻航してくる欧米諸国に対する対外政策と国内的矛盾の発露としてようやく勃発の頻度を加えつつあった百姓一揆に対する対策として、かつ武道教学よりする士風刷新の目的から、これを熱心に唱道したのであった。」（『家元の研究』西山松之助著作集第一巻、吉川弘文館、1982年、285‐286頁、括弧内加筆）と述べているように、国の内外の情勢を鑑みて戦人たる武士の意識を求めたことも誘因になったと考えます。

18 海防論の勃発で登場したオヨギ

徳川幕府の動きや時代から〝水術〟を傍らから考えた場合、1778年（安永七年）ロシア船が蝦夷地に来航して松前藩に通商を求めたことを発端に海防論が論じられ、1783年に仙台藩の医師工藤平助『赤蝦夷風説考』を完成させています。その影響を受けた同藩士林子平は、海外事情も聞き知っていたことから、幕府の海防への不備を指摘した著書を刊行しています。それが、海防論『海国兵談』です。1787年（天明七年）に第一巻を自ら刊行し1791年（寛政九年）に全十六巻・三分冊を刊行した仙台藩士林子平の思い浮かびます。しかし、幕府は受け入れず、全巻刊行の翌年に版木も没収され禁固刑となっていますが、この著作は、その後の海防論にも大きな影響を与えています。なお、秘かに残された副本から、1851年（嘉永四年）と1854年（同七年）に復刻されました。

さて、『海国兵談』（以下、大沼十太郎翻刻、『海国兵談　全』、圖南社、1916年より）には、オヨギは登場するのでしょうか。

登場するのは、水戦の肝要として第一が艦船製作の工夫のこと・第二に船を操ること・第三に「水練・水馬・船楫に取廻を教ふべし」とオヨギの教授（第一巻、3頁）、水戦では水練達者が敵船の船底に穴を開けて船を沈める戦法（第一巻、26頁）、「水練、水馬等の上手を撰で一組と成し置くべし」（第六巻、82頁）、川の流れのあるところでは、水練達者が綱を持って泳ぎ渡りオヨギのできない者を渡す事（第八巻、105頁）、文武を教える学校に「水練水馬舟楫筏等之稽古場」（舟楫筏＝操船）を設けた図がありました（次頁図参照）。

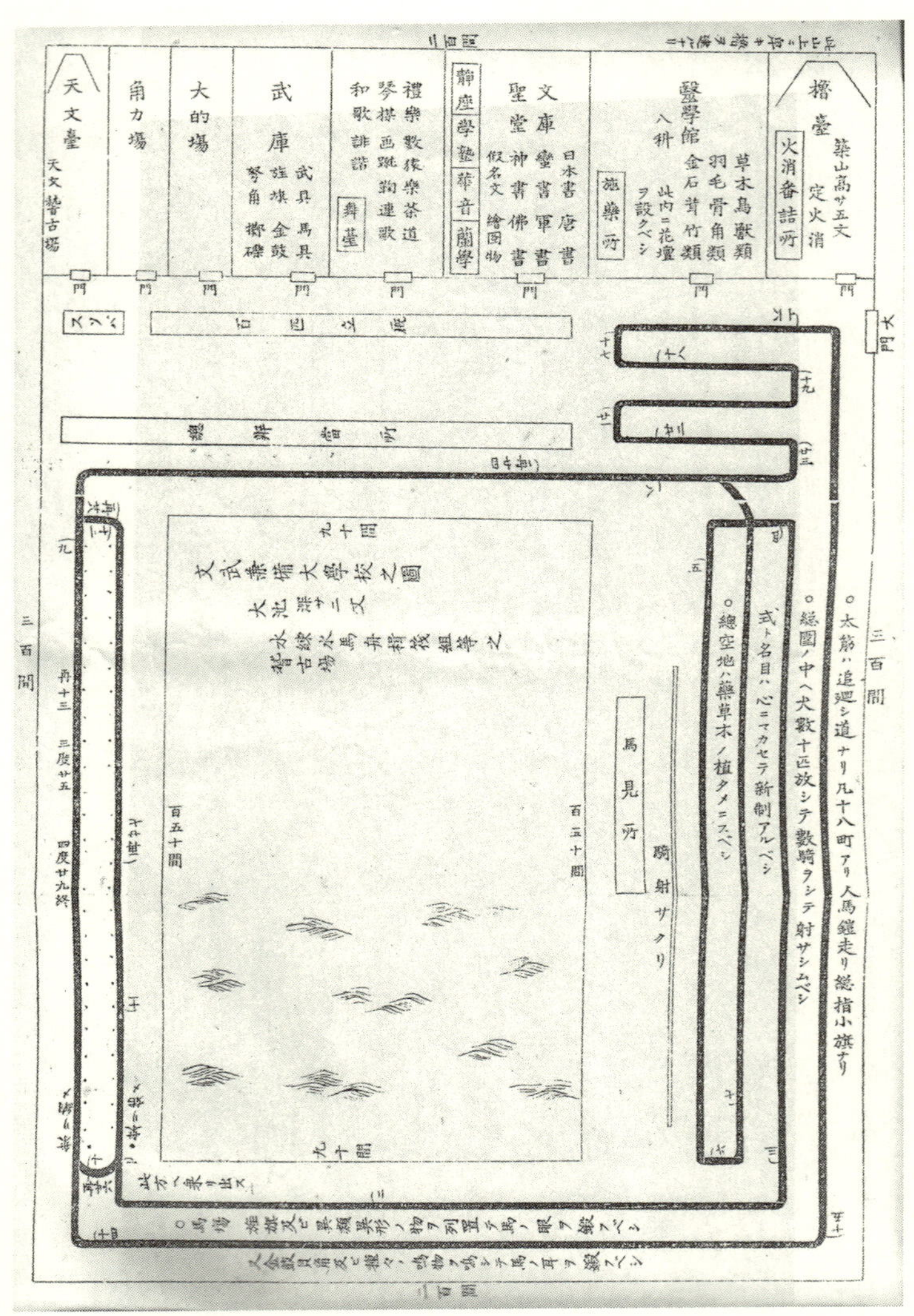

『海国兵談』第 16 巻に示された「文武兼備大学校之図」
（『武士道叢書 下巻』所収、井上哲次郎編、博文館、1904 年、挿入図より）

海防の水戦で〝水術〟の必用性と教授することを意識させる表現であると思います。

この時代の１７９４年（寛政六年）夏、深栖光坦に拠って残された写本『能島家傳』（住田正一編、『海事史料叢書　第十二巻』所収、巖松堂書店、１９３０年）にも、船の戦の勝敗・優劣において、第一に船頭の知力、第二に楫（かじ）を操る操船力、第三として水主が櫓を押すこと水練が発揮できる能力（131頁、翻刻文「水主は櫓を押、水練を畫事（ママ）」の「畫事」は「盡事（つくすこと）」の誤植）とほぼ同様の示唆があり、水主のオヨギの能力が取り上げられています。

これらをもって海防の意識から〝水術〟の必要性をどれほど意識させたかは不明ですが、目にした者や伝え聞いた者の意識に止まったことは十分推測されます。

その例としては、会津藩が１８１０年（文化七年）に幕府から三浦半島の海防警備を命じられました。その後の１８１２年（文化九年）、藩士を幕府御船手頭向井将監（しょうげん）の元に警備上の備船について教示を仰ぎに出向させオヨギの習練を始めることにもなったことがあります。（小川渉、『会津藩教育考』、会津藩教育考発行会、１９３１年）また、海のない山間部の津山藩が１８３８年（天保九年）に小豆島を領有することになり、水軍研究の必要性と「水練世話」役が失脚状態の中、１８４４年（天保十五年）藩士植原六郎左衛門正方は「水練修行」の藩命を請けて松山藩水練師家伊東登（祐雄（すけお））に入門しています。（渡部武、『津山城下町』、１９７９年、101‐103頁）

ここに見られるオヨギを修練することへの意識は、海防と〝水術〟から考えて類似の範囲に属すると捉えられます。これが、会津藩から向井流の流れを生み出し、津山藩から神伝流の新たな流れを生み出し、現在へと繋がったと考えています。なお、会津藩が文武を教える藩校日新館に１８０３年（享和三年）に

「水練・水馬」専用池を設置したことは、仙台藩士の著論『海国兵談』で文武学校内に「水練水馬舟楫筏等之稽古場」を設けた図が海防論とともに影響を与えたのではないかと想像しています。

19 〝水術〟が一般の認知となったオヨギ

この〝水術〟が、藩校教育で奨励されたことと海防に有用な能力とする二つの視点は、共鳴し合ってきたように見えます。前章で「見せるためのオヨギの事例」で引用した、1843年刊行の吉田定八郎著『水泳試書』には、享保に比べて見栄えは良いが弱いオヨギとなったとありますが、明らかに藩校設置の数とともに〝水術〟の取り扱いが増えていっています。また、その過程の中で、〝水術〟が技術的な進展と武術としての体裁を形成していったのではないかと考えられます。

この武士社会の状況に影響されたかのように、1790年（寛政二年）華坊兵蔵が『水泳筆談』（木版、国立国会図書館蔵）と題するオヨギの心得書を刊行し、1815年（文化十二年）には月光亭墨僊の画集『写真学集』の武芸十八種目の一つとして「水泳」を採り入れ（前出『武芸流派一〇〇選』225頁）、1843年には前出『水泳試書』が刊行されています。さらに、弘化頃（1844年~1847年）の作といわれている福亭三笑作・歌川貞秀図画『武芸出世双六』や同じ頃万亭応賀作・一陽齋豊国画『武芸立身館双六』に「游（およぎ）」が描かれています。〝水術〟が武芸として立身出世にも役立つと見られ、一般にも認知されるようになったのでしょう。（二点とも東京都立図書館所蔵「東京誌料」内）

20 海防警備の高まりから実践されたオヨギ

1639年（寛永十六年）から鎖国政策によって百年以上平穏な状況であった国内も、先に述べたロシアやその後のイギリス船の来航が活発となり、交易と開港の要求がなされる中、幕府は鎖国維持と海防の意識から1825年（文政八年）遂に〝異国船追放令〟を発しています。

折りしもなのか偶然なのか、『南紀徳川史』の第十七冊（堀内信編、南紀徳川史刊行会、1933年）に1825年頃和歌山藩の江戸藩邸では、名井流（現、能島流）の「水芸稽古」を開始したことが記述されています（巻之百六十二、江戸水芸、675頁）。またその記述の続きに、当時「江戸にては幕府御船手方向井将監大川に於て水泳教授之外諸藩其術なきを以入門希望者多し」（同頁）とあり、入門者が多すぎて切りがないので制限を決めて実施したことと彦根藩徳島藩（阿波藩）などは慣例として認めていたことが記載されています。

和歌山藩の話も気になりますが、この御船手方向井将監による「水泳教授」に目が留まりました。と言いますのは、先に述べた会津藩が海防警備の必要なこととして向井将監の元で〝水術〟を学んだ話が重なって見えるからです。ただ、幕府最後御船手頭の向井将監正義の話によると、「水泳ですか、八代将軍の頃より初まったそうですが、…（略）…」（『舊幕府』第五巻第二号、旧幕府雑誌社、1901年、37-38頁、談話収録）と将軍徳川吉宗時代から幕府船手方の〝水術〟が始まったようです。『水泳艪手出役暦代』と題する資料※の「（参考）舊幕府の水泳奨勵」の文中に「向井将監は将軍家を守護する必要上平泳を主に稽古したから後年平泳を称して向井流と称するに至ったのであるさうな」とあり、伝聞の混入が推測できる記述ながら、様相の推測として取り上げておきます。

※捕足　水泳史研究家で小池流家元加藤石雄によると「原本は、江田島の海軍兵学校にあったもの。…（略）…原本を私は拝見した。半紙版の和綴じで、墨書であったことを記憶する。」（『水の音』復刊第11号、加藤石雄編・発行、1962年、32頁）現在、三上節造ペン書写筆を日本水泳連盟日本泳法委員会が所蔵、写筆同資料緒言には「本書ハ安政六年五月調ニ依ル幕府講武所ニ於ケル水泳教授方ノ履歴簿ニシテ今日徳川幕府ニ於ケル水泳教授ニ関スル状況ヲ想察スヘキ史料タリ尚本書中ニ掲ケタル谷喜八郎ハ我祖父信鏡ニシテ明治維新後海軍兵学寮ニ勤務シ水泳ノ教授ヲ為シタルモノナリ　註　武鑑ニ依ルニ幕府ニ水泳教授方頭取水泳教授方ノ職制アリ」と記述

この向井将監の元で行なわれた〝水術〟は、おそらく和歌山藩と同様で船手方として必要な、平泳的のような水上を移動する、潜る、立泳ができる、飛び込めるといった〝水術〟で、実用本位で複雑でも優美を狙いとしないオヨギが行なわれたと考えています。

さらに、実用優先の証なのか向井将監配下の指導法の一端を述べたものでは、初心者を小舟に乗せて海上に出て、その小舟を転覆させ、バタつく者を静観する中で危険な者は助け上げ、また繰り返すことで次第に浮くことを覚えさせるという経験優先の修行法であったことを伝えています。（『兵法要務　武道図解秘訣』、井ノ口松之助著・発行、1890年、50‐51頁）これが事実であれば、その実践主義がうかがい知れます。それでいて、向井将監の門を叩き〝水術〟を学ぶ者が増えたとすれば、意識の高まりの中で幕府船手頭から海上での実践的オヨギの知識に加えて操船法、さらには船備や水戦法などに及ぶ教示が受けら

れることも目論んでいたのかもしれません。

海防を意識しての〝水術〟は、内戦に備えての嗜みから、対外国との海戦に備えての能力へと転じたオヨギとも考えられます。

21　水戦を意識した水軍（海軍）としてのオヨギ

海防警備の対策として〝異国船追放令〟を発した幕府ですが、海の向こうでは、「アヘン戦争」（1840年〜1842年）が勃発して、隣の大国清国がイギリスに破れ香港を領有されます。この情報が幕府に届くと、西洋の軍事力の強大さを認識するとともに鎖国による海防の限界と危機を認知して、1842年（天保十三年）に〝異国船追放令〟を廃止して柔軟な対応策に転換しました。国権の維持として攘夷論の後退を余儀なくされた幕府は、より一層の江戸湾警備の強化や外国軍艦が襲来したときの備えとして、西洋の砲術・大砲・調練などの研究や導入を検討していきます。また、同年には、松代藩士の佐久間象山が『海防八策』を藩主で幕府老中海防掛となった真田幸貫に上書しています。ちなみに、佐久間象山の門弟には、歴史上有名な勝海舟や坂本竜馬や吉田松陰らがいます。この佐久間の提案は、先の林子平の『海国兵段』と絡み合いながら、後の海軍（水軍）の設置体制へと繋がっていったようです。その中で、水軍の研究の意識と〝水術〟の新たな絡み合いが登場してきました。

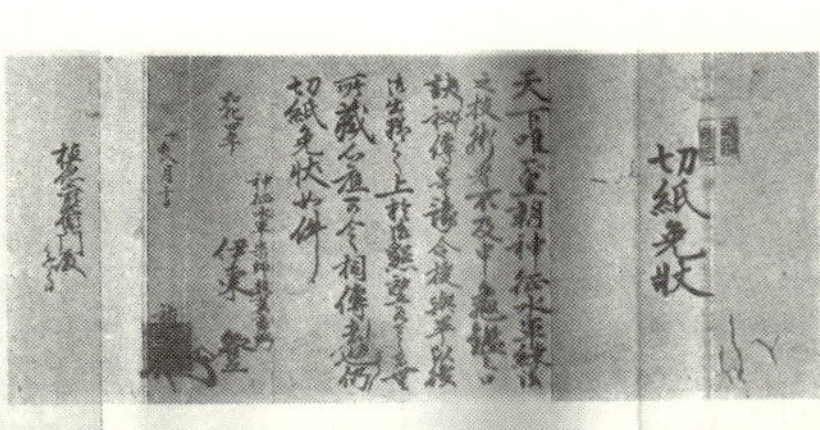

伊東祐雄から植原六郎左衛門正方に与えられた「皇朝神征水軍練法」の印可免許（『日本水泳史料集成』所収より）

22 水軍研究と〝水術〟が一体化したオヨギ

先に取り上げました、徳川家門（将軍家の一族）津山藩士で神伝流津山系の祖植原六郎左衛門正方（以下、植原と称す）が、「水練修行」のために松山藩に赴き伊東登の門を叩いたことは、この状況であったことが大いに関係しただけではなく、後に幕府から水軍について意見を求められることに至ったと考えています。

植原が、1844年松山藩に赴くまでに、帰真流剣術（自勝帰真流）※・荻野流砲術の目録伝授を受けていて、学問も重んじた人物で、取り分け〝水術〟に至っては得意で熱心であったことをまず申し述べておきます。

※捕足　自勝帰真流「元禄ごろ。作州津山藩士、石垣清太夫が祖。」（綿谷雪・山田忠史編、『武芸流派大事典』、新人物往来社、1969年、292頁）

この植原が津山藩で砲術を学んだ荻野流砲術世話役天野

龍之丞は、植原の「水練修行」に赴いた同年の2月に西洋流砲術修行に赴いています。推測ですが、津山藩が島の領有と海防警備の重要性が増す中で水軍研究の重要なこととして砲術と水術を選び、その両術に長けた人物に修行を命じた可能性があったと思えます。その結果としては、1858年（安政五年）には、この両名の指導で小豆島において「砲術修行すなわち海上船打と船軍調練とが、…（略）…神伝流は単なる水練ではなく、砲術との連携によって近代的水軍への発展を期しつつあったのである。」（『津山城下町』、前出、118-119頁）と可能性を推測させます。

同時に、植原が水軍研究の意識を持って「水練修行」に松山藩に赴き、1847年（弘化四年）に師匠の伊東祐雄（登）から「皇朝神征水軍練法」の印可免許を与えられ、翌年「同」目録を渡されています。また、この年には、砲術において砲術の免許も得ています。植原の水軍研究としての水術・兵法・砲術への深い関心と卓越した能力がうかがえます。

そして、植原の水軍研究への真摯な熱意は、松山藩ではそれまでの"主馬流"名称で発行された免状の改称とも関係があると思っています。飽くまで、個人的なわたくしのみの妄想ですが、熱心な水軍研究の目的を持って松山藩にやってきた植原に対して、師の父祐根（すけね）の想いから描がかれた神話的伝説の挿入の話や水軍研究に関する意見が一致したことに加えて植原の藩命を受けての修練に対しての配慮或は植原からの要望があって、この水軍の系譜・兵法を入れ込んだ免状を植原のために発行したのではないかと睨んでいます。なぜなら、その後、植原が門下に発行した免状には、「皇朝神征水軍宗師」の肩書きが見えるからです。

また、伊東祐雄と植原の関係と信頼は篤く、名称変更の経緯の延長に、1856年（安政三年）の伊東祐雄からの伝書についての相談（前出、『津山城下町』、105・110頁）がありました。植原は、すでに1851

年（嘉永四年）「神伝流」（前出『日本水泳史料集成』583頁）標記の伝書を発行していますが、この相談の中で松山藩では「神伝主馬流」、津山藩では「神伝水軍」の標記が生まれ、新たな伝承が始まったのではと空想が広がります。推察が可能であれば、これらから単なる〝水術〟ではなく水軍の思想及び兵法とが一体化した形態のオヨギへと展開されたと受け取れないでしょうか。ただし、前述した水軍起源説とは、異質なものと捉えています。

これ以上の深入りは避けますが、補足として、この時代は、遊学（廻国修行）も盛んで、松山藩のみでなく修練者に対して閉鎖的ではありませんでした。また、〝水術〟に限らず、他藩の武術師範や武術家から免許皆伝を允許され、帰藩後は指導者となり、独自の流名を名乗る者や技術や流儀を新たに挿入して流祖となる者もありました。

23 幕府海防と植原正方の水軍研究が関わったオヨギ

1851年（嘉永四年）4月、植原は、江戸詰めとなり砲術指南を命じられ、その7月から許可を得て「水練稽古」の指導を自藩士のみならず幕臣や他藩士も含めて実施しています。また、同年十一月には先に登場した佐久間象山の西洋砲術を見学しています。

時に、国内の海岸防御の意識が高まる一方で、先に取り上げた林子兵の『海国兵談』がこの年に復刊されてもいます。この状況下、翌1852年（嘉永五年）4月に植原は、自らの水軍研究の深まりと時勢への憂いから、海岸防御の備え及び水戦の方法論を『深夜雷』※に説き著し徳川幕府に建言したようです。

※捕足　前出『日本水泳史料集成』所収、537‐548頁

その内容は、時勢として軍船と西洋砲術（火術・大砲も含む）による戦さを想定した方策を主に論じ、〝水術〟（「游術」）は作戦上並び護身上において海国の武士は必ず学び練熟すべきことを述べ加えています。そこが、植原らしい海防と〝水術〟への論理に見えます。

この植原の水軍研究と姿勢は、予期したかのようにその翌年、1853年（嘉永六年）6月にマシュー・ペリーが米国海軍艦隊を率いて浦賀に入港し開国を要求した世に言う〝黒船騒動〟が起き、その対応策を巡って同年9月老中首座阿部伊勢守正弘から植原に白羽の矢がたてられます。前年8月藩命で帰藩中の植原でしたが、同年11月に再び江戸表に幕府御用のために出府し、同年12月に幕府目付及び徒目付（かち）の前で『水軍夜戦』についての質問に答えた。」（前出『津山城下町』、106頁）ようです。その後も江戸に留まり待機が続き、藩士や他藩士に「水軍の游術稽古」を実地しています。

この植原の水軍思想を背景とした〝水術〟は、1855年（安政二年）5月幕府の武術訓練所〝講武所〟の開設を目の前として、幕府目付十二人に見分を受けることになり、植原をはじめ門弟たちが多彩な泳技を披露しています。また同年7月2日に老中をはじめ多数の見分者の中、船打大砲、電信機（テレガラーフ）の仕掛（実演）、船手水主の泳技、そして植原たちの泳技が順次実施され、さらに7月13日には老中首座阿部伊勢守正弘ほか見分者が20人を超える中で船打大砲、植原たちの泳技、御徒並びに船手水主の泳技、電信機実演の順次で実施されました。（『津山藩の神伝流』、市立津山郷土館編発行、1979年、35‐41頁）どうやら翌年の講武所での武術開始にあたって、海防として求められる砲術（大砲）と水術の訓練内容の吟味が目的であったと思われます。当時、植原の水軍への識見と指導力は、幕府から他藩士にまで認めさ

せたオヨギの世界であったのではないでしょうか。その後、植原は、見分を終えた同年9月に、ようやく公務から解き放たれ帰藩しています。

なお、この時期、海防警備に力を注いでいた津藩は、1845年（弘化二年）洋式の大砲を鋳造して試射を行ない、1849年（嘉永二年）藩校の教科に西洋砲術を加え海防への備えを進めていました。その中、海防に適した泳法を編み出して津藩に立ち寄った宮発太郎を「水練教師」に迎え、1853年（嘉永六年）藩校の教科として観海流を採用しています。詳しくは、『観海流の伝承とあゆみ』（観海流泅水会編、伊勢新聞社、2008年）を参照ください。

国防意識から喚起された武士の戦闘意識とオヨギ

前述したように、幕府は、ペリー来航の脅威を受けて、1854年（安政元年）に幕府の戦闘力強化から国防力の増強を図ることを狙いとして、老中首座阿部伊勢守正弘が中心となって〝講武所〟の創設を計画しました。1856年（安政三年）4月、築地に創建され、稽古が開始されました。このとき稽古されたのは、「砲術」「剣術」「槍術」と「水泳（水術）」でした。「水泳」が採用されたのは、植原の水軍思想で示された海防に必要な能力であったようです。それは、1860年（万延元年）に講武所が築地から小川町に移転することの準備に触れた『東京市史外篇　講武所』（安藤直方、聚海書林、1988年）の説明文「講武所の稽古中には水泳があった、尤も水泳は軍陣の用意に古くから徒士をして練習せしめたものであるが、講武所でも之に重きを置いて開場匆々其教練を始めた。此水軍の準備が更に推進（ママ）められて、安政四年閏五月に軍艦操練所を置くことになった。」（73頁、傍線加筆）からも推測できます。

また、この「水泳」について、1855年（安政二年）の段階では、「六　職員の任命及び総裁の意見　…（略）…一、水泳之義は御番衆小普請等是迄水泳肝煎之者共並御徒方之内達者成者相撰、講武場水泳世話役被仰渡、其外藩士に而水練達者成者も有之由、右之者も世話役為仕度奉存候。」（19-20頁、傍線加筆）と、達者な幕府の武士が指導など世話役となるだけでなく、諸藩の達者な武士も関わることが考えられていたようですが、「水泳は豫定の如く六月十八日から始まった。…（略）…番衆小普請等で是まで水肝煎と唱へて居る向、徒から壹組壹人宛、船手組々組頭壹組壹人宛が出て世話をすることであった。」（38頁）とあり、前出の『水泳艪手出役暦代』に記述された開設当初から1859年（安政六年）までの「世話役」と「手伝」の歴代履歴（前出『水の音』復刊第11号、加藤石雄、32-45頁に書き出しあり）を見るかぎり、世話役や手伝いには幕府直参が就いています。

そこには、幕府の威信を維持することを優先して、諸藩よりもまず国防力を高めることに焦点を絞っていたことが考えられます。

「水泳」の稽古場所は、1856年6月から築地で開始され、1864年（元治元年）一月に軍艦操練所（後、海軍）が火災で焼失され、同年6月に水泳稽古が廃止となるまで継続されました。実質的には、1863年（文久三年）まででした。この焼失によって水泳稽古が中止になったことを憂慮して、再開設を願ってた世話役の一人諏訪部龍蔵が同年十月に「水泳所御開之儀ニ付奉願候書付」を出願した書面が国立文書館に残されています。

1857年（安政四年）軍艦操練所内で行なわれることになった水泳稽古ですが、「海軍歴史Ⅰ」（『勝海舟全集12』所収、勝部真長他編、勁草書房、１９７８年）によると、「水泳」以外に「艪手（操船）」「水馬」も選択で稽古されています。また、「遠町泳稽古」（143頁）が示されていますが、「遠町泳」は前出『幕末下級武士の記録』で見られた徒士の稽古で用いられた名称です。基本的に「水泳」稽古には、徒士と水主（船手）の各組頭一人と組員一人が出て指導を受け持ったようですが、「水泳」と「水馬」は徒士が、「艪手」は水主が、指導の中心となって実施されたのではないでしょうか。

なお、前出『水泳艪手出役暦代』には、水府流太田派の流祖太田捨蔵が「水泳世話手伝」として「無足同心　今村市三郎」の名前で記載があり、「安政三年上覧の時にも教授方の競泳があった其の時御前の競泳に加わったものは二十五名で…（略）…一着は明治の初年達人の名を恣にして居た太田捨蔵事今村市三郎であった」との記述が見られました。元水戸藩士で水府流を身に付けていた太田捨蔵の泳力がうかがい知れます。

25 新政府の軍隊とオヨギ

１８６８年（明治元年）徳川幕府の封建政治が廃止され、中央集権的統一国家としての始動となりました。翌、１８６９年（明治二年）には、軍事体制も新たに動き始めています。同年9月、陸軍では、大阪兵学寮が設けられ、陸軍兵学校を吸収し、海軍では、東京築地の旧幕府の海軍操練所が再開されました。新政府の軍事では、早くもオヨギが登場します。年次を追って簡単に書き記しておきたいと思います。

①陸軍の場合

これは、孫引きですが『新版近代体育スポーツ年表』（岸野雄三他編、大修館書店、1986年、以下『スポーツ年表』と略す）に1870年（明治三年）5月「大阪の兵学寮陸軍営舎規定定まる。成業、及第科目中に「馬術・水泳・体術」あり」（33頁）とあります。翌、1871年（明治四年）12月には陸軍兵学寮を東京に移転しています。この年、陸兵学寮からオランダの水泳書を訳した『游泳小学』が発行されています。1873年（明治六年）陸軍の教育機関が東京の戸山に設置され、翌年に“陸軍戸山学校”と改称されました。翌年、『スポーツ年表』に拠ると陸軍戸山学校校内に游泳池の設置（41頁）が行なわれています。1873年（明治八年）には『陸軍游泳概則』が施行され「第一條　凡ソ軍人游泳術ヲ精究練熟スルハ軍隊一般必須ノ要件トス游泳術ニ熟セサレハ溺没ノ憂アルヲ以テ平時戦時ヲ論セス渉水ニ臨ミ逡巡シテ事態ヲ誤ルニ至リ及ヒ水中動作ニ従事スルコト能ハス是レ其必須ナル所以ナリ」と軍人として必用で熟達していなければ溺れることが示されました。この規定は、1888年（明治二十一年）に廃止されますが、その後は、陸軍省発行の『躰操教範』に示された「游泳（術）」として終戦まで掲載されています。

なお、1885年（明治十八年）に『特許陸軍教科　神伝流游泳教則書』（須川賢著・出版）が上梓されています。

②海軍の場合

1870年（明治三年）“海軍操練所”が“海軍兵学寮”と改称（後、“海軍兵学校”）されました。海軍兵学校編の『海軍兵学校沿革』（原書房、1968年、原本1919年刊）に、同年に『海軍兵学寮規則』が制定され、「幼年学生予科ノ課目（ママ）」（27頁）と「壮年学生科目」（29頁）には、「水泳」が課されていました。

また、1872年（明治五年）の教員の一覧には「十三等出仕　書籍、水泳　櫻井當道」（117頁）、1874

年（明治七年）の同一覧に「十三等出仕　書籍掛、水泳掛、數學　櫻井當道」（199頁）の科目と担当者がありました。

時代が進んで1888年（明治二十一年）に、海軍兵学校が広島の江田島に移転します。その後の1902年（明治三十五年）から1910年（明治四十三年）まで、同校の「水泳教員」に主馬神伝流の広島及び松山の関係者らが委嘱されています。（138‐369頁）また、1912年（明治四十五年）に観海流の家元山田羆之進（くまのしん）が「水泳教員」に委嘱され（407頁）、その後、観海流の「平泅（ひらおよぎ）」が海軍の基本の泳法となった時期がありました。翌年は、能島流の宗家多田一郎が「水泳教員」に委嘱されています。（427頁）

なお、1924年（大正十三年）海軍省教育局検閲済なる『游泳術教範』が兵用図書より出版されています。

26　廃藩と武士のオヨギ

廃藩置県が、1871年（明治四年）7月に断行されました。藩が存在していた間は、維新後もそれまでの〝水術〟指導を継続していた例が結構ありました。しかし、廃藩となったことで失職と同時に指導場所の廃止などもありました。藩で〝水術〟を指導していた者が特技を活かして生計を立てる道に考えた者や、伝承が絶えることを惜しみ伝えたいなどの意識を持っていた者もあったと思います。緩やかに水泳場の開設が増えていきました。当然のことながら、武士の嗜みとしての〝水術〟ではなく、水辺の安全を重視し、泳法の伝承を継続する場としての再開が行なわれたのでした。同時に、それは地域文化として、大衆に開かれた水泳場にもなっていきました。

明治十年辺りまでの範囲で、水泳場開始例を年次順に拾いだしてみます。

1871年（明治四年）に熊本市の小堀流、1873年（明治六年）に水戸市の水府流、1874年（明治七年）ごろ和歌山市の岩倉流、1875（明治八年）ごろ臼杵市の山内流、1876年（明治九年）に三重県玉城町（旧、田丸）の小池流、1878年（明治十一年）に津山市の神伝流、同年に津市の観海流などが開場され、1887年以降になると続々と開設されていきました。

開設された水泳場は、社会教育の場を呈しながら、海国思想や鍛錬教育の場としても展開されました。盛況さが増すとともに地域の夏の風物詩となり、地域に溶け込んだ「伝承泳法」の文化となっていったと思われます。

27 隅田川で展開されたオヨギ

『スポーツ年表』（前出）に、1872年（明治四年）ごろの12月「東京府下に美俗布令あり、許可されない場での水泳禁止など」（36頁）と、水泳禁止と許可について触れています。東京の隅田川ももちろんのことだったのでしょう。

許可制であったことは、東京都公文書館に残る1877年（明治10年）の水泳場の開業許可願いには、浜町＝大橋寛悟・笹沼勝用（かつもち）、築地合引橋＝横山卓、江戸川＝私立学校校同社などが見られます。詳しくは、『中央区区内散歩―史跡と歴史を訪ねてー（第八集）』（野口孝一、中央区企画部広報課編発行、2010年）「三隅田川の水練場」を参照ください。

この隅田川で、最初に水泳場を開いたのが向井流の笹沼勝用で、柔術家でもありました。また、前述の〝講武所〟で修練した〝水術〟から新たな流派とオヨギへの思考を伝承した人物が太田捨蔵でした。いずれにしても、隅田川を舞台に向井流、水府流太田派、神伝流などの道場や組織団体まで「伝承泳法」の修練の場として、明治中期から大正初期まで盛大に発展していきました。

①柔術家とオヨギ

笹沼勝用は、旧佐倉藩の武士で、廃藩置県後の1872年（明治四年）あるいは1874年（明治六年）に水泳場を隅田川に開場して、向井流を伝えたと言われている人物です。私の調査では、後者の開設であった可能性が高いと考えています。この笹沼勝用は、藩政時代は、「水術員長（指南）」で藩の柔術〝心明殺活流〟の「奥儀皆伝免許」を得ています。東京に出てきて、夏は水泳、それ以外は柔術を指導して生計を立てていたことと思います。この笹沼勝用と柔術つながりの存在に大竹森吉がいたと考えます。大竹森吉は、浜町で水泳場を開いた前述大橋寛悟から旧藩時代に〝水術〟を学び、柔術では非常に高名で傑出した〝楊心流戸塚派〟の人物でした。一説に柔術では、「生涯不敗であった」とも伝えられ「門弟一万有余人」とも言われています。また、笹沼勝用の没後、自ら〝笹沼流〟と名乗り「笹沼流大竹水泳教場（浜町河岸）二四年の創立で、今日までに養成した生徒の数は凡そ七八千名、兎に角浜町河岸に在る水泳場中で最も振るってるもの、…」（『運動世界』通巻5号、運動世界社、1908年、95頁）と明治期の隅田川では目立つ水泳場を経営し、水術にも長けていました。

また、後述〝大日本武徳会〟最初の「游泳術教師」となっています。この大竹森吉の弟子には、やはり柔術と水術で長けた人物が何人かいましたが、その中でも際立っていたのが深井子之吉（ねのきち）でした。彼は、両術の道場〝練武館〟を構え、師と同じ流派名で伝承し、傍ら我が国で初めての柔術の通信教育書『柔術教授書　龍之巻』（帝国尚武会、1911年）を著してもいます。詳しくは、第65回日本泳法研究会資料『向井流』（向井流連絡会、2017年）を参照ください。

なお、柔道の創始者嘉納治五郎の講道館では、本田存（ありあ）という柔道の傍ら水府流太田派の名手で師範、そして同流の伝承に大きな貢献をした人物がいました。

②講武所の流れを汲む新たなオヨギ

前述の〝講武所〟のところで前出『水泳艪手出役暦代』に「水泳世話役手伝」で記載のあった今村市三（ママ）郎（一太郎）こと太田捨蔵は、1878年（明治十一年）隅田川浜町河岸に水府流太田派の道場を構えました。このとき、講武所時代に知り合い親交が深かったと考えられる永田義章が助教に加わったようです。永田義章は、その後、1886年（明治十九年）独立して「講武永田流水泳場」を創立（前出『運動世界』通巻5号、96頁）し、〝講武永田流〟の流れを生んでいます。

太田捨蔵は、講武所時代に流派に囚われない〝水術〟の世界を味わった経験と新時代の動きの中で、隅田川の周囲での水泳場の泳法も参考にしながら、水府流での学びを基礎とした研鑽と研究を重ねて、独自の「伝承泳法」観を集積していったのでしょう。それが、前章で紹介した実用的なオヨギの集成『日本游泳術』（前出）なのです。同書は、太田捨蔵の遺稿で、高弟高橋雄次郎が編纂したものです。「廣く諸流派の長を採り、完全なる日本の游泳術を世に示さんとするに在りき。」（由来、4頁）とありますが、あらゆる水辺の状況にも対応できる安全なオヨギのためには「伝承泳法」を統括した様態が必要と説いているように見えます。同時に、社会的価値の追求とも捉えてよいのかもしれません。冊子としての発刊には、嘉納治五郎創始の〝造士会〟が発行する雑誌『国士』第9号（1899年）から第12号（1899年）に「日本游泳術」の標題で附録として連載された後、纏められ一冊として上梓されたものです。前述の講道館柔道の門下本田存の仲立ちであったことが、序文の嘉納治五郎、奥付けの発行代表氏名本田存となっていることにもうかがえます。

同書は、1919年（大正八年）再び編纂者高橋が中心となって改訂補充をした『増補改訂　大日本游泳術』（水交会）が発行されています。〝水府流太田派〟では、この2冊を教書として、現在も伝承が継承されています。

28 学校教育に採り入れられたオヨギ

我が国の近代学校制度の開始は、1872年（明治五年）の『学制』に始まりましたが、藩校で実施された〝水術〟は課されることなく、断ち切られました。初めて学校制度に登場したのは、1891年（明治二十四年）に文部省が「小学校教則大綱」の第十条に「夏期ニ於テハ水泳ヲ授クルコトアルヘシ」と示したことでした。この「水泳」が夏期の運動として有効であるとされたことは、その後、師範学校や中学校といった学校制度にも盛り込まれていきました。

隅田川に限らず、此の制度以前に学校教育に「水泳」を採用している例を見ることができます。知る範囲での学校名と流派は、1877年（明治十年）に東京大学が神伝流※、1879年（明治十二年）に東京府第一中学校（現、都立日比谷高等学校）が神伝流、1880年（明治十三年）に学習院が詳細不明、1881年（明治十四年）には三重師範学校（現、三重大学）が観海流、1884年（明治十七年）

に和歌山県師範学校が能島流、１８８５年（明治十八年）に札幌農学校（現、北海道大学）が詳細不明、１８８６年（明治十九年）に大阪商船学校が能島流などの指導が開始されています。

「伝承泳法」流派側から捉えると、学校教育に導入されたことは、流派の伝承者を一度に増加させることであり、比較的長期間修練が可能となり、伝承のあり方が変形したとしても、卒業生も含めて情報を共有する伝統のようなものに拡大できる機会となったことも推測できます。東京府第一中学校では、現在でもその伝統が継続されています。

※捕足『スポーツ年表』、１８７７年（明治十年）「東京大学夏期休業の際、隅田川中州で水泳および漕舟を行う。」（47頁）、１８７８年（明治十一年）８月10日「東大３学部水練教員大橋寛吾（ママ）ほか生徒７人、新大橋から千住まで隅田川遠泳を行う。」（49頁）、１８８１年（明治14年）同校「水泳教員」厚木覚麿（旧前橋藩士、神伝流）の履歴を東京大学所蔵

29 全国組織を持つ団体と関わったオヨギ

明治期に入って、近代化が進む中で、民間の大きな社会的団体が組織として登場してきました。それは、「伝承泳法」に限らず、それらの組織から支持を受けることは、経済的な面で支援や社会的基盤を得ることに繋がったと思います。明治期に創立した団体と「伝承泳法」の関わりについて手元資料の範囲で事例を取り上げてみました。

①大日本教育会は、１８８３年（明治十六年）に創立された全国的な規模の教育団体です。

１８９６年(明治二十六年)「神戸教育会、付属水泳場を設置し、児童に水泳を練習させる。」(『スポーツ年表』、79頁)、詳細不詳。

１８９５年（明治二十八年）小樽教育会が水泳場を設け、山内流と向井流が指導されました。

１９０３年（明治三十年）香川県教育会高松市部会による水任流の指導が始まっています。

②日本体育会（現、日本体育大学）は、国民体育の発達を目的として、１８９１年（明治二十四年）に創立された団体で、１８９７年（明治三十年）に至って全国に支会（支部）を設けた組織となりました。

１９９４年（明治二十七年）に、浜町に水泳場を設け、向井流が指導されました。その後、講武永田流や小堀流も指導されています。

１８９９年（明治三十二年）日本体育会北海道支会で、観海流の指導が行なわれました。

１９００年(明治三十三年)発行の『游泳術摘要　第一編』(友成久雄、吉田書店)に著者の肩書きとして「大日本体育会鹿児島支部游泳術師範」とあり「鹿児島神伝流游泳場規則」が掲載されています。

③大日本武徳会は、１８９５年（明治二十八年）に創立された武道精神と国粋主義的な思想を兼ね合わせた武術の奨励と普及を目的とした全国的な組織でした。組織の本部が京都に置かれ、創立の翌年から本部で「游泳術」の講習を開始しています。この時に指導されたのは、前述の笹沼流大竹森吉でした。その翌年からは、小堀流が指導され、現在の〝京都踏水会〟まで継承されています。また、本部の行事として、１８９９年（明治三十二年）から〈青年大演武会〉が開催され、関西圏では、小堀流（京都）・観海流・岩倉流・能島流、西日本では、神伝流・水任流（「水任術」）・山内流・小堀流（熊本）などの団体や学校が参

加をしています。

1901年（明治三十四年）に、小池流、岩倉流・能島流の三流が、「大日本武徳会和歌山支部游泳場」として始動し、後、岩倉流のみで運営しました。

1910年（明治四十三年）岡山の神伝流が、大日本武徳会岡山支部游泳部を創設しました。

なお、大日本武徳会創設時に講習種目を選択（七種目）した同会役員四人中の一人に、当時京都府尋常師範学校校長で観海流奥伝授与者の清水誠吾が居て、「游泳術」も選択されました。（『大日本武徳会沿革　黄』より）

30 競技として始動したオヨギ

徳川幕府の時代、徒士が「競り水」を行ない、速さを競うことも修練として慣例化していたこと、泳法が「横泳ぎ」であったことは、先に述べました。

前出の石川芳雄著『日本水泳史』に拠ると、「文献に見る我国最初の競泳は明治十七年（1884）横浜で行われた日本人の個人競技を以て嚆矢（こうし）とする。」（117頁）とあり、続いて「我が国が団体的に国際対抗競泳をしたのは明治三十一年（1898）八月十三日、水府流太田派教場が横浜外人アマター・ローウイング・クラブと試合をしたのが最初である。」（同頁）とあり、結果はいずれもで「伝承泳法」が一応の勝利を収めています。しかし、どのような泳法であったのかは不詳でした。翌、1899年にも再び水府流太田派対横浜外人のクラブが対戦しています。このときの泳法について判明した記述を基に石川芳雄は「外人の

1899年に行なわれた、水府流太田派対横浜外人のクラブの対戦
(『スポーツ八十年史』日本体育協会編・発行、1958年、口絵写真より)

泳法について書いてないが、トラジオンかクロウルに近いものであったろうと想像される。邦人の泳法中、片手抜、諸手抜とあるは太田派の片抜手、小抜手、或は早抜手・二段展、横展は二重伸、一重伸であろうと思われる。」(121頁)と、「伝承泳法」では、「横体」系か「平体」系で速い手の抜上げを繰返すような泳法であったことを解説しています。

この競技会が切っ掛けとなって翌年(1900年)には、水府流太田派主催の〈帝都各流派競技会〉が催されていますが、競技や競技会への関心が社会現象となるまでは至らなかったようで『スポーツ年表』(前出)などを見るかぎり、1905年(明治三十八年)の大阪毎日新聞社主催〈海上十哩競泳〉が、大阪湾にて実施された。この競泳で優勝したのは、嘉納治五郎の柔道の高弟で水府流太田派の泳者杉村陽太郎でした。「一重伸」で泳ぎ通しています。

その後、徐々に競技会が開かれたり競泳への関心が高まっていきますが、競技での泳法は、横体系の「一重伸」

や「片抜手」、平体系の「バタ足小抜手」が主流となり大正期の競技泳法へと繋がったようです。

31 教育機関を通じて全国に広まったオヨギ

先に学校教育でのオヨギについて述べましたが、教育の場は一度に多くの人に伝承でき、組織的な活動は伝承に好条件を生み出し、継承への大きな力ともなったと考えます。第2章でも触れましたが、一つの伝承から全国への伝播へと広がっていった例が観海流であり水府流太田派でした。

①観海流は、遠泳に主眼を置いた水泳教育であり、「伝承泳法」です。観海流では、上達を測る試験として、距離を泳ぐことのみを課しています。学校教育から見て、この距離を泳ぐ試験制度は、鍛錬教育の教材として受け入れやすかったのではないでしょうか。1899年（明治三十年）に京都府尋常師範学校や京都府立第一中学校が学校行事として津市まで出掛けていったり、他所で観海流の教師の派遣を受けたりしています。実質の指導を受けた人数は不明ですが、修業試験（遠泳）を受けて段位の授与を受けた記録『観海流修業証書授与録』が残っています。ここに記載されている人数（次頁表参照）や所属から伝播の情況が分ります。伝播は、ほぼ全国的といえるほどの広がりを見せました。

②水府流太田派の泳法が全国に広がったことの要因として、教員養成学校である東京高等師範学校（現、筑波大学）での水泳教育と指導者育成が考えられます。同校での「伝承泳法」導入は、1902年（明治三十五年）同校有志の游泳実習の実施を希望して「校友会游泳部」を創設したことに始まり、小堀流が最

年次別段位授与者数（原表・筆者作成、1995 年）

家元	年次	初段	中段	奥伝	家元	年次	初段	中段	奥伝
初代山田省助時代	明治 3	20	0	0	三代山田慶介時代	12	228	27	79
	4	18	0	0		13	198	36	82
	5	6	0	0		14	135	75	88
	6〜10　道場一時閉鎖					昭和 1	175	36	63
	11	8	0	0		2	69	82	74
	12	0	0	0		3	27	5	37
	13	14	0	0		4	88	26	85
	14	10	0	0		5	95	54	39
	15	0	0	0		6	56	11	29
	16	14	3	0		7	48	39	16
	17	6	0	0		8	67	59	33
	18	13	0	0		9	28	36	30
	19	0	0	0		10	36	43	29
	20	11	5	1		11	57	41	39
	21	11	5	0		12	42	48	30
	22	0	0	0		13	41	14	39
	23	22	12	0		14	81	22	56
	24	31	0	0		15	71	8	79
	25	23	11	3		16	31	39	0
	26	18	16	10		17	204	35	83
	27	59	28	2		18	272	35	42
	28	34	21	6		19	29	27	0
	29	34	27	80		20	太平洋戦争一時中断		
	30	93	32	7		21			
	31	135	38	22		22			
	32	118	24	13		23	0	0	14
	33	189	68	5		24	0	1	18
	34	257	39	20		25	0	1	20
	35	290	56	16		26	9	2	6
	36	349	88	34		27	10	3	2
	37	343	98	29		28	0	0	0
	38	214	63	43		29	1	2	2
	39	278	67	31		30	0	0	5
	40	544	116	41		31	0	0	0
	41	318	124	57		32	0	0	0
二代羆之進時代	42	466	131	67		33	13	31	1
	43	395	134	81		34	0	13	0
	44	9	0	1		35	3	20	0
	大正 1	384	56	100		36	14	15	0
	2	492	128	160		37	5	18	0
	3	502	101	170		38	7	25	0
	4	409	196	123		39	9	6	0
三代	5	302	95	112		40	11	11	0
	6	403	143	67		41	9	12	0
	7	316	72	85		42	3	33	0
	8	307	99	100		43	14	24	1
	9	173	16	40		44	5	21	2
	10	210	14	99		45	0	29	0
	11	145	35	78		46	24	11	0

一級　竹内廣三郎
右ハ游泳ヲ指導スル資
格アルモノト認定ス
大正十年三月二十六日
東京高等師範學校游泳科擔任講師
本田存
擔任講師ノ認定ヲ領シ茲ニ此
ノ證書ヲ授與ス
東京高等師範學校長三宅米吉

本田存による指導資格認定書

初でした。爾来、諸流派の泳法から実用的で応用力の高い泳法を採用した同校独自の泳法の教程作成が進められました。それは、後年ですが、１９１３年（大正二年）に、『游泳教授要録』（同游泳部）が、さらに１９２６年（大正十五年）には『水泳教授要録』（同水泳部）の小冊子として残されています。これがいわゆる〝高師流〟の泳法で、習得の認定と指導者資格を得た学生は、教員となった全国の赴任先（中学校、師範学校）で伝承させています。この伝承が、水府流太田派の伝承にもなったのは、１９０６年（明治三十九年）から、前述の本田存が同校游泳実習の指導を指揮し、その後も長期の指導継続が行なわれる中で同流の泳法の伝承も同時に伝播されたとの意味を持ったと考えられます。

なお、講道館柔道の創始者嘉納治五郎が、この游泳実習への賛意と後援をしたことと「伝承泳法」の各流派枠を超えた〝水術〟の再編に主導的であったとの説もあります。人の解釈や受け止め方は一律とは言い切れませんが、機関雑誌『水泳』第11号（日本水上競技連盟発行、１９３２年）に掲載された嘉納治五郎自身の論述に「自分の考えでは昔の柔術諸流の粋を採って講道館柔道を創始したやうに、水泳に於ても諸流を總合した新たな權威ある水泳術を創始せんとの意圖を有して居たのである。併し何分自分が未熟である為何等新たなる組織を建てるとができずに過ごした。」（３頁、傍線加筆）とあることや、先の同校校友会誌などに寄せられた学生の意思が述べられた記事などを見るかぎり、嘉納治五郎の支えはあったとしても「校友会游泳部」の考えと現場の水泳指導者の方針で進められたようにしか、私には受け止められません。興味のある人は、真田久他に依る論述「嘉納治五郎主導による水術の再編に関する研究」（『体育学研究』第52巻第3・4・5・6号、日本体育学会、２００７年、313‐340頁）を参照ください。

32 「伝承泳法」の新しい動きとオヨギ

１８７８年（明治十一年）発行の『練水要訣』（武田泰信著・発行、）「凡例」には、「此書余カ積年試験スル所ノ水術ノ秘事蘊奥ヲ残サズ悉ク詳書シ尚諸家ノ施用スル所ヲ折中シ此ヲ合併シテ上中下三巻ノ書ヲ著シ練水要訣ト題號ス」前出『日本水泳史料集成』所収、318頁、傍線加筆）と、自分の経験や知るところの水術家の諸泳法なども織り交ぜて著し、水上安全、兵士の備え、生活の活用に資す書であることを述べています。

前出の『日本游泳術』の編纂者高橋雄次郎が、１８９７年（明治三十年）10月発行の『運動界』で論じた「游泳諸流派に檄す」において「游泳術は遊戯に非らざるなり、我海國民の義務として、國技民術として其の練習を務べきものなり。古来より浸染せる流派的弊風を打破し、射利主義を撲滅し、虚飾的游泳方を廃し、広く諸流の長を採り、短を補い、良法を案出し、以て美なる大日本帝国の武術となすべきものとす。」（運動界発行所、15頁）

と、"海国日本"という軍事色が見えますが、「伝承泳法」の真髄は流派を超えてあることを声高らかに述べています。

この二件のオヨギへの意識で共通していると思われるのは、泳げることの必要性と実践的であるためには状況に適した最善の泳法を選ぶことの二点に焦点をおいていることです。また、その背景としては、幕府・藩・武士・流派の枠などに囚われず、場所も人も移動したり交流したりすることが可能となったことが考えられます。

明治期の半ば辺りから、水泳教育の社会的認知が高まるに連れて、水泳に関する書籍の発行が急激に増えています。その中において、一流派を超えて流名や泳法名などが明示記載されている書籍があります。手持ち書籍において、内容が豊富と思えたのは『日本游泳術』（１８９９年、前出）と『最新游泳術』（加藤進・向井正治共著、博文館、１９０５年）でした。

この両書では、原則において違いがありました。前書では基本とする体位と泳法を示して他流派で対応できる泳法があれば流名を明記した補足説明をしています。それに対して後書では一流派ごと（水府流、神伝流、向井流、小堀流、河合流、永田流）に行なわれている泳法を取り上げて説明をしています。どちらも実用性重視の観点から、表現が違っていても「伝承泳法」には長所も短所もあり、合理的に適した泳法を捉え取り入れるかを語っているように思えます。つまり、単に一流派内で継承されてきた伝承に留まらず、得られた情報から独自のオヨギの世界を創り挙げたいとの思考があると考えられます。

現在の〝日本泳法〟流派名以外で明治期に出現した流派名が、『日本水泳史』（前出、348 - 349頁）に記載されています。流派名だけを挙げると、孔明流、真蔭流、司馬流、踏海流、淡海流、知多流、同志会流などの記述があります。この時期の「伝承泳法」には、水泳場経営や社会的存在を示すために特異性や独自性も求められて、新流派の出現となったのでしょう。新流派の出現の中では、新流派の存在を、水泳書籍で示した例もあります。

１９０５年（明治三十八年）秋吉基治が著した『踏海流游泳術教科書』（上・下巻、周文館）がそれです。この流名は、泳法の基本を小堀流（踏水術）と観海流の泳法としたことからであると推測しています。また、同流は、滋賀県彦根の学校水泳の指導で展開されました。

なお、この新流派を調査した著者の論述「〝踏海流游泳術〟に関する一考察」（『京都体育学研究』第11巻、京都体育学会、１９９６年）があります。

33 競技水泳の大会から消えた伝承泳法のオヨギ

１９１５年（大正四年）〈第二回極東オリンピック大会〉（現、アジア競技大会）が上海で行なわれ、我が国初の水泳競技の国際遠征がなされました。派遣されたのは、鵜飼彌三郎の一人だけでしたが、４種目に優勝しています。そして、この成果は、競技としての水泳熱となり、外国泳法の研究が行なわれるようになっていきました。ただ、この当時の競泳界の泳法は、「このころの短距離は大部分は片抜手一重のし（ママ）を用い、鵜飼、福原などは最後の20メートルくらいをクロール（バタ足小抜手）に変えるのが通例であった。内田正練は50からマイルまで全部片抜手一重のしであった。…（略）…、大正九年に入谷唯一郎が1500をクロールで泳ぎ通すまで、ちんば抜手（ママ）（トラジオンと同じ＝手はクロール、足は扇足を用いる）は片抜手一重のしと並んで競泳泳法の主体をなした。」（『水連四十年史』、日本水泳連盟、1969年、19頁、括弧内加筆）と「伝承泳法」でまたはクロールと併用されていました。しかし、1920年(大正九年)第7回オリンピック・アントワープ大会（ベルギー）の水上競技に出場しましたが、決勝に進むことができませんでした。そして、「この不成績に国内では、「日本ののし泳ぎではダメなんだ」という評も出るありさまであった。」（前出『水連四十年史』、24頁）

それは、「明けて大正十年の四月上海の第五回極東大会に出場する為の豫選大会を神奈川の生麦でやったときの泳ぎが、殆んど皆クロールになってしまって居た。」（『水泳競技』、杉本伝、創元社、1926年、3頁）とあるように、速さを競う泳法ではクロール一辺倒となっていきました。このことは、明治期から競技での泳法として用いられた「伝承泳法」の終焉であり、同時に権威の失墜にも繋がりました。

34 「伝承泳法」と競技力の狭間でのオヨギ

競技としての泳法において、クロールが席巻する時代となったことを意識した「伝承泳法」の流派では、競技泳法とクロール泳法への関心が高まったようです。

日本の体育史研究の中心的人物である大熊廣明の調査からの研究「水府流水術における外国泳法および他流派への対応」（『体育史研究』第21号、日本体育学界体育史専門分科会、２００４年）に「2)外国泳法の導入と葛藤　教場対抗競泳では、初めは片抜手を用いたが、やがてトラジオンやクロールで泳ぎ始めた。大正十年（１９２１年）までは片抜手の方が速かったが、翌十一年にはトラジオンが、また十二年（１９２３年）にはクロールが勝つようになった。」（63頁）と、水府流の中で競技での泳法が熱心に探求されていたことがうかがえます。

この時代に小堀流を伝承していた京都踏水会（当時、大日本武徳会京都支部游泳部）でも「当会游泳部もクロール泳法なるものがピックアップされ当時の若い先生、生徒は懸命に研究大正、昭和に於て、オリンピック選手を出す事の出来得た華やかな競技部の基盤を作ったのである。」（『踏水会六十年史』、京都踏水会、１９５８年、18頁）と、同様の様子がうかがえます。

また、観海流では、１９２４年（大正十三年）に競泳法の研究と練習を目的として「観海流水交会」が結成されました。当時の会に参加した人物の話では、競泳およびクロールへの関心が刺激され、競技種目としてのブレスト（平泳ぎ）と観海流の平泅（ひらおよぎ）とは似ているので観海流では容易に習得できるとの思いで練習に励む者が出てきたことが誘因となったようです。（岡部政蔵、「第一回神宮競技出場当時を偲ぶ」、三重水泳連盟、『三重水泳界　第2号』、１９３３年、28-29頁）ただ、競泳研究自体が、観海流の泳法流儀と馴染まず、数年で解消したようです。

おそらく、この水泳界も社会も競技としての水泳に傾倒していった時代には、どの「伝承泳法」の流派・団体もその影響を避けることができなかったと思われます。

影響として修練者が激減した例では、昭和初期から観海流の段位授与者数の減少状況をあげることができます。

35 伝承泳法の組織化とオヨギ

大正末期には、競技としての水泳が盛んとなり、その主勢力である学生たちが〝全国学生水上競技連盟〟を1922年（大正十一年）に結成し、これが母体となって働きかけ、1924年（大正十三年）水泳の全国組織〝大日本水上競技連盟〟（1929年、〝日本水上競技連盟〟と改称）が創立されました。そして、翌年3月、〝日本体育協会〟の改組にともない、同連盟が水泳競技種目の統括団体として承認されました。この動きを受けて、我が国の水泳の基盤を長く支えてきたのが「伝承泳法」であるとの自負から、東京の関係者が立ち上がり、1925年（大正十四年）10月〝日本游泳連盟〟を創立しました。

この連盟創立の一端は、『日本体育会游泳術』（齋藤六衛、日本体育会游泳学校、1930年）に、「本会（日本体育会）最初の得業生松永正雄は、…（略）…大正十四年日本游泳連盟を起して日本游泳の普及を計り、第三回以後の明治神宮競技を引受くる等…」（14頁、括弧内加筆）とあります。そして、翌年9月、〈第一回日本游泳競技大会〉を開催し、泳法演技と競技を開始しています。その様子は、『東京朝日新聞』の記事で標題「日本泳法競技」（前出、大正十五年9月6日付、三面）にあり、神伝流・向井流・水府流・小堀流の流名が見えます。競技種目としては、扇足・蛙足での競泳、「八種泳法得点競技」、「距離潜水」、「支重泳法」、「飛込」が行なわれたようです。「伝承泳法」を基本とした競技種目の設定であり、その意味では、現在の〈日本泳法大会〉の競技種目の原点とも考えられます。

36 全国組織となった伝承泳法のオヨギ＝日本游泳連盟（〝日本游法〟）

１９３０年（昭和五年）５月に〈第九回極東選手権大会〉が東京の明治神宮外苑水泳競技場で開催されるにあたり、〝日本水上競技連盟〟は、「伝承泳法」各流派の泳法を国際大会である期間中に公開演技として紹介したいことを旨として依頼しました。この依頼に応じて参集した八流派（岩倉流・小堀流・観海流・向井流・野島流・山ノ内・神伝流・水府流太田派）に対して〝日本水上競技連盟〟は、東京の「伝承泳法」関係者のみで構成する〝日本游泳連盟〟から同連盟を全国組織に改編する提案をするとともに、傘下に加盟することも条件として勧めています。実際には、傘下加盟の条件に応じず、八流派による全国的な加盟組織〝日本游泳連盟〟（以下、〝游泳連盟〟と略す）が、同年11月に発足しました。全国組織となった同連盟が１９３２年に発行した『日本游泳連盟要録』の「沿革一覧」には、「昭和五年十一月三日、従来ノ組織ヲ改善シ内容ヲ充実シ」（２頁）とあり、規約においても「大正十四年十月一日制定」（３頁）とあり、組織としては新たな組織と考えられるのに内部改善のような表記で、「役員録」（８頁）では東京中心の人的組織であることが見えます。ただ、１９３０年（昭和十年）の『第九回日本游泳大会』のプログラム序文には、「本聯盟は大正十四年に創立、昭和五年十一月組織を改め」と記述しています。

加盟流派は、その後、水任流（１９３１年）、水府流水術（１９３３年）、神統流（１９３５年）、小池流（１９４０年）と増加し十二流派の加盟となっています。この組織は、１９４２年（昭和十七年）まで存続

1942年開催の「第十五回全日本游泳大会」プログラム表紙

したと思われます。

なお、戦後から現在に至る中の〝日本水泳連盟日本泳法委員会〟が、同組織を継続したとの記述もありますが、史的資料等から見ると別の組織と考えられます。詳しくは、著者の論述「〝日本游泳連盟〟の組織と活動」（『大谷大学研究年報』、2006年、73-126頁）を参照ください。

37 全国的「伝承泳法」の組織とオヨギ

〝游泳連盟〟は、1926年（大正十五年）に開催された〈第一回日本游泳競技大会〉の競技会をその後も継続して実施しています。大会プログラムの存在からは、1942年（昭和十七年）の『第十五回全日本游泳大会』（於、明治神宮外苑水泳場）プログラムが残っています。ただ、この最後の大会が実施されたかは不明です。競技と泳法演武の形式及び競技種目は、おおよそ踏襲されていきました。手元資料では、1941年（昭和十六年の第十四回大会からは、競技種目に泳法の採点競技が見られませんでした。

ただ、泳法の採点競技に関連して、前出『日本游泳連盟要録』に、「日本游法基準形游泳法及跳込法」（15‐39頁）が掲載されています。これは、〝游泳連盟〟が、流派を超えて独自に創案して基準とした泳法と跳込法を定めたもので、泳法では「平体」（蛙足・扇足）・「横体」（扇足・逆扇足）・「立体」（踏足・扇足）・「潜水」（水中・水底）、跳込法では「直下」・「順下」・「逆下」を取り上げ、動きの解説が詳しくなされています。制定後は、この基準に従って競技が実施されています。現在の〈日本泳法大会〉の採点競技（現、「泳法競技」）では、取り入れられていません。

38 伝承泳法の研究から史料・資料が蒐集されたオヨギ

1933年（昭和八年）、日本水上競技連盟内に「水泳古典研究会」（後、「水泳史研究会」と改称）が設けられました。

この研究会について、機関誌『水泳』の記事には、同連盟が「日本泳法」の正しい認識と保存を認め、それの中から「日本泳法」を選別し「標準泳法」として全国普及を計ったが「今回更により根本的に日本泳法を研究しこの貴重なる泳法の眞相を明かにせんとして水泳に關する古典を研究することゝなった。」（第21号、1933年、54頁）と設立理由を述べています。その研究成果は、1937年（昭和十二年）6月に『日本水泳史料集成』として同連盟から上梓されました。

同書は、研究会メンバーの蒐集文献や各流派の個人所蔵、さらに全国の図書館に文献所蔵を照合するなどして得られた文献から、検討を重ねて史料・資料を収録したもので、原文を読み下しての翻刻や解題もあり利用価値も高い編纂がなされています。

所収史料・資料は、「兵法水練全書」、小堀流関係の伝書、神伝流関係の伝書・免状など、「練水要訣」・「游泳童論」、水府流の伝書、「墓碑銘類」があります。やや収録点数が少ないように感じますが、手元で見ることができる文献として、現在も貴重な一冊といえます。

なお、１９８４年（昭和五十九年）に、日本水泳連盟から復刻版が出版されています。

39 新出流派〝神統流〟のオヨギ

右に述べましたように全国組織となった〝游泳連盟〟への加盟流派として、１９３３年（昭和八年）、鹿児島から〝游泳連盟〟への加盟を申請した団体・流派がありました。それは、同連盟の規約を１９３３年5月に大改正し「本連盟ハ全国各流派、全国的游泳団体及有力ナル地方的游泳団体ヲ以テ組織ス」（傍線加筆）と流派でなく游泳団体でも承認され加盟できることが切っ掛けであったようです。現在残存する資料には、鹿児島から加盟申請をしたのは、「系統游泳協会」と称する団体でした。加盟申請と同時に、同団体は連盟から演武公開の要請がり、『鹿児島朝日新聞』の同年10月16日付「賞賛の的となった黒田師範の天弓　…（略）…」（7面）と題する記事で、同月8日に明治神宮外苑プールで公開演技の様子が報じられています。その記事の中に「神統流師範黒田清光氏」なる流名と師範名の明記がありました。神統流として加盟が承認されたのは、1935年（昭和十年）10月でした。なぜ、団体名「系統游泳協会」での申請が「神統流」名での承認となったのか明確な資料はありませんが、申請後に「伝承泳法」としての流儀・道統などが纏められた『薩州伝来　潮手繰方神統流梗概』（昭和9年9月脱稿、黒田清光著・発行、1935年）が作成され承認を得ています。推測ながら、〝游泳連盟〟側から、流名での申請を働きかけられた可能性があります。驚きと不思議は、この経緯だけでなく、それまで地域の誰も知る者のない存在と流派名で、〝日本泳法〟流派中最古の歴史を掲げて突如登場してきたことです。

論議はともかく、この1935年からの神統流の活動は、地域の伝承が新たに発生して公に歩み始めたことに意味があると考えています。また、黒田清光という泳ぎ達者の手で、地域のオヨギが探求され、独特の世界を実演と論述で残されたことにも意義を感じます。

同流には今日までに、何度もの盛衰を経ましたが、継続されています。この経緯の詳細は、著者と岡嶋一博による論述『神統流―〝神統流現代潮手繰方〟のあゆみと解説』（第63回日本泳法研究会資料、神統流保存会、2015年）を参照ください。

40 実用性が再認識された伝承泳法のオヨギ

1939年（昭和十四年）、厚生省が関わって「壮丁水泳訓練」が開始されました。体育史研究家の中村哲夫は、論述「近代日本における水泳のスポーツとしての自立への模索とその挫折(1)」の中で「日中戦争を契機として、国民体位の向上および国民体育の振興策の下プールでの競泳が否定され、海洋での団体遠泳や実用的な泳ぎが求められ、泳ぐことあるいは泳げることが国民の義務とみなされるようになってきた時期」（『三重大学教育学部研究紀要　第53巻　人文・社会科学』、三重大学、２００２年、59頁）と指摘していますが、「伝承泳法」にとって再起の切っ掛けが生まれました。この軍部も関わった動向は、１９４２年（昭和十七年）に「国民学校令」細則において「水泳」を正課必修とする明治に始まった学校制度（「学制」、１８７２年）以降で初めての施行がなされました。海国思想を背景として、当時重視された泳法を『壮丁皆泳読本』（大日本體育会、旺文社、１９４３年）には、軍部が平泳を第一として、次に横泳、そして潜水、飛込が挙げられています。（9-10頁）泳法練習には、立泳もあり、速さを求める速泳（クロール）も行なわれたようです。

「伝承泳法」の再起の例として、観海流の場合、１９４２年・１９４３年に修練する者の数が増え、段位授与者の急増を見ることができます。

41　戦後組織が取り上げた「日本泳法」のオヨギ

第二次世界大戦後（１９４５年）、ただちに〝日本水泳連盟〟の組織を立ち上げる動きが起こり、翌、１９４６年（昭和二十一年）には、同連盟が結成されました。組織的には、戦前の〝日本水上競技連盟〟を引き継ぎました。この組織に「日本泳法」に関わる人たちも参入していきました。その様子を当時専務理事に就任した藤田明の回想には「日本泳法の方は、大正十三年創始された明治神宮体育大会にからんで、日本泳法主体の日本游泳連盟との間に複雑な経緯が介在したので、活撥な論議を呼んだ。結局、游泳連盟を吸収合併することは見送られて、新しく出発する日本水泳連盟に理解と協力を惜しまない方々に参加して貰い、普及部（長・松沢一鶴）、海洋部会（長・小林高志）で日本泳法の伝承と発展を期することになった。」（前出『水とともに』、210頁）と述べています。後に「普及部」と「海洋部門」は、日本水泳連盟内の組織改編によって、現在の「日本泳法委員会」となりました。

42 各流派に関する知識・泳法を研鑽する勉強会のある〝日本泳法〟

１９５２年（昭和二十七年）〈日本泳法研究会〉が、日本水泳連盟の正規の事業として発足しました。発足の目的は、全国で継承されてきた日本泳法各流派関係者が集い、お互いの研鑽と、親睦を深めるための機会を設けることにありました。ただ、正規事業なる前年に既に研究会が開かれています。それは、機関誌『水泳』第91号（前出、１９５１年）の「連盟日誌」（52頁）に同年2月17日・18日に「日本泳法研究会（伊東プール）」の記述があります。しかし、藤田明の回想でも「昭和二十六年に松沢部長の提唱と、白山・小林・上野氏らの協力で、日本泳法研究会が発足した。いわば長老中心の同好会のような集まりと見受けた…（略）…」（前出『水とともに』、211頁）と、黎明の状況であったことに触れています。このときは、いわば仲間内の会のようだったのでしょう。従って、正規の発足は１９５２年からを回数を数え、爾来、年一回3月ごろに発祥地又は伝承地での開催で、研究課題としては一流派を取り上げ、講義と実技の発表を一泊二日の形式を基本として実施されてきました。ただ、不幸にして起きた２０１１年（平成二十三年）の東日本大震災による延期を除いて、回を重ねてきています。

43 保存・普及のために開催される全国大会としての"日本泳法"

1956年（昭和三十一年）、日本水泳連盟は〈第一回日本泳法大会〉を開催しています。前述の第2章でも取り上げましたが、この大会の目的は、「日本古来の各流各派泳法の正しい保存並びに進歩に資せんとす。」（大会要項）として開始されました。

同大会では、「泳法競技」「演技審査（水練証）」を主として、これに審査員の模範演技並びに各流派の公開演技が行なわれました。その後、第十一回大会（1966年）からは「横泳競泳（よこおよぎ）」「支重競技」が競技に加わり、第十八回大会（1973年）からはそれに「団体泳法競技」が追加され、第二三回大会「教士資格審査」（1978年、「教士」「範士」制定に伴い）が実施され、第四十回大会（1995年）からは「游士」「練士（水練証）」が新設・変更が行なわれ、第五四回大会（2009年）から書類審査のみから「範士」資格審査が実施されるようになり、第五九回大会（2014年）からは「修水」「和水」「如水」の資格制度が新設されました。現在もこのような競技・審査の形式で実施されています。大

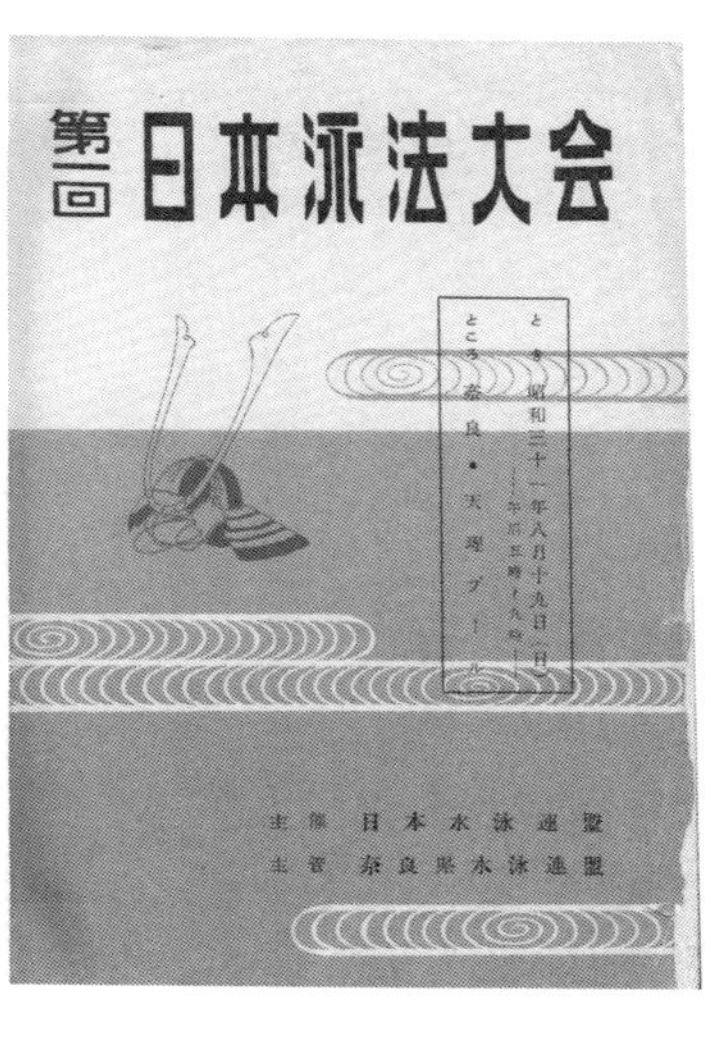

1956年開催の「第一回日本泳法大会」プログラムの表紙

会には全流派が関わり、スポーツ化した方法と伝承及び普及を重視した形態を用いて運営がなされています。大会の開催は、毎年8月に一回で、特定の開催地（公認プールが使用できる場所）ではなく、〝日本泳法〟への普及も目的として多彩な場所で行なわれています。

余談ですが、〈第一回日本泳法大会〉の開催を日本水泳連盟普及部会が、同第二回大会は同普及委員会が担当し、同第三回大会から担当を日本泳法委員会が担当しています。日本水泳連盟の内部でも、〝日本泳法〟の呼称が用語的認識を得るまでに時間を要したことが想像されます。

なお、同大会の記録や資料などは、２００６年（平成十八年）日本水泳連盟日本泳法委員会編・発行の『日本泳法大会50年史』と題した冊子に網羅されています。

44 長距離泳の競技会と〝日本泳法〟

〝日本泳法〟にとって遠泳は、馴染みの深い響きがあります。私には観海流の遠泳行事や海での水泳実習としての遠泳など、泳者として指導者としても経験してきたことです。その経験は、自然環境を身近に触れながら、忍耐力や状況判断力などが養えることでもありました。

１９７６年（昭和五十一年）日本水泳連盟が財団法人として発足一年後の新規事業として〈第1回全国遠泳大会〉が開催されることになりました。場所は、広島県の江田島にある海上自衛隊第1術科学校の全面協力を得て江田島湾で、同年8月に競技が実施されました。この競技会では、日本泳法関係者が知識・経験が豊かとの観点から運営を担当したようです。また、この大会は、１９８７年（昭和六十二年）の第

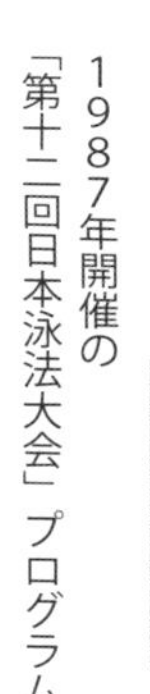
1987年開催の「第十二回日本泳法大会」プログラム表紙

12回大会から場所を千葉に移し直径５ｍ内に３人が同時に移動する遠泳方式から、３人が泳ぎ繋ぐ駅伝方式へと形式を変え1993年（平成五年）まで継続されました。現在は、行なわれていません。

45　文化財に指定された〝日本泳法〟

〝日本泳法〟流派の発祥地や伝承地において、地域文化として長く親しまれ独自の文化的存在を維持継承してきたことに対して、指定文化財（主に無形文化財）として県や市の指定を受けている団体が少なくありません。指定を受けたことが最も早かったのは、津山市から1956年（昭和三十一年）に指定された神伝流で、最近では寒河江市が2012年（平成二十四年）に指定を受けた水府流太田派があります。これまでに12件の指定がありました。次頁図は、『日本泳法ハンドブック』（前出、31頁）から転載したものです。

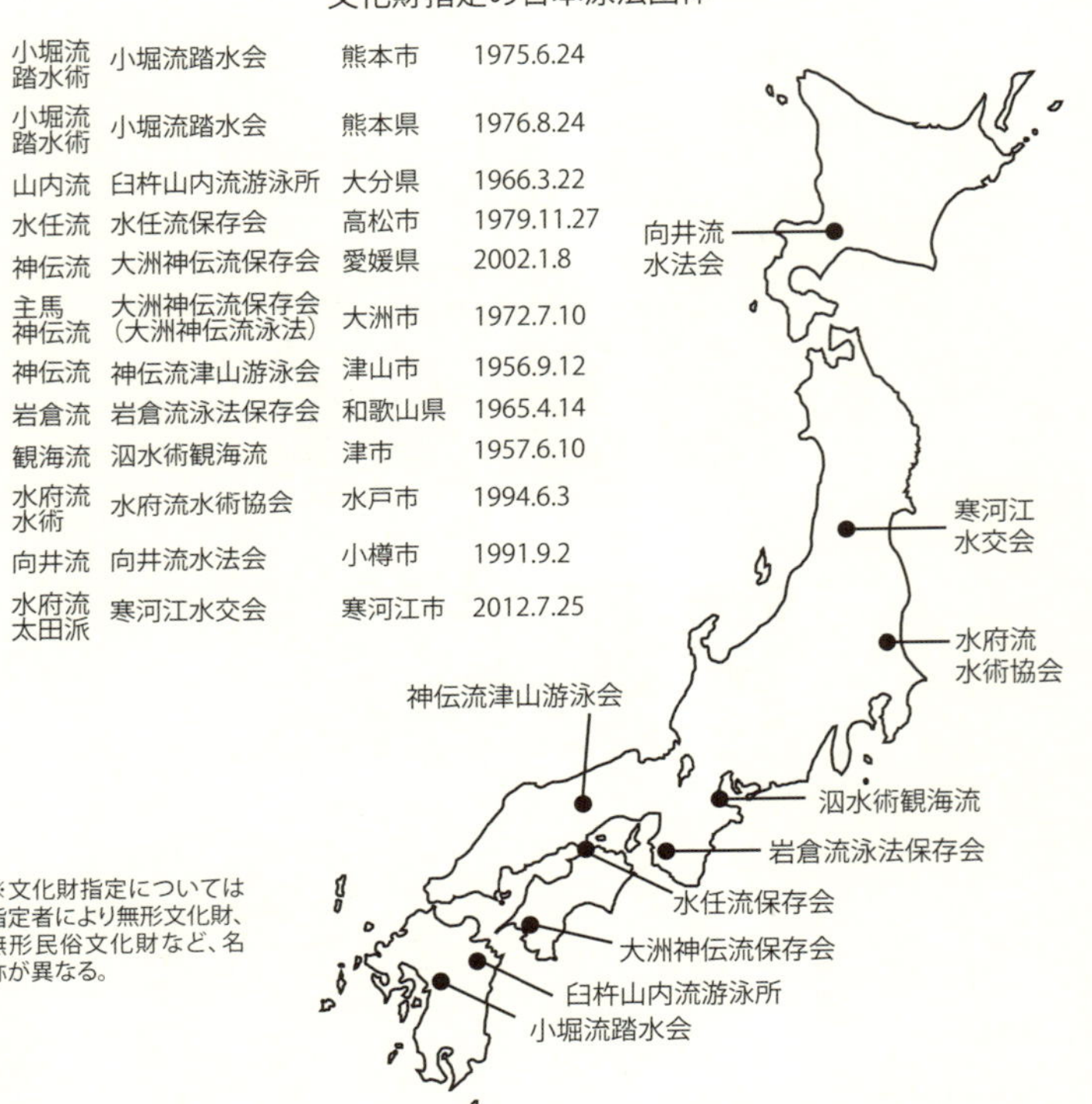

文化財指定の日本泳法団体

小堀流踏水術	小堀流踏水会	熊本市	1975.6.24
小堀流踏水術	小堀流踏水会	熊本県	1976.8.24
山内流	臼杵山内流游泳所	大分県	1966.3.22
水任流	水任流保存会	高松市	1979.11.27
神伝流	大洲神伝流保存会	愛媛県	2002.1.8
主馬神伝流	大洲神伝流保存会(大洲神伝流泳法)	大洲市	1972.7.10
神伝流	神伝流津山游泳会	津山市	1956.9.12
岩倉流	岩倉流泳法保存会	和歌山県	1965.4.14
観海流	泅水術観海流	津市	1957.6.10
水府流水術	水府流水術協会	水戸市	1994.6.3
向井流	向井流水法会	小樽市	1991.9.2
水府流太田派	寒河江水交会	寒河江市	2012.7.25

※文化財指定については指定者により無形文化財、無形民俗文化財など、名称が異なる。

(『日本泳法ハンドブック』より)

ただ、現実的には、指定を受けた団体であっても、年々組織が衰退傾向にあって伝承の継承が危ぶまれている団体もあります。何らかの、復活の道があればと念じています。

46 第18回オリンピック東京大会と〝日本泳法〟

1964年(昭和三十九年)10月、東京でオリンピックが開催されました。このとき〝日本泳法〟を披露する機会を得ました。そのことは、「まえがき」で触れましたが、『水連四十年史』(前出)に見てみましょう。

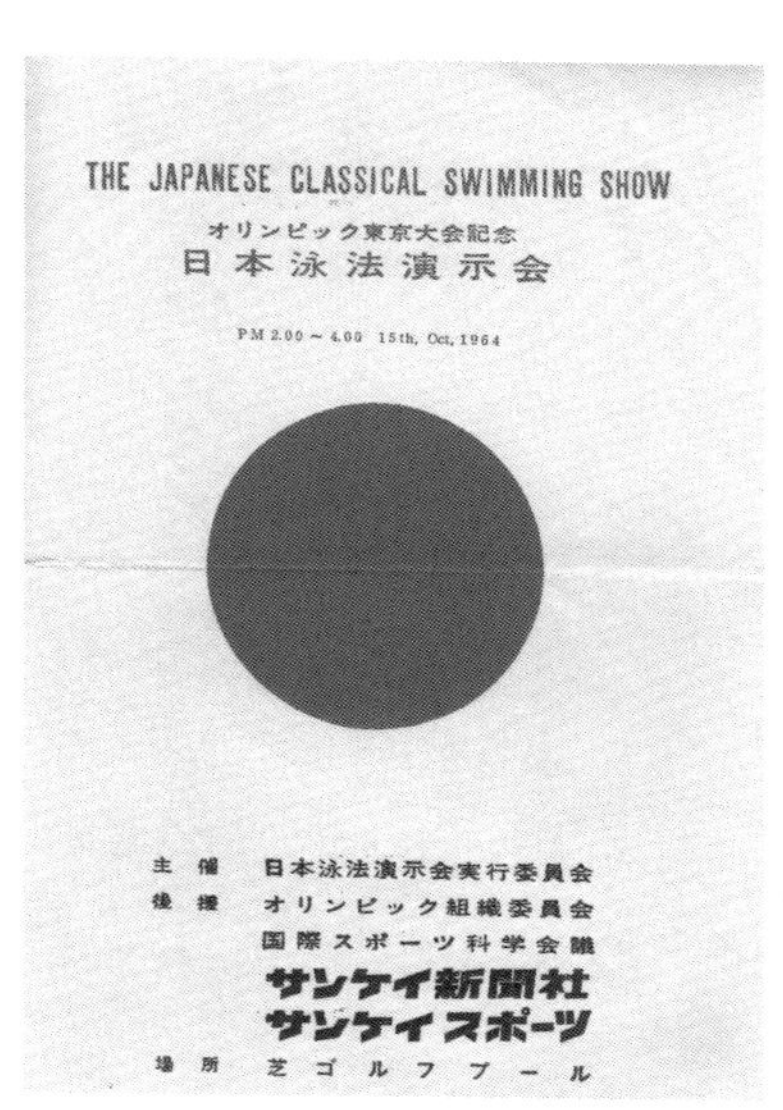

1964年東京オリンピックの時に開催された「日本泳法演示会」プログラム表紙

「日本泳法演示会　東京オリンピック期間中に、日本独特の古典的流派泳法を来朝中の各国スポーツ専門家に見せる機会を作ることは極めて有意義であるとの意見が起こり、日本泳法委員会で立案し、サンケイ新聞の後援を得て、10月15日、午后3時、東京芝公園内芝ゴルフプールに於て日本泳法演示会を開催した。」(282頁)

屋外プールでの開催でしたが、天候にも恵まれ、11流派が演じました。通訳付きで目論見の外人も20数名の参加があったようです。

また、この期間に、東京池袋の西部百貨店では、「日本スポーツ史展」(日本体育学会・毎日新聞社主催)が開催され、その中で「水術」の伝書(『踏水訣』ほか)や水泳書籍なども展示されています。展示点数全体では、300点を超えた日本スポーツの史的紹介の場となり、外国人も見学したのではと思います。

その後も、わが国で国際的な水泳大会が開催される際に〝日本泳法〟が演じられ、反響はともかく機会があれば海外への積極的紹介がなされてきました。

来たる２０２０年東京で開催のオリンピック・パラリンピックでも、ぜひ「見せたい」「見てもらいたい」ものです。

47 映像化された〝日本泳法〟

現在、〝日本泳法〟に関する映像は、いろいろな形で残されています。が、１９８２年（昭和五十七年）日本水泳連盟日本泳法委員会は、各流派に協力を求めて、12各流派の歴史的な面と泳法を映像化した『記録映画『日本泳法』―現在に生きる水術―』を作成し発売しています。

『水連創立六十周年記念誌』（日本水泳連盟編・発行、１９８４年）によると「日本泳法委員会では、昭和55年に各流派の泳法種目を映画フィルムに収録して、その格調を後世に供するため制作を企画した。」（241頁）とあり、二度にわたる撮影を経て１９８２年3月に完成したようです。

当初ビデオテープで頒布されましたが、後にＤＶＤ版となって販売もされています。

動画として映像化されることは、より具体的に伝えやすく、見方を変えれば泳者を実像として残すことにもなり、場合によっては泳法の変化を確認することができる貴重な資料と考えられます。

48 地域発信による〝日本泳法〟研究会と大会

東京都水泳協会は、地域独自の〝日本泳法〟への取り組みを検討する中で、1998年（平成十年）東京都水泳協会主催〈日本泳法研究会〉の開催を実行しました。日本水泳連盟主催の〈日本泳法研究会〉の課題提供とは一線を画した路線で、日本泳法全体であったり細部であったり、時には個人的であったり、12流派以外であったりなど多岐多彩な企画で、開催回数を年一度と限定せずに毎年開催しています。

また、研究会と併行して翌1999年（平成十一年）からは、東京都水泳協会主催〈第1回東京都水泳協会日本泳法競技会〉（於、東京辰巳国際水泳場）が開始され、大会回数を現在も重ねています。これも日本水泳連盟主催の〈日本泳法大会〉とは異なった競技形態が採用されています。その内容は、当初「横泳競泳」と「団体競技」のみでしたが、「支重団体競技」「群泳」など競技種目も増えました。そこで展開される競技では、参加年齢やチーム合計年齢やチーム合計タイムなど独自のルールに準じた競技形態が展開され、他の競技会ではあまり味わえない価値観があるように思えます。

49 日本泳法委員会による〝日本泳法〟流派を集成した書籍

２００１年（平成十三年）に、『日本泳法12流派総覧』が、日本水泳連盟日本泳法委員会編集・発行で上梓されました。〈日本泳法研究会〉開催が、50回を超える状況に際して企画され実現されたものです。

前述したように、この時点では、「主馬神伝流」の承認はなく12流派でしたが、組織が全流派について取りまとめて著述化したものを発行するのは初めてのことです。記述内容は、各流に課された「沿革」、「現況」、「指南書」、「泳法紹介」、「今後の課題」について述べられています。各流の記述形式は様々ですが、写真や図及び表などが多彩に挿入され、専門書的でありながら、〝日本泳法〟に興味を持った人であれば誰もが全流派の詳細に触れることができる希少な文献の一冊です。

50 関西で競技化された〝日本泳法〟

２０１５年（平成二十七年）和歌山市のプールで〈第1回　関西オープン日本泳法競技会〉が開催されました。前述した戦前の大日本武徳会〈青年大演武会〉が、想い起こされます。

先に触れました東京都水泳協会の〝日本泳法〟の競技会はすでに始まっていましたが、関西でも開催できればとの願いから地域の年齢層の若い人たちが運営の中心となって、開催にこぎ着けました。競技内容としては、〈日本泳法大会〉のプログラムを踏襲している「泳法競技」「団体競技」「横泳ぎ競泳」「文重競技」の競技に加えて、「立泳ぎリレー」（第1回のみ）「横泳ぎリレー」「玉入れ」「綱引き」の団体対抗戦が実施されています。オープン競技会なので日本水泳連盟の競技者登録もいらず、地域制限もなく、年齢も問わない楽しいプログラムが魅力的です。現在も、和歌山市での開催が継続されています。

51 外国の地で外国人が研鑽した〝日本泳法〟

ひょっとしたら、あなたも見ていたでしょうか？

２０１７年（平成二十九年）10月某テレビ局のドキュメンタリー番組で、ポーランドで〝日本泳法〟を研鑽している男性二人が日本にやってきて日本泳法関係者と交流し、水府流の指導も得て、〈第62回日本泳法大会〉の資格審査「游士」に合格して帰国されました。

何よりも驚いたのは、このポーランドの人は、独学で研鑽していたことです。まず文献で日本が競技水泳で大国となった背景に〝日本泳法〟があることを知り、インターネットで動画を見て仲間と修練を重ねてきたと言います。横泳ぎと水泳大国の関係はともかく、外国在住で独学から〝日本泳法〟の資格を獲得した人は初めてのことです。番組を見た印象では、「競技水泳」一辺倒の時代に、良くぞ見出して大好きになってくれたこと、番組を通じて日本人にも紹介できたことなど感謝したいものです。

情報化時代ならではの実現と朗報ですが、反面として国際化と〝日本泳法〟の普及法などを多面的に早急な課題として検討すべきことを思い知らせてくれる事例に思えました。

おそらく、世界的に見れば、〝日本泳法〟の独自性は、オヨギに留まらない日本文化を象徴する一つになりえると思います。それは、日本人としての誇りではないでしょうか？〝日本泳法〟を知っていることを日本人の常識となることを願うばかりですが…

また、最後にお酒の話ですが、我が国の〝日本酒〟のルーツは縄文時代まで遡れます。そのころは、「口噛み酒」と言われるように口の中でお米をかゆ上になるまでにして土器に吐き入れて、空気中の酵母で発酵させていました。その後、コウジカビや蒸米で醸造が始まった時代、酒造りが発酵に適した夏だった時代、酒造りに適したコメや酵母が発見された時代、純米酒に醸造用アルコールが入った時代、木桶からホーローのタンクが使用されるようになった時代、科学・化学技術と醸造技術で進化した時代があり、時代によって人間関係や生活上必要とされた時代もあり、自然、物、人、社会、文化、時代などの多様な要素の絡み合いを経て現在の〝日本酒〟があります。また、果たしてきた役割と現在に生かせる役割があると思います。同じものでも、史的に見直すことは、決して無駄ではなく味わいを深く増し、本質も理解できることだと思います。私的には、〝日本泳法〟も、同じであると私は考えています。況や、水つながりなのですから…

第5章

“日本泳法”の伝統を私的思考から見る

ここまで〝日本泳法〟の呼称や用語の捉え方と理念について、内包された活用できるオヨギの実践力について、オヨギの必然性から伝承の継続についての史的な話まで、述べ進めてきました。これらは、この後の話をご理解いただく上で、欠かすことができない必要な前提と考えて述べました。それゆえに、話の重複があることもご諒解ください。

本章では、私が、どのような考えを描きながら〝日本泳法〟を捉えているのか、〝日本泳法〟の持つ本質をどのように伝え残してもらいたいのか、を述べたものです。したがって、一方的に感じる方もあることでしょう。当然、解釈も一律とは限らず、異論もあることでしょう。

しかし、目の前に眠ったままの本質や意味に気付かなければ、活用することはできません。また、個人の価値観であっても実践が伴い共有者が増えれば、存在意義が広がります。本質を伝えることができる人が一人でも居て、伝え手が生まれれば伝承は継続につながります。

未だ、進行形だらけの思考ですが、ぜひとも想像と論理を膨らませながら読んでいただけたらと思います。

なお、〝日本泳法〟界の外から見た声として、体育教育やスポーツ文化の重鎮中村敏雄が著した論述「1 日本泳法再考―日本人が日本泳法を知らなくてもよいのか」及び「2 日本泳法瞥見」(『中村敏雄著作集 第6巻 スポーツの比較文化学』所収、創文企画、2008年、178-212頁、以下『中村論』と略す)を参考とし、引用もしています。また、道半ばの私ゆえ、先人の言葉を借用しての論述もしています。

1 〝日本泳法〟が求める安全性

いきなりですが、溺者を救助するにあたって、救助法では、二次的な被害を避けるために、水に入らずに、オヨギも用いずに救助できることを最善としています。それは、陸上では容易であっても、水中活動では動きが自由にならない難しさも意味していると思われます。

『はい、泳げません』（新潮文庫、新潮社、２００７年）の著者高橋秀実（ひでみね）の文中に、「海は泳法を生み出さないらしい。確かに私の友人でも、海の近くで生まれ育った人に泳げない人が多い。彼らに「なぜ?」とたずねたことがあるが、一様に「こわいから」と答えた。」（139頁）と述べられている事実があります。自然の水辺の脅威を知っていて、水辺に入っていってもオヨギを必要としない範囲で過ごしてきたということなのでしょうか。

しかし、過って水中に没したり、津波ではないですが水の方からやってきたり、船が転覆したりなど、思わぬ状況に陥ることは推測されます。その上、前章で触れましたが、人間は、生理的機能において"溺れる"ことが明らかなのです。それならば、"溺れる"ことを回避し生命の危機から安全を確保するにはどうしたらよいのでしょうか。

手段としては、自らオヨギができることが先決です。この必要性を感じる意識は、溺れることを経験した人や溺死の場面に遭遇した人であれば、より強く感じられることでしょう。おそらく、歴史の中で、それは、オヨグことを学習する必要として認知されることにも繋がったことでしょう。

オヨギができることを"武士の嗜み"と前述しました。仮に武士が溺れ死ぬことが、兵法上で戦闘力の損失につながると考えたとしても、溺死は不名誉だけでなく悲しい出来事です。

元禄時代（１６８８年～）の話ですが、『高松藩祖　松平頼重傳』（松平公益会編・発行、１９６４年）に「藩士への訓戒」として「一　槍兵法水泳鉄砲けいこの事　近年藩士一同。槍兵法水泳鉄砲などの練習が十分でなくなっている。…（略）…　一　水泳も抜手がよい。立泳ぎも必要だと、種類や技術を論議しても駄目である。まずどろ亀泳ぎでもよいから、百間（一八〇メートル余り）程も泳げばよかろう。泳げない者は高名をたて主君の恩を報じ、天下に名をあげ末代まで子孫に名を残す程の者が、水におぼれて犬死するのは、残念なことである。また不忠不孝にもなる。百間程も泳げれば必ず役に立つものである。毎年練習すべきである。と教えている。」(418頁)とあります。この記述は、原文が意訳された藩主の例え話なのですが、溺れ死ぬことの不幸と少しでもオヨギを身に付けておくことの必要性を諭していると解釈できます。たとえ戦場ではなくとも、日常の不慮の溺死であっても、人間にとって悲痛であることは同じです。この感情は、時代や社会を問わず、オヨギを必要とする第一目的であっても可笑しくないはずです。

〝日本泳法〟は、〝水術〟として発展してきた過程から、常にこの意識が優先されてきたと考えています。つまり、安全で事故を起こさない配慮や教えが伝えられてきたのです。

それは、本来自然の水辺を稽古場として多面的な場面での経験と予測が可能なことを目標に実施されてきたからです。もちろん、不可抗力や予測のできない事態が起きることは自然の場ではありえることも想定しています。

早速ながら、中村敏雄の言葉を引用してみます。

「日本泳法の各流派ではこのような海底の状況と水流の関係を読みとること、逆潜流の強弱を調べること、游泳場に河川が流入しているところでは、その方向や強さが潮の干満でどのように変わるかを調べることなどを游泳前の不可欠の準備としています。「水泳指導は安全第一」といわれますが、日本泳法のそれは実に徹底しており、たとえば笑い話のように聞こえるかも知れませんが、游泳中に地震があったらどうするのか（津波がくるかどうか）ということまで想定し準備しています。」（『中村論』、192・193頁）と如実に語っています。

その範囲は、「水に入る前」、「入るとき」、「入ったとき」、「出るとき」、「出た後」などの指導上のこと、段階的な泳法の習得方法による教導、状況や目的に応じた泳法の伝達、周りの気象環境に対する状況判断、状況の理解や変化への対応、救助法にいたるまで仔細に配慮や教えが、口伝及び伝書として伝え残されてきました。

ただ、考えてみると、自然の場での水泳指導では、学校や組織が実施する際には、当然の知識や準備としてある程度は踏襲されてきたことかと思います。

もちろん、ここまでの意識された状況だけでも、十分に事故や不幸を未然に防ごうとする安全思想が内包されていると言えるでしょう。

"日本泳法"の世界においては、ここに留まらない安全重視の思想が見られます。

例をいくつか、挙げておきたいと思います。

道場の稽古始や行事の祭に、「竜神祭」（観海流）、「水神祭」（山内流）などが実施され安全祈願をすることは象徴的と言えるでしょう。

これは、武道的とも言えますが、「目付け」を大切にすることは、顔を基本的に上げて進んでいても、単に進行方向の修正だけではなく、広い場所（大川、海、湖など）で自分の位置の確認としても重要です。

第3章でも取り上げましたが、疲れたら休むという発想も溺れないために重要です。

観海流家元が執り行なう「竜神祭」
（『泳ぎの伝承文化観海流』口絵写真より）

同じように、遠距離を泳ぐときには、基本的に急がないこと力まないことを原則としている点で全流派とも共通しているように思います。第4章で述べた789年（延暦八年）に衣川の戦いで、おそらく甲冑及び衣類を脱いで溺死することなく対岸に辿りついた武士のことを思い出してください。山内流には、「衣服脱着」が泳法として伝承されています。重い甲冑を着ての泳法も同様でしょう。

ブラジルに住む裸族でシャバンテについて書かれた本に「彼らは、舟というものを持っていないので、川を渡るにはいつも泳いで渡るのである。ちょっとした川ならば、むろん、そのまま泳いで渡るが、前にも述べたようにリオ・ダス・モルテスは流れの早い川である。そのような所を渡るばあいには、シャバンテたちは、何本かの丸太を例のブリッチ製の縄でくくり、それを片手で抱えて、浮袋代わりにして別の片手と両足を使って、泳ぎながら渡る。」（宮崎信江、現代教養文庫、社会思想社、1979年第2版

シャンバンテの川渡り

（1960年初版）、105-106頁）と流れの速い川でのオヨギが書かれています。"日本泳法"の伝承では、極端に速い流れや渦などに出合ったときは、水の勢いに身を任せ抗わないことも伝えられています。

「寒中水泳」が、お正月過ぎあたりに報道されることがありますが、一般的には"一年の健康を祈って""精神鍛錬のため"などと言われます。本質的に"日本泳法"の世界で実施される「寒中水泳」は、そのことも含まれるかもしれませんが、気温の低い水中での動きを確かめるための心がけであると考えています。水府流で、『水術傳習書』（前出）に「水に凍へさるの薬の事」が伝えられているのも、寒い時期に水に入らなければならないときへの備えを示しています。

余談ですが、中国では、「冬泳隊」という、一年中水に入ってオヨギをする人たちがいましたが、これは西洋医学の流入で「冷水浴」として行なわれ、ある種の治療法・健康法でした。自転車でやってきて、水辺でサッと水着に着替えて、サッと泳いで、またサッと衣服に着替えて自転車に乗って帰っていきました。驚きました。1987年（昭和六十二年）11月、北京において、日本泳法流派関係者と〝北京崇文区冬泳隊〞の団体とが交流しました。〈〝日中友好寒中水泳交流隊訪中団〞〉の中に私も紛れ込んで参加したときの記憶にある光景です。このとき北京の気温が、摂氏10度以下だったように思います。

この他、第3章で触れた、小堀流では「浮襷」のことや水府流太田派では「板子」のことなども安全対策、安全重視の思想が背景にあると受け取れるでしょう。

2 〝日本泳法〞が持つ実用性

現在、〝日本泳法〞が、公の場で公開されるとき、多くは見栄えが重視で演じられる泳法や物を持って演じられることが多いように思います。しかも、その演技の中に込められた実用的な意識などが説明されることは少なく、淡々と演技のみが実施されることが通例に感じます。そうなると、〝日本泳法〞が、芸道的な印象しか残らず、なぜこのような泳法や技法が今日に伝えられ継承されてきたのかが霞んでしまいます。

確かに、実用性があるといっても自然の場で演じ、その実用性が発揮できるような場面でない限り、理屈があっても実感のないものになってしまうことも否めません。加えて、人にもよりますが、話せば長く、興味のない人には、無駄話に聞こえるかもしれません。だからといって、実用性がないと言われれば、関係者からして悔しい話です。

第3章で〝実用性を重視したオヨギ〞として、その実際を事例として少々詳しく取り上げました。したがって、詳細はそちらを見ていただくことで省略します。ここでは、安全重視の思想の裏打ちでもある実用性をどのように今日考えればよいのか、思考的な面から話をしたいと思います。ただ、〝水術〞としての戦闘的実用ではなく、自然の中でオヨギを安全に楽しみ、色々な場面や状況に対処できる実用性についてを対象として述べます。

前述しましたが、『日本游泳術』は、〝日本泳法〞（〝水術〞及び「伝承泳法」）に実用性があることを認識して展開された著書でした。同書に示された想定の範囲は広く、伝承への固執は必要範囲に留めて、多くの情報を結集させた経験と知恵も盛り込んだものと言えるでしょう。もちろん、すべてを網羅しているかといえば言い切れませんが、「それを実用と言わずして何を！」という話です。

具体的な話に入ります。

人が自然を知らず、恐れだけ持っていると、そこから進めません。たとえ話としては、貧弱かもしれませんが、次の話をどう捉えますか？

観海流の最高師範浜田朋文が書いた文章の中に「昨年の夏、私の住んでいる津の阿漕海岸に奈良の一青年が初めて遊びに来た。彼は海を見るなり波がおそろしいとても泳げないと青くなって帰ってしまった。私達の目では全く静かな鏡の如き海と思われるのに、初めて見る海の壮大さに環境の相違が彼の青年に恐怖の念を起こさせたのでしょう。」（『河童』第19号、京都踏水会河童会、１９６７年、10頁）と、そのような状況がありました。

初めて海を見たという条件は致し方がありませんが、単に怖れるだけでなく状況の理解や対処の方法を知る手立てはなかったのでしょうか。

そこには、単にオヨギを身に付けているかいないかという問題だけでなく、自然環境と接した経験の深浅や状況の理解及び知識を併せ持っているかいないかを言及すべき事柄に思えます。

〝日本泳法〟は、本来、その点を考究しながら歩んできたとも言える伝承文化です。

では、〝日本泳法〟の自然への対処方策は、どうなのでしょう。侮ってはいけません。長い歴史を伝統と伝承で繋いできた過程には、長い蓄積があるのです。

その実際は述べてきたように、多岐の場面で実践され、方法論を試行してきています。しかし、ここで自然対応と実用性を語るには、残念なことがあります。確かに、〝日本泳法〟各流派の中では、自然の場面でオヨギを実践する機会を設けていますが、多くの場合短期間や一過的な実施の場合や全く未経験で機会さえも設けられていないことも珍しくありません。

現実としては、プールでの修練が恒常的となってきています。そこには、環境汚染の問題や自然環境での予期できない事故などへの怖れもあるかもしれません。ただ、プールで修練できることは、季節限定でもなく、簡易で安全で、指導上も上達の認知も行ないやすい利点があります。しかし、プールだけになってしまうと、自然は遠い存在になります。

それならば、〝日本泳法〟の実用性をプールで発揮できる方法を考えなければなりません。言葉で言うならば、「見えない自然」を「可視化した自然」とする必要があります。つまり、本来の実用を意識して修練すること、演じることが求められます。そのためには、指導者も泳者自体も、その泳法の実用とする目的を知っていることが最低限求められ、理解と認知をしていなければなりません。それは、水と接するところから水から離れるところまでにもあり得るものです。

もちろん、すべてを実行するには窮屈なことです。でき得る範囲でも、慣習化できることが望まれます。例えば、いきなり水に入らない、入ったら水と自分の身体の具合を確かめる、泳ぎ初めには必ず「目付け」をする、泳法の力の入り具合を確認する、流儀と外れた泳法となっていないかなど仔細な面も含めてあり得ます。

また、ゴーグルを付けないことも〝日本泳法〟の世界で慣例化されている特色ですが、それは単に顔を浸けずに泳法を行なうだけでなく、自然の場に馴染むための心がけでもあります。それは、ゴーグルがない場合の想定でもありますが、例えば、海では顔を浸けて目に海水が当たると痛く、遠泳などで目の周りの海水が乾燥すると塩気で粘ついて目が開けづらくなったりしますが、海水に馴染んだり浸けたりすることで解消できます。ゴーグルや水中マスクを着けたままではわからない世界です。ただ、視力の問題は、別としておきます。飽くまで、慌てないで自然に対処するためと考えてはどうでしょうか。

再び、プールでの泳法を修練することですが、基本的に長距離ではなく、短距離で量よりも質を大切にしています。それは、質には、合理性が隠れているとの捉え方があるからだと考えます。また、競泳的な修練は、確かに速さも必要でもあり筋力をつける修練にもなりますが、日常で行なうことは希であると思います。なぜならば、〝日本泳法〟が、競泳が求める速さのみに焦点をおいていないからです。その代わりといって良いならば、いろいろな力の発揮の仕方、技術の習得と応用が求められるのです。

例えば、ゆっくり力を抜いて伸びたり早く力を込めて進んだり、抜手でも両手を同時に抜いたりや交互に抜いたり、または片側だけを抜いたりなどがあります。それは、臨機応変の対処を含めた実用性を高めるためなのです。技芸的な泳法であっても、前述したように身体の動きの可能性を高めるためであると思えば、実用的なのです。

しかし、プールでの修練には、限界があります。身に付けた実践力を確認し高めるためには、自然の場での経験を欠かすことはできません。加えて、知識と探求心が必要です。自然の水辺では、状況に合わせていろいろな泳法を試すことで、その実用性も実感できます。それも、できれば、一地域や場所に限定せずに、試すことが望ましいと思います。また、寒中水泳や遠泳は、体験としてまたは確認として意義深いことだと考えます。

日本で最初のノーベル物理学賞を受賞した湯川秀樹が旧制中学時代に観海流の訓練を経験したことについて自伝で「…（略）…、水泳の思い出は多い。しかし今でもはっきり思い出すのは、遠泳でずっと沖へ出て、ふと気づくと、黒雲が厚く頭の上におおいかぶさっていた時の不思議な気持ちである。一種の恐怖感に違いないが、同時にそれは、底知れぬ孤独感でもあった。」（『旅人』、角川文庫、角川書店、一九六〇年、98頁）と綴っています。

こんな気持ちも、経験をしてみないと分からないことです。

3 〝日本泳法〟が培ってきた文化性

オヨギの技術を覚えて新たな動きを身に付けていくことは、身体が持つ動きの可能性と状況への対応などにともなっても起こり得る現象と言えます。前出の『究極の身体』の中にある興味深い表現を借りると「人間の身体はメカニズム的に高度過ぎて、後天的な学習をしないで身体を使いこなせるというＤＮＡができ上がっていない」ということだろう。でもそこに人間の自由度があるわけで、文化が生まれる余地があるのだ。」（116 - 117頁）とあり、身体が新たな学習によって習得した動きは、一つの文化につながることを意味していると捉えておきたいと思います。それは、身に付けたオヨギが新たなオヨギを生み、それを人から人へと伝わる状況へとなっていくのは、明らかに文化的と見ることができます。

前章で述べましたが、水辺でのオヨギが、時代を経て〝水術〟となり、廃藩置県後は、水辺の安全を第一の目的としながら、実用性をともなった泳法が社会教育の場である水泳場で伝承され始めました。〝水術〟時代にすでに形成されて培われた技術や知恵は、新たな対象者（武士以外や若年者など）と社会的期待（安全、健康など）に応えながら、伝承の形式（昇級・昇段、家元や師範制度など）や指導形態（指導法、教程や試験制度の改変など）に工夫を加えるなどして継承されてきました。それが、現在の〝日本泳法〟であり、伝承された泳法に見る〝伝承文化〟と言えるでしょう。

伝承するためには、伝えたいことが明確である方が受け止めやすいことは当然です。したがって明確さを示す方法としては、定まった「型」があり、それに伴う情報が伝書あるいは口伝ということになるのでしょう。また、「型」があることは違いを明確にすることであり、「型」があることは不自由ではなく自由になるためにあるのです。

その場合の「型」（泳法）は、偶然でない再現可能な意味で合理性のある一つの指標と言えます。「型」の修得には、流儀の踏襲も求められます。なぜなら、「型」の着実な実行と目的の達成が同時に求められるからです。

例えば、観海流の場合、「平泅（ひらおよぎ）」を行なった後に、「一つ拍子抜手」（両手交互に抜く「抜手」に同じ）を右手から必ず抜き始めるのが流儀です。「平泅」で長距離移動する中、流れに出会い対処する方法として「一つ拍子抜手」を用いるような想定が流儀の中に隠れているとも想像できます。単純に勢いを付けてから抜くとも考えてよいのですが、実用を考えておくことも大切なことです。ではなぜ、右手から抜くのかといえば、本来は自由でありながら敢えて定められた側から抜くことで余裕を身に付けるためではないでしょうか。

〝日本泳法〟の場合でも、柔道などで「型」を必要な対処の基本技術として稽古し「乱取り」（実戦）の場面で発揮できてこそ「型」の完成と見做せる考え方が本来あるように思います。

また、この「型」を一つの指標として理想形とするならば、先人や名人の演技をなぞるように演じられることが求められます。人は、それぞれ骨格も筋肉の付き方も、経験も感じ方も違います。当然にして、これらの条件があるので、表面上の動きが同じような形に演じられることが当初の目標となり、模倣するのが修得への近道となる場合もあります。

武術研究家で実践者として高名な甲野善紀は、「武術における師匠の最大の意味は、実際にやって見せることにあります。『こんなことって、本当にあるのか』と、実際に肌身で実感させることが、何にもまさって説得力を持ち、稽古人に意欲を持たせます。」（『古武術に学ぶ身体操作法』、岩波現代文庫、岩波書店、２０１４年、14頁）と師匠の役割と学びの方法を述べています。

ただ、現在では、スポーツ競技に取り入れられている科学的で論理的な解釈を用いての指導も有効であることは否定できません。

彼の解剖学者でもあり高名な養老孟司の著書『唯脳論』（青土社、一九八九年）に「運動と目的論」（227-252頁）

とする論理が示され、「運動選手の動きも、筋肉の動きにダマされさえしなければ脳の働きである。」として、脳の運動への理解として力学を用いた「客観的真理」を求めることが述べられています。指導上で泳者の理解を深めることにおいては、効果的であるとも考えられます。

"日本泳法"において、その試みは、水府流太田派第六代師範で運動力学の日本のパイオニアでもある宮畑虎彦の著述に「日本泳法と競技泳法における体（腰）の動きについて」など、力学的解析をした研究報告があります（『私の泳ぎ』、宮畑栄夫、一九八八年、259-293頁参照）。

また、小池流の師範で日本泳法界では実技・論理において卓越した人物である高橋水右衛門が、自らの泳法実践から解析をして、経験的で力学的な譬えを用いた「小池流泳法の定理」とした論理を発表しています（『第五十五回日本泳法研究会　講演録（小池流）』、小西道弘、２００７年、19-30頁、「振り子の理（ことわり）」など参照）。

"日本泳法"の世界において、「型」の選定や「指導法」と教程の確立は、最高指導者（家元・宗家・師範などと称される人物）が行なうのが通例です。他の伝承文化においても同じような仕組みがあります。

この伝承の仕組みは、伝承者が継承すべき伝承者に、できるだけ正確に引き継ぎ伝える手段として優れた方法でもあります。

ただ、同じ組織内や同じ環境で伝承が繰返されていく場合は、大きな変化が生まれることは少ないと考えられますが、別組織や別環境、あるいは伝承者の能力や思考によって変化が生じることはあり得ます。

そのことについて瀬尾謙一は、「古い傳統の芸というものは、古い型をうけつぎ、それを磨いて至境に達せねば、ならないものです。さだめられた型のうちに、芸の完成をまつわけです。したがって、そういう芸に属するものは、その師範、家元があり、これが同一の型をきめて、厳密に後世に傳えてゆく制度であります。それゆえ、この型から離れるとすれば、もうその流派ではありません。…（略）…しかし、現在、研究の自由と、泳法の普及につれて、その流派の発祥地以外の土地にも傳わるため、そのままでは、傳わった土地に適せぬことから、自然、変化がもたらされることの、あるのもいなめません。」（前出、『日本泳法流派史話』、271-272頁）と述べています。

現在の〝日本泳法〟界において、同流派としながら伝承地や伝承者に依る創意工夫から泳法に変化や新たな泳法が加わって伝承されている例がいくつか見られます。また、日本水泳連盟の承認とは別に、独自に流派名を名乗って継承されている〝講武流〟〝水府流荒谷派〟〝清記流〟、かつて大正期に名乗りをあげた〝向井山敷流〟、藩制時代から地域で伝承を守り継承している三重県田丸（玉城町）の〝小池流〟など、それぞれの独自の伝承をもって継続されています。今やこの中には、高齢化など人的に存続が困難な状況にある団体もあります。

〝日本泳法〟が、伝承文化であるかぎり、時代を経て変化しながら継続されてきた事実を認めるとか認めないとかの問題ではないように考えます。人が人に伝えてきた想いを尊重すべきで、伝承の経過が明確であれば、仔細な型の変化や流儀の相違であっても、それには、先人の伝承者たちの想いが込められているはずです。そこに、正解も不正解もないと思います。どうあがいても、所詮、人間が創作したものです。想いは重く受け止めますが、力の勝ち負けで判断できない限り、絶対のない世界ともいえます。

〝日本泳法〟の現在の伝承地で、向井流では会津、主馬神伝流では大洲が、一度途絶えた伝承を復興して、現在も継承されている地です。廃藩置県後、発祥地から離れて、伝承が継続されている例も少なくありません。

前章で触れましたが、藩政時代には、１００藩を超える藩校で〝水術〟の伝承があった可能性があり、明治期には新たな流派の名乗りがあったが伝承が途絶えてしまった。といった事実が確認できる地域に働きかけて復興する事業があればと夢想してしまいます。

〝日本泳法〟は、我が国独自の伝承としてのオヨギの文化です。伝承は、人がいなくなってからでは復興が容易ではありません。

4 〝日本泳法〟に含まれた地域性

この安全性や実用性、そして文化性は、第2章で述べましたが地域性をもって発展していったことが考えられます。

いくつかの例から考えてみたいと思います。

川では水府流のように「あおり足」が、海では観海流のように「かえる足」の流派が発祥しています。和歌山を発祥地とする岩倉流、能島流、小池流の紀州三流派がありますが、現在では岩倉流のみが和歌山市で能島流は大阪、小池流は関西と名古屋を伝承地としています。それでいて、三流とも「かえる足」を主とした類似性のある同流の泳法が伝承され、水面に対して身体を傾けた泳法の伝承はありません。

それぞれの流派を独自の個性から捉えた場合、例えば、踏足の小堀流、独創的で優美な泳法の水任流、大きな旗を振る山内流、水中を歩く神統流、「真・行・草」という三段の泳形を持つ神伝流系、「かえる足」

から身体を高く水上に持ち上げて飛び上がる紀州三流などが、私見も入っていますが認知されています。

それらは、安全性や実用性のすべてとともに、伝承地の自然環境や地理的特性に加えて地域文化及び人的要素（伝承者の資質など）などに対応して進展してきたものです。この個性が、地域の伝承文化として認知されてきたことも、明らかな地域性をもつ伝承泳法と言明できると考えます。このことは、多くの流派が、文化財の指定を受けていることからも証左と言えるでしょう。

現在、発祥地を離れていても、形を変えて伝承されていても、〝日本泳法〟には、この地域性を経過として根幹に持っていることは否定のしようのない事実です。

発展的に捉えるならば、独自の個性の伝承が、新たな地域で新たな技術や知恵を加えるや既存の技術に変化を加えて伝承が継承されても、これも地域性を持った伝承です。ただ、新たな部分を新たな個性として捉えれば、それを「派」とも考えられます。この認識は、基本的に伝承者が持つものです。

時には見た目では明らかな区分ができない場合でも、流儀の細部まで見渡したときに、伝承者や伝承地独自の特性が何らかの形で潜り込んでいたならば、伝承という形態の中では「派」という認知が生まれることもあり、それでいて「流」が持った地域性を見出せると考えています。

現在、〝日本泳法〟の発祥地に出かけて、地元の人に「〇〇流って知ってますか？」とたずねても「それって何ですか？」と逆に聞かれる事があります。慌てて「〝日本泳法です。」と返答すると、するとまた、「何ですか？」と聞かれる始末です。もうこれ以上は、言いませんが、それが現実です。

これは、伝承が継続されていても、関わる人の数が減り、盛大だった過去を知る人も減り、地域での関

和歌山武徳会の水泳場風景（絵葉書）

心も薄れるとそんな情況が生まれます。

かつて、明治期の隅田川では、水泳場の小屋がいくつも立ち並び、戦前の観海流では津市に水泳訓練に来た学校生徒の遠泳試験が行われ、同じく岩倉流は大日本武徳会の和歌山支部として和歌山市内の小学生が毎夏二千人から多いときは三千人が水泳場に集い、大分県臼杵市の山内流では戦前に町営として戦後も新たに町営として運営され教育委員会も関与した地域ぐるみの運営がなされたなど、いずれも地域の夏の風物詩であり地域文化として溶け込んでいた時代があったようです。また、表現が不適切かもしれませんが、その水泳教室の指導者は、その地域の水辺における山岳ガイドのような存在でもあったとも思います。

その時代をもう少し深く触れると、多くの地域で、夏が来れば教場に多くの子どもたちが通うことで、まるで夏の地域行事のようで、地域では知らない人がないほどの賑わいがあり、水泳場の実在も伝承もいつの間にか直接間接を問わず地域に浸透して伝わっていったのでした。

前出、中村敏雄の文中に、「私は香川県の出身ですが、大学で最初の水泳の授業で、指導者の梅田利兵衛先生に「君は香川県の出身者か」と問われて驚いたことがあります。何年も経ってからわかったことですが、このとき私が泳いでいた横泳ぎは水任流独特の、上の脚を後方に開く泳法で、見る者が見ればすぐに香川県出身とわかる泳法でした。しかし、一度も水任流の指導を受けたことがなく皆が泳いでいる泳ぎ方をただ真似ていただけでした。」（『中村論』195 - 196頁）とその様子が伝わってきます。

〝日本泳法〟が持つ地域性は、この状況だけを指しているだけではなく、肝心なのはその地域の自然の水辺に対応しての技術や知識が培われ醸成してきたことで、地域特有の安全性や実用性も付随した「伝承泳法」になり得たのだと思います。それゆえに、地域では、受容するとともに、人と人のつながりも生まれ、地域文化として「伝承文化」の認識がもたれた時期があったのだと推測します。

本来であれば、これが地域の自慢すべきオヨギの文化、「伝承泳法」だったはずです。懐古的に述べても意味がありませんが、地域環境や自然との接点を深くし、地域の人間関係にも一役買っていた時代があったのではないでしょうか。

その一つとしては、古くは皇太子の行啓の栄誉を受けた観海流（1891年）や岩倉流（1922年）があり、戦後では国民体育大会の開催地として公開演技を披露した観海流（1975年）や岩倉流（1971年）などの例を見ることができます。このようなことは、〝日本泳法〟の伝承地では、多くの例を見ることができると思います。

ちなみに、〈第66回日本泳法研究会〉が、本年（2018年）3月に長崎で開催され、課題が「小堀流」

長崎游泳協会「大名行列」（『九拾年の歩み』長崎游泳協会九十周年記念誌実行委員会、１９９２年、50頁）

でした。長崎では、明治時代後期から小堀流の泳法を"長崎游泳協会"が伝承してきています。同協会の発表によると、今でも夏の水泳教室には小学生が市内から２５００人ほど集うそうで、年間開催されている市民プールでの「幼児教室」では毎年のべ人数にして４０００人から５０００人ほどが受講しているそうです。おそらく"日本泳法"を伝承する教室としては、全国最大の規模ではないでしょうか。素晴らしいことであり見本となる事例です。"日本泳法"の未来に希望が見える気がします。配布された資料を見ても、披露された「大名行列」を見ても、どこか地域ぐるみの支援を受けながらお国自慢、地域のお祭りに似たような賑わいを感じたのは私だけではないと思います。

情報化時代といわれる今、他の地域とは異なった文化の発信に着目されることがあります。

"日本泳法"には、先に述べた個性でもある特殊性と実用性も備わっています。しかも、そこには地域の自然環境への適応と対応から生まれた泳法や目的にしたがったその地独自の泳法が備わっていったところがあります。それは、言葉にすると、「似ていても似ていないこと」まで含めてあります。

岩倉流第十二代宗家那須賢二が「岩倉流を習った人が、外国のプールで泳いでいて、〝お国訛りのように、「あなたは和歌山の人ですか。その泳ぎで解りましたよ」なんて声をかけられる〟というようなことがあれば、楽しいと思いませんか。」(『岩倉流　伝承三百年のあゆみ』、伊勢新聞社、2010年、7頁)と述べています。

地域文化として、本来であれば理想的な姿ではないでしょうか？　日本らしさと地域らしさの象徴になれば嬉しいことです。

なお、地域性と〝神統流〟について、強調しておきたいことがあります。それは、わたしの調査において、同流は、昭和初期に地域の地理的・文化的特性を考察して新たに創作された流派であると推察しました。論拠は、宗家系譜においても、史的事実や伝書においても、作為的な偽りが推定できました。しかし、1935年(昭和十年)に〝游泳連盟〟の承認を受けて以降の歩みは何ら偽りのない事実であり、それ以前を伝説として流派の総体が、地域文化であると考えています。詳しくは、「日本泳法神統流の伝承と史的実相に関する調査研究—判明した成果と課題」(『真宗総合研究所研究紀要』第32号、大谷大学真宗総合研究所、2015年、27‐73頁)を参照ください。

5 〝日本泳法〟の本質に見える武道性

武術の優れた「型」の演武には、どこか凛とした精神性を感じさせるようなものがあります。

〝日本泳法〟も〝水術〟を根幹に持った武術として発展して来ました。そこには、武士の嗜みとして武術が持ち合わせる「心構え」や「精神性」の重視が、〝水術〟の中でも伝承されてきたのです。

この背景について、小堀流師範家に生まれ元東海大学学長の稲垣優の言葉を借りると「公卿の勢力が漸次衰退し、武家の台頭がこれと交替するに至ったとき、この新勢力を保持する必要上、武士の間に深く根ざしたのは禅であった。武士は顚沛の間も動ずることなく、常時死と対決せねばならぬ。そのための格好の心の拠りどころを与えたのが禅である。そして禅は、武士の生活の中に種々の形で浸透して行ったのである。特に武術の修業には禅の手法が数多く取り入れられた。」(『河童』第17号、京都踏水会河童会、1965年、12頁)と、禅に基づくことを述べています。

小堀流の中にある禅を背景とした言葉について稲垣優は、「事に際して動ぜず、従容として最善を竭す。そのためには水心一致の境地に達することが、その奥義であると信ぜられた。「忘水」といい、「浮心」といい、「残心」という。すべて、この心を教えた言葉である。」(同じ、12頁)と述べています。

必ずしも背景が禅と捉えられるかは定かではありませんが、現在でも〝日本泳法〟の中において、「心構え」や「精神性」として求められる動作や表現がいくつかあります。

その最も代表的な教えに、目標を見定める「目付け」があります。これは、第3章で武道にも通じる教えとしてこの言葉を取り上げました。小堀流第十代師範猿木恭経の具体的な表現には、「目標をつけるには「遠山の目附け」とか「遠近の目附け」とかありますが、遠くに見える山とか森の梢の方とか建物とかを目標にきめ、眼と目標を結ぶ線上の近い処に第二の目標をきめて、その二つの点を結ぶ方向に游ぐことが大切なことです。」(『河童』第16号、同じ、6頁)と述べられています。「目付け」については、多くの流派でも大切な心がけとして教えられています。

次によく言われるのが、「残心」です。これも第3章で触れました。演技が終わっても余力を示せることです。「平常心」も時々使われます。

礼儀を重んじる意味からは、入水、退水の際に、水辺に礼をすることを習慣としている場合もあります。水辺を神聖な道場と考えての立ち居振る舞いです。

相良亨（とおる）著の『武士道』に、礼をすることの受け止め方について山鹿素行による解釈から「威厳を正すことは、一面において自己に勝ち、他面において他者に勝つ自己形成する為であった。素行において礼儀はまさに強みを形成表現するものであった。」（塙新書、塙書房、１９６８年、130頁）と、その精神性が述べられています。

礼の一つといえば、演技をするとき「必ず主賓を優先する。」ことがあります。これは、「抜手」などの場合では主賓を尊重して、最初に抜く手は必ず主賓側からといった約束事があります。

泳法の演技において、「歯を見せない」などという約束事を定めていることもあります。恐らくですが、主賓に失礼とか、あるいはおぼろげながら民俗学で見た「歯を見せることは相手を威嚇する」ことのような主賓に反意を見せないような意味なのでしょう。

また、泳法を演じるときに細かい約束事があります。これは、同じようなことでも流派によって流儀上の約束事が違う場合と同じ場合があります。もちろん、個人によってでは、ありませんよ！

例えば、手の掻き方、脚の開き方、細かいですが指の開き方などまであります。

一方、約束事が、泳法を演じる上で合理性と受け止めている人もいます。

「日本泳法は約束事の世界なのである。家元制度の下、各流派にはそれぞれ泳ぎの約束事があり、学ぶ者はそれに従う。「自由形」などという発想はないのである。水中のような不定形の世界では、自由形より約束事に縛られていたほうが、かえって気楽で自由を感じられるような気がした。規則を「守る」ことだけに集中すれば、あれこれ余計なことを考えずに済むのだから。」（前出、『はい、およげません。』、146‐147頁）

最後に、泳法を演じる境地を表した言葉が、あります。

「水心一如」、「水心一致」「浮木」「忘水」「浮水」「修而和水」「観海如陸」などがあり、水書の題字となることもあります。

このように〝日本泳法〟の中に、武士時代の禅的な要素や武道に通じる教えが伝承されてきています。

6　〝日本泳法〟の保存と普及

現在、〝日本泳法〟を保存し普及することを掲げて、日本水泳連盟の日本泳法委員会は、毎年〈日本泳法研究会〉と〈日本泳法大会〉を開催し、同時にそのための新たな方策や企画を勘案して実行してきています。

また、近づく東京オリンピック・パラリンピックに当たって、何かと〝日本泳法〟を表舞台に出すための計画を実行に移しながら進めてきています。

これらは、取りも直さず関係者にとっては、〝日本泳法〟が日本の誇るべき伝承文化であり我が国固有のオヨギの文化であると自負しているからだと思います。

しかし、現実としての〝日本泳法〟の人口は、下降の一途の状況で、保存と普及のどちらも対策を講じなければ、普及は勿論のこと、保存さえ不能な事態になりかねない団体も可能性としてあります。

このような危機感が起きる現状を、外部の声を引用して取り上げてみます。

中村敏雄の１９９５年の論述の中で、つまり20年も以前ですが、「明治以降の日本泳法にとって大きなカルチャー・ショックは近代泳法との接触であった。流派の中には敢えてこれを排除せず、指導内容に加えることで新しい生き方を示すものもあったが、しかし型よりもスピード、形式よりも実用を求めるその後の社会の変化のなかで、古い泳法を「保存」すること以上の、新しい、積極的な意義、目的、価値等はなお明確には提示されていないように思われ、土着の文化を未来に向けてどのように発展させていくかという大きな課題を抱えているように思われる。」（『中村論』、212頁、傍線加筆）と指摘しているのです。残念ながら新たな方向は見えていません。ただ、中村敏雄の指摘の中に、「古い泳法を「保存」する」という表現がありますが、わたしには違和感があります。

この章の始めに述べたように、本質は安全に配慮した実用性を持ったオヨギの文化なのです。その意味では、自然の水辺に復活させることも望まれるところです。その点は、中村敏雄も「幼い動物が人間に飼育されると自然界に帰せなくなるという話や、群れから引き離されて人間に育てられた動物の母親は授乳することを知らないし、餌をとって食べさせることもできないなどという話を聞くことがありますが、われわれの水泳指導もこれと同じように、その観念や行為をプールという人工的な構造物の中に閉じ込められ、しかもそれに気付いていないという憐れな状況にあるのではないでしょうか。」（『中村論』、184頁）と着目しています。したがって、この部分だけの論議であれば、環境の復活とそれを推進させる組織力にかかっているように考えます。ただ、うかうかしていると、肝心の指導者が復活する前にいなくなってしまう可能性があります。

全国には、まだ川を夏の遊び場としている子どもたちのいることを纏めた『川がき』（村山嘉昭、飛鳥新社、２０１２年）に、12箇所が記載されています。今も続いているのでしょうか。仮に場があったとしても、やはり地域ぐるみ、組織の後ろ盾なくしては、伝承の場の復活は難しいと思われます。そうなると、やはり中村敏雄の指摘のように、社会から魅力が認知される方向性を示す必要があると思います。地域文化としての伝承泳法という認識さえ霞んでしまった今の現状では、やがては保存でさえ難しいときがやってくるのかもしれません。

では、どのように新しい課題と方向を見つけだせばよいのでしょうか。あるいは地域に反映できる方向性があるのでしょうか。

おそらく、多くの人が思いつく保存と普及の方向としては、「〝日本泳法〟が社会的注目を浴び、活気を取り戻すことだ！」と主張されることでしょう。至極、ご尤（もっと）もです！

その点では、〈日本泳法大会〉のあり方も課題ではないかと私は考えています。

前章で少し触れましたが、戦前の〝游泳連盟〟では、「日本游法基準形游泳法及跳込法」を制定しています。前章の繰り返しになりますが、これは、〝游泳連盟〟が、流派を超えて独自に創案した基準で游泳法と跳込法を定めたもので、泳法では「平体」（蛙足・扇足）・「横体」（扇足・逆扇足）・「立体」（踏足・扇足）・「潜水」（水中・水底）、跳込法では「直下」・「順下」・「逆下」を取り上げています。制定後は、この基準に従って競技が実施されています。

先に取り上げた稲垣優は、「（日本泳法大会などを通じて各流派の交流が進み）小堀流の立ち泳ぎを各流派とも取り入れ、水府流の横泳ぎを各流派とも取り入れるという格好になってきて、いわゆる流派というものがなくなってきつつあります。しかしこれはある意味でいいことじゃないのかなと私は思うのです。むしろ各流派のいいところを集めて日本流というのをつくって、そして永久に残すという格好にすればいいんじゃなかろうかとも思いますけれども」(『中村論』200頁)と提言しています。

実は、これまでにもそのような考えを持った人は、結構いたのではないかと思っています。

もちろん、地域及び各流派の伝承は、保存・普及させる必要性を維持したままの話です。

この「日本流」、仮に〝日本流泳法〟と呼びましょう。これが出来上がると、必ずしも各流派の所属性に、こだわる必要がなくなります。

客観的な話としてですが、これまでの所属流派の泳法主体による競技では、異種異質な泳法を演じながら競技としての採点がなされてきました。それでは、競っている基準が不明瞭で競技としては平等性に欠けることがあったのではないでしょうか。しかも、〝日本泳法〟では、同じ泳法であっても目的が異なることから、ゆっくり力を抜いて進むことと速く力強く進むことのような場合に、競技上ではその真価の比較が見えづらいことを知りつつ配慮してきませんでした。これは、外から見て、優れていることが見えづらいことでもありました。

表現が難しいのですが、〝日本流泳法〟の指導法や競技方法を整えて、誰もが参加できるようなシステムが出来上がると競技者も見学者も楽しみやすくなる気がします。

スポーツ文化としての方向から見れば、現在の「競技泳法」の4種目である必要さえないのです。平たくいえば、4種目以外のみの「競技泳法」の大会と考えればよいのです。

日本発の新しくて歴史のあるスポーツ文化を形成できれば、いつか世界選手権開催にまで発展するかもしれないと夢が膨らみます。

その傍ら、"日本泳法"の文化的な特質と本質として持っている利点を消滅させない方策も必要で、多面的な発信が必要と思います。その一つは、"日本泳法"の伝承者の知的育成が欠かせません。〈日本泳法研究会〉は、もちろん、有意義なことです。が、どこか同窓会的な感じがします。ただ出席して受身に終始するのではなく、参加型への工夫があると、理解者の拡大となることでしょう。伝承者が、本質や史的なことがらを語り伝えられることも保存・普及に欠かせない能力ではないでしょうか。

伝承は、人から人への受け渡しのようなものであって、より広がらないことには普及も発展もありません。いつか、日本独自であり、地域性や明らかな文化性を持っていることを、日本社会全体で共有し、日本人が知らないことを国際的に見て不思議であってほしいものです。

しかも"日本泳法"は、水に関わる不測の事態や災害時に真価を発揮できる可能性があるのです。中村敏雄が宣言する「日本人が日本泳法を知らなくてよいのか！」と言いたくなります。

普及についてのおまけです。

かつて、大正中後期に、中国の旅順の小学校で山内流が指導されました。このとき現地での指導者上川安雄が1922年（大正11年）『游泳案内』を執筆して発行しています。また、大正後期には台湾の高尾州で観海流が指導されました。いずれもが、大正時代ですが、「伝承泳法」を身に付けた人物が赴任して、現地で指導したものです。現在にもこんな便りがあれば嬉しいものです。

また、前章で触れましたポーランド人が独学で、水府流の泳法を学び仲間と研鑽していたことから日本にやってきて資格まで得て帰国したという話ですが、インターネット時代の今日、このような例から"日本泳法〟が話題となることも社会的認知を高める良い切っ掛けと考えられます。

今、社会そのものが「グローバル・スタンダード」へと向かっている時代、それゆえに日本独自の文化を、日本人が知っておくことの意義もあるはずです。

〝日本泳法〟の活かし方、楽しみ方

高齢化社会となった現在日本では、高年齢までどのように健康を維持しながら生活を送るべきかが問題となっています。

その健康維持のための対策として、よく耳にするのが「生涯スポーツ」です。

「生涯スポーツ」の考え方としては、一生涯同じスポーツを行なうという考えもありますが、高齢に至っても健康維持などのためにできる身体活動を指す場合もあります。それが、〝日本泳法〟である場合の考え方の例を挙げてみます。

先にも取り上げました水府流太田派第六代師範宮畑虎彦は、「競技は体力とわざを競うものであるから、わざはそう優れていなくても、力にものをいわせて勝つことができる場合がある。日本泳法はちがう。あくまでも、自分のわざによって水中で身体をどのようにコントロールするかが問題である。そこに日本泳法は日本泳法なりのおもしろさとむずかしさがある。…（略）…他人との競争でなく、自分と水との、あるいは自分との戦いが、案外人の興味をひきおこす。日本泳法のおもしろさはそのような点にある。」（『日本泳法教室テキスト〔I〕（水府流太田派）』、発行年不詳、3頁、傍線加筆））と述べています。つまり、「競技泳法」は力に頼るところがあるが、〝日本泳法〟は技との向き合い方や楽しみ方があるので長く楽しめるとの指摘に思えます。

この点をさらに深めて、水府流太田派第八代師範で元日本泳法委員会委員長の山口和夫は、水の文化情報誌『ＦＲＯＮＴ』（通巻106号、１９９７年）に掲載された「日本泳法十二流派　心水一致の境地」の中で、〝日本泳法〟を「生涯スポーツ」と位置づけて述べています。表現としては、「「日本泳法」がスピードを競う競泳と違って、年齢に応じた泳ぎ、すなわち青少年の勇壮な泳ぎ―壮年の円熟した泳ぎ―老年の温雅な泳ぎ―、と一生泳ぎ続けることができる生涯スポーツだからである。」（24頁）と、年齢による泳ぎの進展過程と現代人の受け入れの方向を述べ示しています。

今、〝日本泳法〟を修練する人口が減るとともに高齢化が進んでいます。まさに、日本社会と同様の現象が起きています。そのことを考えると、現在〝日本泳法〟修練する人たちの中には、「生涯スポーツ」として当初から取り組みを始めた人や流派の修練を継続しながら意識においては「生涯スポーツ」と考えている人たちが増えているのかもしれません。

ただ、「生涯スポーツ」の教室として、〝日本泳法〟を採用している例が少ないのが現状かと思います。一層のこと、「生涯スポーツ」のための〝日本流・泳法〟の開発があってもよいのではないかと思います。勿論、日本水泳連盟推奨のお墨付きで…

なお、『現代に蘇る日本泳法　生涯水泳１２０歳までのカリキュラム』（鈴木渚鷗、産能大学出版部、１９９２年）が出版されています。参考までです。

現在、多くのプールでは、〝日本泳法〟を修練している人の姿を見ることはありません。そのために、〝日本泳法〟をしていると非常に変わったことをしているとか、ときには迷惑なことをしているように扱われたことさえあります。

一方、観海流の「平泅」を数名が、縦一列に連なって練習しているのを見て「素晴らしい！」とか、みんなと違う泳法をしていることが「格好よい！」とか感じてくださった方もいました。

人によっては、いろいろな観点から、楽しむことがあるものだと認識を新たにさせてもらいました。

現在、〝日本泳法〟の楽しみ方として、流派内の級・段や資格を得ることや〈日本泳法大会〉の競技及び資格審査に参加することなどが主流ですが、スタンプラリーのように各流派の教場巡りの企画とかで、泳者でなくても参加して楽しめるようなことはどうでしょうか。

それも〝日本泳法〟とは無縁の団体が企画して、例えば〝日本泳法〟を写真で撮ったり、絵画にしたり、文章にしたりなどをして、一緒に楽しめないでしょうか。

言いたいことは、大会に参加しなくとも、泳法を修練することがなくとも、楽しめる人がいれば、〝日本泳法〟を楽しむ仲間です。私的には、本書で述べてきた本質を、少しは頭に置いていただいての実践であってほしいと願っています。

情報化時代が進みに進んで、情報に丁寧に向き合ったり、自らその意義を探求して価値観を育てたりといったことが、少し疎かになってきているように感じます。

逆に深く知るための情報は溢れています。この本を著しながら、わたしが話すのもおかしいかもしれませんが、インターネットから検索をすれば、新発見とも思える資料や必要な情報が簡単に手に入ります。

もちろん、資料や情報を吟味することは必要ですが、それらは相当役立つレベルで楽しむことができます。〝日本泳法〟をキーワードにまず入力してみるのも楽しいかもしれません。

今という時代を問わず、懐古的でもなく、活かせる文化であれば、共有できるものとして伝えて継続したいものです。消滅してからでは、真価を発揮させることが困難であると考えます。

また、〝日本酒〟の話です。〝日本酒〟離れの声を聞いてから久しいですが、ここ数年でまたまた、〝日本酒〟の消費量が激減しているそうです。なぜ、離れていくのか。いろいろな要因が言われていますが、ともかく若者が飲まない、若者が飲まないのは。昔の人が飲むもので古くさい、悪酔いする、そして和食離れも大きな要因に挙げられています。〝日本酒〟の文化も先にお話ししましたように、地域文化であり、日本の食文化として発展してきました。また、酒造りは、出稼ぎ杜氏の話など季節の風物詩でした。どこか〝日本泳法〟の状況と似ています。時代が進むと新しい時代の産物が優先され、本質を見定める前に情報が先走りします。そして、豊かさや便利さが時間の短縮や量の多いことに向けられますが、緩やかな時間の流れと質の高い味わいを探してみるのは、より文化的かもしれませんよ。

あとがき

人は溺れます！

水に対して、身の危険を避けるためにはオヨギが必用です。

〝日本泳法〟は、安全を第一に考えた護身の思想を持っています。

〝日本泳法〟の実用性は安全思想を支えるのに足り得ます。

〝日本泳法〟は、地域で醸成された文化です。

〝日本泳法〟は、人から人への伝承を継承しています。

〝日本泳法〟は我が国の固有なオヨギの文化です。


私の人生の中で、このような本を著す予定は、ありませんでした。なぜなら、〝日本泳法〟の側面から支えるようなことができれば満足と考えてきたからです。

たまたま、〝日本泳法〟を広く一般の人に紹介するための本が少ないとのこと、来る東京オリンピック・パラリンピック開催までにできるだけ早く泳ぎのシーズンまでに出して〝日本泳法〟に興味を持ってもらいたいということから、話をいただきました。

「まえがき」にも書きましたが、振り返ると結構いろいろな経験をしながら〝日本泳法〟の周りでうろうろしてきたものです。紹介本であれば、その範囲で何とかなるかなと、軽く考えて引き受けさせていただきました。

ところが、取り掛かってみたら、元々の凝性（こり）が顔を出し始めて、深堀が止まりません。気が付けば、あれよあれよと時間ばかりが経って、しかも文書も行き詰まる有様、その上興味が深まった部分はドンドン限度なく文字数が増え、できるだけ簡潔にと考えると今度は尻切れトンボになるなど、我ながら「オイオイ！」と何度思ったかもしれません。

その一方で、今まで気付かなかった発見もいくつかありました。同時に、長く接してきた〝日本泳法〟の奥行きに再度触れることができました。

用語として〝日本泳法〟が使われて久しいのに社会的には馴染みが少ないこと、調べてみると実用性のある泳法の多いこと、史的な探索では時代時代の要請に揺らぎながら歩んで来たこと、思考的に日本文化としての特有性や独自性は維持されてきたことなどを、実感を持って受け止められました。

少しばかり、紹介本の枠からはみ出た気がします。対象読者も大人で経験のある人に近いところになってしまったように感じます。何よりも自分のためになってしまったことは間違いありません。いかんせん、元々流麗で解りやすい文章は得意でなく、駄々をこねたような駄文、読んだ方が混乱したり、やる気をなくされていなければと祈るばかりです。

今回の文章を書き進めるに中っては、多くの方々の手を煩わせたりご協力をいただきました。中でも、切っ掛けを作ってくださった嘉陽与南氏、文章の査読と写真提供をしてくださった那須賢二氏と岡嶋一博氏、何度も資料提供や情報をお伝えくださった中村恵子氏、さらに写真協力をしてくださった向井流上野門下の方々など本当に御世話になりました。そして、嫌な顔をせず長話にお付き合いくださり、文章の遅れや勝手気ままな表現も飲み込んでご教示とご支援をいただいた企画出版部の原田伸幸氏にこころから感謝申し上げます。

一応というかやっと、水にも酒にも浸れそうです…

2018年7月

中森　一郎

中森一郎（なかもり かずお）
日本水泳史研究家。元大谷大学教員（体育学）。観海流泅水術奥伝、同泅水会五段、京都踏水会二段、小池流泅道三段、同泅士号允可、日本水泳連盟水練証（小池流）、同練士（観海流）を授与。現在、四日市日本泳法同好会指導者、向井流東京上野門下連絡会顧問。
著書：『観海流の伝承とあゆみ』（共著　伊勢新聞社刊）、『上野徳太郎と向井流東京連絡会ー日本泳法向井流の伝承と関わってー』（監修・共著　文栄堂書店刊）、『岩倉流伝承 三百年の歩み』（共著　伊勢新聞社刊）

装幀：梅村 昇史
本文デザイン：中島 啓子

“日本泳法”のススメ
伝承文化としての“オヨギ”が伝える もの

2018年8月30日　初版第1刷発行

著　　者　中森 一郎
発 行 者　東口 敏郎
発 行 所　株式会社ＢＡＢジャパン
〒151-0073 東京都渋谷区笹塚 1-30-11 4・5F
TEL　03-3469-0135　　FAX　03-3469-0162
URL　http://www.bab.co.jp/
E-mail　shop@bab.co.jp
郵便振替 00140-7-116767
印刷・製本　中央精版印刷株式会社

ISBN978-4-8142-0148-8　C2075

BOOK Collection

気分爽快! 身体革命
だれもが身体のプロフェッショナルになれる!

3つの「胴体力トレーニング〈伸ばす・縮める〉〈丸める・反る〉〈捻る〉」が身体に革命をもたらす !! ■目次：総論　身体は楽に動くもの／基礎編①　身体の動きは三つしかない／基礎編②　不快な症状はこれで解消できる／実践編　その場で効く伊藤式胴体トレーニング／応用編　毎日の生活に活かす伊藤式胴体トレーニング

●伊藤昇 著／飛龍会 編　●四六判　●216頁　●本体1,400円+税

天才・伊藤昇と伊藤式胴体トレーニング
「胴体力」入門

武道・スポーツ・芸能などの天才たちに共通する効率のよい「胴体の動き」を開発する方法を考案した故・伊藤昇師。 師の開発した「胴体力」を理解するために、トレーニング法や理論はもちろんのこと生前の伊藤師の貴重なインタビューも収録した永久保存版。 月刊「秘伝」に掲載されたすべての記事を再編集し、膨大な書き下ろし多数追加。

●「月刊 秘伝」編集部 編　●B5判　●232頁　●本体1,800円+税

仙骨の「コツ」は全てに通ず
仙骨姿勢講座

"うんこ我慢"は、よい姿勢。骨盤の中心にあり、背骨を下から支える骨・仙骨は、まさに人体の要。これをいかに意識し、上手く使えるか。それが姿勢の良し悪しから身体の健康状態、さらには武道に必要な運動能力まで、己の能力を最大限に引き出すためのコツである。本書は武道家で医療従事者である著者が提唱する「運動基礎理論」から、仙骨を意識し、使いこなす方法を詳述。

●吉田始史 著　●四六判　●230頁　●本体1,400円+税

古武術「仙骨操法」のススメ
速く、強く、美しく動ける!

「上体と下体を繋ぐ仙骨。古武術の『仙骨操法』で、全身が連動し始める!」 あらゆる運動の正解はひとつ。それは「全身を繋げて使う」こと。古武術がひたすら追究してきたのは、人類本来の理想状態である"繋がった身体"を取り戻すことだった! スポーツ、格闘技、ダンス、あらゆる運動を向上させる"全身を繋げて"使うコツ、"古武術ボディ"を手に入れろ!誰でもできる「仙骨体操」ほか、古武術をもとにしたエクササイズ多数収録!

●赤羽根龍夫 著　●A5判　●176頁　●本体1,600円+税

弓道と身体　～カラダの"中"の使い方～

「表面の筋力を使わずに"中"を使って力を起こす方法」、「止まっていても、いつでもどの方向へも動ける身体」、「全身くまなく意識を届かせる、"体内アンテナ"」常識練習ではなかなか届かない、こんな身体操法こそが欲しかった! 野球、サッカー、テニス、卓球、自転車…、剣道、柔道、空手、レスリング、ボクシング…、あらゆる運動能力をランク・アップさせる、あなたに必要な"極意"は、ここにあります!

●守屋達一郎 著　●A5判　●184頁　●本体1,600円+税

BOOK Collection

～ヨガ秘法“ムドラ”の不思議～

“手のカタチ”で身体が変わる!

ヨガ独特の“手の使い方”に隠された身体の“真起動術”！　ヨガで用いられている“ムドラ=手のカタチ”には、身体の可動性を拡大させるほか、人間の生理に直接作用するさまざまな意味がある。神仏像や修験道者・忍者が学ぶ“印”など、実は世界中に見られるこの不思議な手の使い方にスポットを当てた、本邦初、画期的な１冊!

●類家俊明 著　●四六判　●168頁　●本体1,200円+税

まるで魔法!?一瞬で体が整う!

～理屈を超えて機能する!三軸修正法の極み～

「引力を使う」「数字を使う」「形状を使う」「宇宙の秩序を使う」…カラダの常識がコペルニクス的転回!　・三軸旋回の物理法則を使う・修正方向を記号化して唱える・対象者の名前を数字化して√を開く・アナログ時計の左半分を見る・音階「ソ、ファ」をイメージする　...etc.　どの方法でも体が整う!　凝り固まった思い込みが吹き飛ぶ、こんなコトや あんなコトで、自分も相手も身体が変わる!

●池上六朗 著　●四六判　●184頁　●本体1,300円+税

めざめよカラダ!　**“骨絡調整術”**

骨を連動させて、体の深部を動かす秘術

「腕を数分動かすだけで、股関節が柔らかくなっている…なぜ?」　1人でも2人でも、誰でも簡単にできる!　あっという間に身体不調を改善し、機能を高める、格闘家 平直行の新メソッド。骨を連動させて体の深部を動かす秘術、武術が生んだ身体根源改造法。生活環境の変化に身体能力が劣化した現代において、古武術より導き出した「骨絡調整術」を現代人にマッチさせ、その神髄をサムライメソッドとして収めた潜在力を引き出す革命的な身体調整法です。

●平直行 著　●四六判　●180頁　●本体1,400円+税

カラダのすべてが動き出す!　**“筋絡調整術”**

～筋肉を連動させて、全身を一気に動かす秘術～

なぜ、思うように動けないのか?　なぜ、慢性不調がいつまでも治らないのか?　それは、現代環境が便利になりすぎたゆえに“動物本来の動き”が失われたからなのだ!!　“現代人がやらなくなった動き”この本の中に、それがある!　自分一人でできる!　全身を繋げて運動機能を高め、身体不調を改善する、格闘家平直行の新メソッド!

●平直行 著　●四六判　●192頁　●本体1,400円+税

武道家は長生き　**いつでも背骨!**

～“武道的カラダ”に学ぶ、健康と強さのコツ～

剣道家、空手家、合気道家たちのスッと真っ直ぐに立つ「姿勢」に学ぶ!!　「肩甲骨」と「股関節」の意識で背骨が整い、心身を最適化!!　肩こり、腰痛、頭痛、耳鳴り、高血圧、便秘、尿漏れ…。その不定愁訴、原因 も解消法も「姿勢」にあり!

■目次：正しい姿勢があなたを救う!／悪い姿勢が不調を呼び込む／正しい姿勢をつくる「ちょっとした努力」／悪い姿勢に由来する身体の不調

●吉田始史 著　●四六判　●184頁　●本体1,400円+税